高职高专营销类专业能力本位系列教材

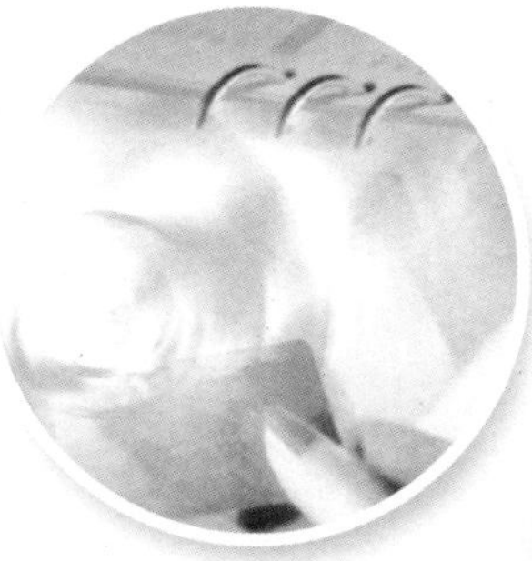

团队建设与管理

TUANDUI JIANSHE YU GUANLI

主 编：陶 金

副主编：王松涛 潘晓生

暨南大学出版社
JINAN UNIVERSITY PRESS
中国·广州

图书在版编目（CIP）数据

团队建设与管理/陶金主编．—广州：暨南大学出版社，2010.3（2019.12重印）
（高职高专营销类专业能力本位系列教材）
ISBN 978－7－81135－426－3

Ⅰ．团…　Ⅱ．陶…　Ⅲ．企业管理—组织管理学　Ⅳ．F272.9

中国版本图书馆 CIP 数据核字（2009）第 216426 号

团队建设与管理

TUANDUI JIANSHE YU GUANLI

主　编：陶　金

出 版 人：徐义雄
责任编辑：常进海
责任校对：张剑峰
责任印制：汤慧君　周一丹

出版发行：暨南大学出版社（510630）
电　　话：总编室（8620）85221601
　　　　　营销部（8620）85225284　85228291　85228292（邮购）
传　　真：（8620）85221583（办公室）　85223774（营销部）
网　　址：http：//www.jnupress.com
排　　版：广州市天河星辰文化发展部照排中心
印　　刷：佛山市浩文彩色印刷有限公司
开　　本：787mm×1092mm　1/16
印　　张：10.75
字　　数：275 千
版　　次：2010 年 3 月第 1 版
印　　次：2019 年12月第 12 次
印　　数：32001—34000 册
定　　价：26.80 元

总 序

“十一五”期间，教育部、财政部决定实施国家示范性高等职业院校建设计划，通过重点建设100所国家示范性高职院校，带动全国高职院校深化改革，提升高等职业教育的整体建设水平。这标志着我国高等职业教育进入了一个追求内涵发展的新历史阶段。这是科学发展观在我国高等教育领域的具体体现，对促进我国高等职业教育更好更快发展具有重大的战略意义。

在人数与规模上，高职教育已占有我国高等教育的半壁江山。经过多年的发展，高职教育已从当初规模化建设转向突出内涵发展，转向深入课程改革与提升学生的核心专业能力培养上来。在当前全国各类学校争创示范院校的形势下，我国高等职业教育正在进行一场颠覆性变革。如何进行内涵建设，提高课程教学质量，是当前所有高职院校面临的一项重要课题。

随着我国生产力水平的不断提高，市场竞争日益激烈，传统的营销方式越来越不能满足经济发展的需要，市场向营销工作提出了更高要求，也向营销人才培养提出了更高要求。2006年以来，广东交通职业技术学院开始在全院各专业中大力推行基于工作过程和岗位能力的课程教学改革。我们通过工学结合基地建设、专家讲座、说课比赛、教学示范、教学观摩、教学评估、教师培训、教案评比等一系列工作，将教学改革逐步推进，并在各专业与一线教师中深入开展。根据我院“航标灯精神”和“铺路石品格”的人才培养理念，各专业对原有的专业课程体系进行了根本性的改造，并取得了初步的成效。

为了满足实际教学的需要和进一步巩固改革成果，在充分调研与分析的基础上，我们组织近二十所高职学校的百余位专业老师及多名知名企业的专业人士共同编写了这套营销类专业能力本位系列教材。我们力求将知名企业实践与理论有机结合起来，以就业岗位为导向，强调分析企业实际工作过程与岗位关键能力训练。重点结合近年来国内尤其是广东的知名企业营销工作来进行内容提炼与编排。充分听取和吸收企业人员的意见，每一本教材都有企业顾问参与编写或是进行审核。合理补充新知识与新内容，充分体现高职教育的特点。每一个案例、技能训练活动、习题等都精益求精，强调实践性与可操作性。真正把教师备课、授课、辅导答疑、学生考证、企业实际工作内容、岗位能力训练等教学、实训环节有机地结合起来。其编写特色主要体现在以下几个方面：

（1）突出能力本位。力求面向专业培养方向和岗位工作要求，不断强调学生岗位业务操作能力和自我学习、思维能力以及创造性解决问题的能力，促进学生就业以及后续发展。

（2）内容新颖。借鉴国内外最新教材与成果，案例取材主要为近几年国内尤其是广东省内的知名企业实践经验，内容突出岗位实际操作，融会最新理论与实践成果。

（3）合作交流。本系列教材由全国近二十所高职院校近百名专业教师与企业专业人士共同合作编著而成，相互交流学习，集思广益，共同编写，具有较强的实战性与适用性。

（4）配套产品丰富。本系列教材除有电子课件外，还有教学用视频、习题、考卷、知名企业的一手岗位训练内容等，为一线教师提升教学质量提供方便。

衷心希望这套系列教材能有助于进一步深化高职院校营销类专业教学改革，为新形势下高职营销人才的培养作出一份贡献。同时，也希望广大教师与读者多提宝贵意见。

广东交通职业技术学院院长　陈周钦

2009 年 2 月

前　言

《团队建设与管理》一书根据能力本位的教学需要，体现高职教育特色教、学、做“一体化”的原则，适应了当前高职高专学习的特点，也紧扣了高职教育未来的发展趋势。

本书主要立足于讲述与职业相关的必要的基础理论知识，在坚持教材内容全面和严谨的前提下，大量使用案例、穿插量表测验、管理寓言、团队游戏等形式，以提高学生主动参与学习的积极性，更强化了教学效果，加深了学生对课程内容的理解。本书全面论述了团队建设与管理的内容，内容深入浅出，做到了取材新颖、讲述生动、语言流畅、材料丰富、切实有用，克服了许多教材枯燥乏味的弊端，使读者能够感受到该书的实用性，并能使读者从概念到技能、从理论到实践都有所收获、有所飞跃。总体来看，该书较好地驾驭了团队“建设”与“管理”这两大主题，注重理论与实践相结合，研究性与操作性并举，具有时代性、科学性、实用性的特点。

本书由陶金任主编，王松涛、潘晓生任副主编。全书通稿由陶金完成。具体编写分工为：陶金编写第四、五、六、七章，王松涛编写一、二、三章，潘晓生编写第八章。

在本书的编写过程中，我们兢兢业业、如履薄冰，认真研读了国内外许多专家和学者的著作，并借鉴了其中部分内容，在此谨向他们表示深深的感谢！尽管在本书后面列出了主要的参考文献，但这些仅仅是其中的一部分。

由于编者资历尚浅，水平有限，加之时间仓促，书中难免会有错谬和不妥之处，恳请专家、同行和广大读者批评指正。欢迎大家就任何问题与编者联系交流。

陶金：tn1998019@ 126. com

编　者

2009 年 7 月

目 录

第一章　团队概述

●学习目标

1. 领会团队的概念；
2. 理解团队的构成要素；
3. 理解不同类型团队的特征。

第一节　团队与群体

●引导案例

《时尚》杂志是专门做女性时装宣传的，该杂志非常畅销。一本畅销杂志要编成，不论是总编还是其他的成员都需要有自主性，每个人自动自发地去收集资料；需要思考性，每个人要自己去想方法、想点子、想内容；需要合作性，剪接的、收集的、采编的、摄影的，要充分地合作，才能够把这本杂志出色地编出来。尽管它的发行量也许很大，但杂志社其实只是一家很小的公司。不过，虽然它的规模小，但是和中国石油公司这样庞大的公司一样，都是一个团队。几十万人的大企业和几百人或几十个人，哪怕是几个人的小企业，都是要有团队概念的，都要有自主性、创造性、协作性。团队不同于群体。群体可能只是一群乌合之众，并不具备高度的战斗能力，而团队则要满足自主性、创造性、协作性三个条件才成。英国谚语说得好，“一个人做生意，两个人开银行，三个人搞殖民地”，这就是团队的效果。团队是管理学上独具魅力的一个词，在竞争激烈的知识经济时代，单打独斗已经成为历史，现在的竞争已经不再是个体之间的竞争，而是更多地表现为团队与团队、组织与组织之间的竞争。很多时候，目标的实现、困难的克服、挫折的平复，不能仅凭借个人的力量与勇气，而必须依靠整个团队的智慧。

讨论题：

什么是团队？团队的优势在哪里？成为一个团队，需要具备什么样的条件？团队与群体的区别在哪里？

一、什么是团队

团队，又叫工作团队，是近年来西方组织中广泛采用的一种管理形式，指的是由为数不多的员工根据功能性任务组成的工作单位，其主要特征是团队成员承诺共同的工作目标和方法，相互积极配合协作，相互承担责任。团队与我国现在工厂企业里的班组、学校里的教研组是性质不同的两种基层单位。团队成员要接受一定的训练，要掌握团队工作技能和习惯，特别是每个成员都要掌握多种技能，以便在工作中相互支援。团队成员要具备解决问题和做出决定的能力，还要进而能确定问题并提出解决问题的方法。因此，并不是群体中的每一个人都能成为团队成员，同时，也不是每一个既定组织都可以引进团队组织和团队管理。

团队这种工作组织形式起源于 20 世纪 50 年代的工作设计与社会技术理论。1948 年至 1958 年英国煤矿的系列研究和原来瑞典沃尔沃公司的工作丰富化和自主化研究，证明组织的功能是组织的社会心理过程（企业文化、个人动机等）与组织的生产技术和运行相互作用的过程。组织被理解为是一个把投入（人、财、物）转化为产出的社会—心理—技术系统，经济手段和社会心理影响各自作用于个人的工作绩效，从而对组织整体的运行产生作用。20 世纪 60 年代末至 70 年代初，西方的一些大跨国公司开始采用团队的组织形式，这在当时还是十分新鲜的做法。发展到今天，优秀的大公司都不同程度地运用着团队这一组织形式来提高效率。在国内，也有少数企业依据国情引进和修订了国外的团队管理模式为己用，并且取得了可喜的成绩。

作为一个团队，要符合以下三个条件：

1. 自主性

团队要有自主性，这就要求团队领导者要对团队成员适当放权，让成员能够自主做事。

（1）理清授权范围。

领导者要能理清自己的授权范围，掌握团队每位成员的“有效操作空间”。

（2）自主处理。

领导者要向被授权的成员讲清楚他的权限范围，并形成书面文字。

（3）合理安排工作。

领导者要根据重要性与紧迫性，将各项工作安排好先后顺序。

（4）共同协商。

领导者还要关注团队成员的工作，指出他们工作中存在的问题与不足，并形成书面文字，将每项问题细化。

让成员有自主性，就是让成员充分地感受到是自己在决定怎样处理并解决问题，而不是处处由别人指使自己去工作。给团队成员充分的自主权，可以使成员在工作的过程中，在履行职责的同时实现自身的价值，从而获得较大的心理满足，进而最大限度地调动成员的主观能动性和创造性，激发成员释放工作热情，使整个团队的工作效率大大提高。

2. 创造性

许多团队都存在着这样一种现象，即领导下达命令，领导做出决策，而下属只是依照领导的指示做事。什么事情都是领导一个人思考、一个人决策，这样的团队是没有创造性的团队。

作为团队的领导者，要经常思考问题的关键点以及对团队的工作定期提出流程改善建议，对于该如何实施等涉及细节的具体的操作步骤应交由下属去考虑。那么，领导者应如何培养成员的创造性呢？

（1）鼓励学习。

领导者要鼓励成员通过阅读和搜集相关信息加强对新知识的摄取，创建学习型组织。

（2）自我检查。

领导者应要求每个成员做自我检查，对目前工作状况的缺失进行分析，并提出具体的改进意见。

（3）优化改良。

领导者应要求成员在学习和借鉴他人优点与长处的基础上，结合自身特点，优化改良，提出新观点、新思路、新方法。

（4）有创造性思维。

领导者还要引导成员打破固有的思维定式，形成创造性思维模式。

作为团队的领导者，要努力培养成员的创新意识，使团队具有创造性，改变传统的上令下行管理方式，使团队能够突破现状，不断超越、发展和进步。

3. 协作性

如果一个团队缺少成员之间的精诚协作，不论策略、创意多么完美，都是没有用的。协作是一切团队成功的保障。

（1）身先士卒。

在团队遇到重大任务或困难，尤其是比较棘手、难以解决的问题时，领导者要身先士卒，勇为表率，以自己的实际行动激励大家团结一致，共同战胜困难。

（2）角色转变。

领导者在下属面前不宜始终保持威严的形象，要视具体情况灵活转变角色。例如，对于新来的下属，领导者要充当教练员的角色，指导并帮助下属适应新的岗位、新的环境。

（3）不要推诿。

一个具有协作意识的团队，其成员尤其是团队的领导者应勇于承担责任，主动想办法去解决问题、弥补过失，而不是相互推诿、相互指责。

二、团队与群体的区别

根据卡特莱特和赞德的解释，群体就是互有关系、互相依赖到一定重要程度的人的集合。更精确地讲，群体可以定义为：为了实现某个特定目标而由两个以上相互作用和相互依赖的个体结合在一起的集体。关于团队，威廉姆斯认为，它首先是一个群体，在此基础上，其成员具有高度的相互依赖性和共同性。国内学者同样认为，团队是由更具有自主性、思考性和合作性的个体组成的群体。由此可见，作为同是由个体组成的集体，群体所涵盖的范围更广，而团队则是建立在群体基础之上的子集。

关于群体和团队的具体区别，威廉姆斯用了四个维度来进行区分：期望、沟通、过程和亲密程度。在期望维度上，威廉姆斯认为团队成员在参与、贡献、合作和支持方面有着比群体成员更高的期望值。在沟通维度上，威廉姆斯认为团队成员对沟通框架的要求比群体成员更高，并且团队成员也需要更快捷的沟通效果。在过程维度上，威廉姆斯认为团队成员的相互依赖性更强，但是在管理上的要求却要低于群体成员。在亲密程度这一维度上，威廉姆斯认为相对群体成员而言，团队成员间的亲密程度更高，虽然较高的亲密程度并不一定能够保证更高的效率和更好的结果。

威廉姆斯提出这四个维度的主要根据是他个人积累的丰富经验和管理与洞察能力。可以说，这四个维度比较综合地概括了群体与团队的不同。但是，对于每个维度中的具体指标（如果可能细分的话），威廉姆斯并没有给出明确的定义或者描述。而且这些维度本身也只是相对浅层的集中概括，它们并没有充分展开，因此也不能发掘出团队与群体在更深层面的区别。比如，在期望维度上，虽然威廉姆斯提到了其中诸如参与、贡献、合作和支持等具体层面的不同，但是关于产生这些不同期望值的原因，如成员身份的认同，却没有提及。而对于希望进行团队建设的组织，那些关于团队区别于一般群体的更详细而明确的描述，则更具现实意义。

群体和团队的区别主要表现在目标定位、身份认同、技能组合、领导作用、成员关系、沟通方式、工作态度、协作能力、工作结果等诸多层面。

1. 目标定位层面

无论是群体还是团队，都可以定义为一个集体，而它们的组成单位则是构成集体的个体。作为集体中的个体，其个人目标往往与集体目标是不尽一致的。当然这也不可避免地会发生在群体和团队的成员身上。所不同的是，当这种情况发生时，群体成员会将个体目标放于集体目标之上，而团队成员则会将个体目标置于集体目标之下。

2. 身份认同层面

根据威廉姆斯的分析，团队和群体的成员在参与、贡献、合作和支持方面具有不同的期望值。而导致这些不同期望值最主要的原因之一，就是个体成员对自己身份的认同。团队和群体在这方面最大的不同表现在个体相对于集体的主观意愿上的区别：团队中的个体成员具有强烈的组织归属感和使命感，而一般群体中的成员则仅仅将自己定位为一名普通的成员。

3. 技能组合层面

对于一般的群体而言，在其最初组建时所考虑的各方面的因素与组建团队所考虑的是不同的。通常，一般的群体中成员的技能组合是随机产生的，并且在其后的工作中也往往处于相对静止的状态；而对于高效率的团队，在其组建时就已经充分利用了成员间的互补性，而在其后的磨合与运营过程中，成员的技能组合更是呈现多元且互为补充的状态。

4. 领导作用层面

这一层面主要是讨论集体中的领导和领导人的作用。通常，为了更好地达到组织的管理和运营目标，一般群体的领导权力更多地集中在少数的个体成员身上，他们的领导作用也因为其重要性而显得格外突出；但是对于团队而言，这种情况则是相反的：越是高效的团队，其组织内的领导权力越是呈下放的趋势，并且领导权力的作用也因此而逐步减少和弱化。

5. 成员关系层面

这一层面所包含的内容可以包括具体的交流方式、成员间的信任度，以及发表意见的多少等几个方面。一般的群体，成员间的交流往往是非正式和不充分的，彼此之间不够了解也缺乏信任，沟通的渠道少而不畅；而团队成员间的沟通却是多样而充分的，并且越是高效的团队，其成员间的互相信任程度越高，因此也更鼓励他们发表不同的意见和建议。

6. 工作态度层面

这一层面和前面提到的成员身份的认同与相互间的期望有很大的关系。作为一般群体中的个体，成员往往是比较被动地接受领导所安排的任务，并且在创新方面不会有更多的想法，或者即使有也不愿意去实施；而作为团队中的个体，其工作的态度是积极主动的，而且在其工作的过程中也愿意进行不同的尝试来提高工作效率，推进更有效的运行方式。

7. 协作能力层面

这一层面主要是讨论集体中统一或者协调活动时所呈现出的状态。在一般的群体中，集体行动通常是由领导者统一安排的全部个体行为的简单组合，行为没有或很少能够产生协作；但是，团队的集体行动则是具有严密分工与合作的集体协作，每个成员的个体行动都是完整的集体中重要的有机成分，并且集体力量的发挥高度依赖于个体的相互支持和配合。

8. 沟通方式层面

与前面提到的领导的权力和作用具有很强的反向相关性的是，个体在集体决定方面所扮演的角色和所起到的具体作用。在一般的群体中，个体成员往往极少有机会参与关于整个集体的决策，因而每一个单独的个体所扮演的角色并不是很重要；但是，对于团队中的成员，每一份子都可以参与任何影响团队的决定，并在各种决定中扮演重要的角色。

9. 工作结果层面

这一层面的表现也是衡量其是否算得上是真正的团队的最重要依据之一。对于一般意义上的群体，其集体工作的结果通常小于个体成绩的总和。在进行集体工作的过程中，往往有大量的个体成绩要在组织内部耗掉，所以集体成绩最多也不过是个体成绩的累积。但是，对于一个团队，其集体工作的结果是要大于全部个体成绩的总和的。因为个体成员所扮演的角色和所起到的作用与原来单独的个体角色和作用有了本质的区别，高效的团队所产生的效果通常可以数倍，甚至数十倍地高于单个个体工作结果的总和。

熟悉这些不同的层面和每一层面上的具体区别，可以帮助管理者更好地分析所管理的集体的实际状态。对于那些旨在进行团队建设的集体，更可以根据各自的实际情况设定好在每一个层面上所要达到的具体目标，从而让团队建设更加有的放矢。根据普通的群体和高效的团队在这些层面上的差距，还可以制定出更具体的评估指标，而那些细化了的指标则可以作为检验团队建设是否成功的有效衡量尺度。

三、实训技能与拓展

2002 年，浪潮软件全年实现主营业务收入 5.56 亿元，净利润 6 725.95 万元，分别同比增长了 67.32% 和 28.5%。在通信软件业务取得平稳增长的基础上，电子政务和烟草行业信息化业务成为公司利润增长的两大亮点，其中在烟草行业信息化领域的市场占有率达到 20%，列全国首位。

浪潮软件董事长兼 CEO 王柏华在接受记者采访时说：“浪潮软件推崇并倡导的是‘以团队人才为本’的理念。团队合作精神和‘团队人才’是浪潮软件核心竞争力的重要组成部分和市场竞争中重要的价值体现。”

“团队人才”并不是浪潮软件的独创，而是早已被国际认可的一种先进的管理理念。哈佛商学院的《第五项修炼》特别推崇“团队”能力。该学院非常强调“team”，强调提高每个“team member”的基本素质。王柏华认为，三类人才构成了软件企业的“团队人才”，第一类是懂技术、行业知识和管理的“软件金领”；第二类是作为系统分析及设计人员的“软件白领”；第三类是能够熟练编程的“软件蓝领”。三者缺一不可。

基于对“团队人才”的深刻认识，浪潮软件近年来通过与韩国 LG - CNS 的合资合作，加强了对“软件金领”、“软件蓝领”的培养，从而构成了一个比较合理的“团队人才”结构体系，使浪潮软件在两年多的时间内，发展成为由 1 500 多名各类人才组成的我国软件业的中坚力量。

2002 年年末，《致加西亚的信》一书在浪潮软件掀起了一次“学习的革命”。浪潮软件山东大区的不少员工被书中的灵魂人物罗文的事迹所感动。浪潮软件总裁丁兆迎对记者说：“有人说，这是一本站在管理者角度，让职员甘心接受管理的书。这么说也许有些偏颇，但也不是没有道理。作为管理者，不仅要注重工作的效益，还应统一思想方向，才能广纳贤才。”丁兆迎介绍，浪潮软件从成立之初起，就建立了一套科学有效的“以团队人才为本”的管理体制。在浪潮软件的管理思想中，“创新”是主旋律，整个团队都要不断地进行战略、制度、组织、观念和市场创新。丁兆迎介绍，浪潮软件还建立了适应自身发展的扁平化的组织体系。

浪潮软件副总裁肖成锋说：“浪潮是我，我就是浪潮。”这是 EIS 产品部全体员工多年工作凝结的语言，从 2001 年的一个分销系统，扩展到分销物流、呼叫中心、专卖管理、客户关系管理、资金结算和电子商务等多个系统，无不来自于这种共同的价值理念。

在队伍管理方面，EIS 团队已经开始在大连研发中心试行项目任务书制度和项目积分制度，对每一个项目成员的工作进行量化，为员工的评价提供参考数据。现在，EIS 团队成员不再是简单地遵守规则，而是已经成为建立和实施规则的积极推动者。

浪潮软件副总裁肖成锋认为，“用好人才的关键是要做到岗位合适和对其充分信任。岗位合适分为三方面，一是根据个人的特点安排合适的岗位；二是个人要喜爱岗位；三是岗位工作要具有一定的挑战性”。行业信息化的快速发展，使得在 EIS 产品部，具有挑战性甚至是完全创新的岗位不断出现，每个想在 EIS 发展的员工，都能找到足够大的舞台。EIS 管理层还根据企业需要和个人意愿多次调整工作岗位，部分原来表现并不出众的员工之所以在调岗后成为核心骨干，就得益于岗位的转变。肖成锋认为，“以团队人才为本”，就是要求在企业文化建设中，更讲整体利益、团队价值。EIS 管理层承认每一个为团队作出贡献的员工的成绩和价值，但不允许任何个人以为团队离不开自己而发生不顾及整体利益的现象。在浪潮软件领导的强力支持下，年轻的 EIS 团队正处于蓬勃向上的发展中。

讨论题：

1. 从团队人才让浪潮软件快速发展的案例中，你得到了什么启发？
2. 团队工作的优势是什么？

第二节　团队的构成要素

●引导案例

著名的成功学大师拿破仑·希尔曾经这样描述团队：首先，一个团队要有一个清晰的目标或者使命，这个目标或使命通常包含在组织的使命中，体现了组织的远大目标。凭借这个目标，团队才会有方向感。相对于整个团队来说，团队的每个小组也有其明确的目标，而小组的每位成员的作用也很清晰明确。

其次，高绩效的团队有一位充满活力的领导者，他知道怎样合理有效地利用好团队每个成员的力量，来高质量地解决问题，而这样解决问题的效果远远超过单个成员单打独斗所带来的效果。

讨论题：

团队的构成要素有哪些？

一、团队的构成要素

任何组织的团队，都包括五个要素，简称“5P”，即：目标（Purpose）、人员（People）、定位（Place）、权限（Power）和计划（Plan）。这五个要素是组成团队必不可少之物。

1. 目标（Purpose）

团队应该有一个既定的目标为团队成员导航，使他们知道要向何处去，没有目标这个团队就没有存在的价值。对于一个企业来说，自从打算开始在组织内部建设团队开始，就必须树立明确的目标，直至该团队完成使命消亡为止。建立团队的原因是什么？我们希望我们的团队能够为我们的企业解决什么样的问题，完成什么样的任务？这些都是在建立团队之初就应该明确的。团队的目标还有更广泛和深远的意义。共同、远大的目标可以令成员振奋精神，与企业的政策和行动协调、配合，充分发挥生命的潜能，创造超乎寻常的成果，从而在真正的学习中体会工作的真意，追求心理的成长与自我实现，并与周围的世界产生一体感。

归根到底，人是社会的动物，有着一种自然的归属感。不仅团队，人类的任何一种组织的诞生都是基于人类存在共同的需求。在人类群体活动中，很少有像共同的愿景这样能激发出强大力量的东西。只有共同的愿景才能使团队的成员知道自己的角色和任务，从而真正组成一个高效的群体，把工作上相互联系、相互依存的人们团结起来，产生 1 + 1 > 2 的合力，更有效地达成个人、部门和组织的目标。如果团队各个成员的目标各不相同，那么这个团队的前景就会岌岌可危了。

当然，团队的目标也不是一成不变的。例如，在新产品开发出来以后，团队工作的重点毫无疑问地应该转移到增强新产品的竞争力上去；如果目标是提高客户对产品的满意度，那么团队工作的第一步就是如何提高服务质量等。

一个团队如果失去目标，团队成员就不知道何去何从，最后的结果可能是失败，这个团队存在的价值就要打折扣。团队的目标必须跟组织的目标一致，此外还可以把大目标分成小目标具体落实到各个团队成员身上，大家合力实现这个共同的目标。同时，目标还应该有效地向大众传播，让团队内外的成员都知道这些目标，有时甚至可以把目标贴在团队成员的办公桌上、会议室里，以此激励所有的人为这个目标工作。

2. 人员（People）

人是构成团队最核心的力量，3 个以上（包含 3 个）的人就可以构成团队。

团队是由人组成的。确定团队目标、定位、职权和计划，都只是为团队取得成功奠定基础，最终能否获得成功取决于人。目标是通过人员具体实现的，所以人员的选择是团队中非常重要的一个部分。在一个团队中需要有人出主意，有人制订计划，有人实施，有人协调不同的人一起工作，还要有人监督团队工作的进展，评价团队最终的贡献。不同的人通过分工来共同完成团队的目标，在人员选择方面要考虑人员的能力如何、技能是否互补、人员的经验如何。

在这方面企业的自主性很大，选择成员的原则是要根据团队的目标和定位。一旦明确了团队需要进行哪些工作，下一步要做的事情就是制订出团队人员职位的明确计划。无论谁负责这项工作，他都应该尽可能多地去了解候选者。他们每个人都有哪些技能、学识、经验和才华？更重要的是，这些资源在多大程度上符合团队的目标、定位、职权和计划的要求？这都是在选择和决定团队成员时必须认真了解的。

3. 定位（Place）

这里的定位包含两层意思：

（1）团队的定位。包括团队在企业中处于什么位置，由谁选择和决定团队的成员，团队最终应对谁负责，团队采取什么方式激励下属。

（2）个体的定位。指个体作为成员在团队中扮演什么角色，是制订计划还是具体实施或评估。

在迈克·波特的《竞争战略》中，定位是一个非常重要的方法。在企业的团队建设中亦是如此，但是它考察的重点不是外部的竞争环境，而在于企业内部对团队的身份既定。团队如何结合到现有的组织结构中、如何产生出新的组织形式，是管理者们应该思考的问题。

在讨论团队的定位问题时，有必要首先回答一些重要的问题，例如：团队是什么类型的，建议/参与团队？生产/服务团队？计划/发展团队？行动/磋商团队？团队面临的首要任务是什么？团队对谁负责？依据什么原则决定团队的成员和团队的各种规范？

明确团队的定位是非常重要的，因为不同类型的团队有着极大的差异，它们在工作周期、一体化程度、工作方式、授权大小、决策方式上都有很大的不同。如一个服务团队可能需要持久地工作，它的一体化程度是非常高的，它的成员中的差别化不是很严重；可是一个研发团队的工作周期可能很短，但是它的成员的差别化要求会很高。

在团队的定位明确以后，接下来就可以制定一些规范，规定团队任务、确定团队应如何融入组织结构中。同时，也可以借此传递公司的价值观和团队预期等重要信息。当然，这不仅仅是一个改造组织结构的问题，而是要改造公司思维，使其成为一个更具有合作性的工作场所，让来自组织中的不同部门的人们能够真正成为团队伙伴。这将打破传统的组织结构模式，需要深入研究传统的组织结构模式，重新审视组织自身的结构问题，给企业团队进行准确的定位。

4. 权限（Power）

所谓权限，是指团队负有的职责和相应享有的权利大小。

对团队权限进行界定的过程也就是要回答以下几个问题：团队的工作范围是什么？它能够处理可能影响整个组织的事物吗？它的工作重心集中在某一特定领域吗？不同团队的界限是什么？你所组建的团队在多大程度上可以自主决策？

团队当中领导人的权力大小跟团队的发展阶段相关。一般来说，团队越成熟，领导者所拥有的权力相应越小，而在团队发展的初期领导权是相对比较集中的。

团队权限关系的两个方面：

（1）整个团队在组织中拥有什么样的决定权？比方说财务决定权、人事决定权、信息决定权。

（2）组织的基本特征。比方说组织的规模多大，团队的数量是否足够多，组织对于团队的授权有多大，它的业务是什么类型。

团队工作成效在很大程度上取决于团队的积极性和主动性。在企业中，影响人们工作积极性的主要因素就是权责利的合理配置问题。团队的权限范围必须和其定位、工作能力及所赋予的资源相一致。调动团队的积极性，需要适当、合理、艺术的授权。

这些实际上是团队目标和团队定位的延伸。解决了这些问题，也就初步解决了团队的权限问题。当然，你要解决的问题会因团队的类型、目标和定位不同而有很大的差异，这也取决于组织的基本特征，如规模、结构和业务类型等。对于复杂多变的情况，我们无法给出特定的解决方案，但是在解决权限问题时必须坚持这样一个原则：在考虑团队权限因素时，一定要分清轻重缓急。

5. 计划（Plan）

计划包括两个层面含义：

（1）目标最终的实现，需要一系列具体的行动方案，可以把计划理解成目标的具体工作程序。

（2）提前按计划进行可以保证团队的顺利进展。只有按计划操作团队才会一步一步地贴近目标，从而最终实现目标。

团队应如何分配和行使组织赋予的职责和权限？团队应该如何高效地解决面临的各种各样的问题？换句话说，就是团队成员应该分别做哪些工作？如何做？具体讲这就是计划工作。

一份好的团队工作计划常常能够回答以下问题：每个团队有多少成员才合适？团队需要什么样的领导？团队领导职位是常设的还是由成员轮流担任？领导者的权限和职责分别是什么？应该赋予其他团队成员特定职责和权限吗？各个团队应定期开会吗？会议期间要完成哪些工作任务？预期每位团队成员把多少时间投入团队工作中？如何界定团队任务的完成？如何评价和激励团队成员？

但是我们也不可能对以上某些问题给出具体的解答。其具体的答案应根据组织本身特点和实际需要进行合理选择。需要强调的一点是：有些规模或结构相对简单的组织应当考虑人员问题而不是优先考虑职权和计划问题。这样可以避免在决定团队如何发挥作用之前选定团队成员而导致一系列问题的出现。

二、实训技能与拓展

一家企业的经理在全体员工大会上讲人才的重要性。第一句话是：企业之间的竞争关键是人才的竞争，企业的“企”字就是“人”字当头，如果去掉这个“人”字，下面就是一个“止”字，“企业”就变成“止业”。第二句话是：企业现有员工的素质已经远远不能满足企业发展的需要。这虽然是事实，但坐在下面的员工就会觉得不舒服。第三句话是：因此企业要继续花大力气做好引进人才的工作。这句话一说出来就有员工会想，我在这里辛辛苦苦干了这么多年，没想到企业给我这样的待遇；还有员工会认为，既然要从外面引进人才，我就没必要留在企业了。所以这个会开完以后，原来的一些骨干就开始写辞职报告。

讨论题：

1. 该企业的经理这种观点正确吗？
2. 团队中的各要素之间如何优化协调？

第三节　团队的类型

●引导案例

通用电气公司的机车发动机厂约由100个团队组成。每个团队都有极高的自我管理权限：允许团队内部商讨、通过重要的决策，允许团队自行安排本部门的工作日程，公司仅对常规性的设备采购数量和金额进行简单的控制。这种管理型团队发展到即使某一个团队不经过公司的集体决议就动用了200万美元的资金、工厂的总经理连眉头都不会皱一下的程度。

不仅通用如此，美国大多数的企业都采用低控制力的团队管理模式，给予团队充分的自主权。即使是团队实践水平尚属一般的克利夫兰L—S电镀锌板公司，也采取自我管理的团队经营模式，团队成员共同商讨、制定适合自己的工作日程表，自行安排工作的交接程序和时间，在公司的薪资标准下自行建立相关的薪酬领取方案，甚至允许团队自行招聘、解聘。正如工厂总经理所说：“不到他们正式上班的时间，我从来不会见到一个新员工。”

发展到现阶段，美国大约1/5的公司采用了这种团队管理模式，如施乐公司、通用汽车公司、百事可乐公司、惠普公司、霍尼韦尔公司、爱纳人寿保险公司（Aetna Life）等。这些采取自我管理模式的团队都达到了比较理想的工作效率。

曾有专家预测，21世纪，美国的大部分团队将采取这种团队模式经营，约有40%～50%的美国工人可以通过这种团队形式进行自我管理。这将给美国的团队领导者们提供组建具有自主权、功能全面的团队的平台。

1990年10月29日，美国波音公司正式启动研发波音777的项目。而在该项目的设计阶段，美国波音公司采取了完全有别于波音公司其他产品的团队模型。

在设计初期，波音公司就与美国联合航空公司、全日空航空公司、英国航空公司、日本航空公司和香港国泰航空公司等进行了广泛深入的讨论，确定开发新飞机的结构布局，力争产品最大限度地满足全世界航空公司的需要，打造世界上“以客为本”的产品。

波音公司与日本三菱、川崎和富士重工业株式会社签订了风险分担伙伴协议。协议约定，日本承担777结构工作的20%，其中日本的三菱重工业株式会社和川崎重工业株式会社负责机身表面，富士重工业株式会社负责机翼中央部分。同时，波音公司还与俄罗斯的伊留申飞机公司合作，共同设计机舱行李架。为了满足航空公司的要求，波音还在777上采取了多项新科技：首次完全利用计算机绘图进行设计，整个设计过程并没有使用纸张绘图；事先“建造”一架虚拟的777，让工程师可以及早发现任何误差冲突，并预先评定数以千计的零件是否配合妥当，然后才制作实体模型；在原型机建造的时候各种主要部件一次性成功对接。

我们看到，波音公司的第二次商业豪赌（第一次为波音747的研制）——777项目，为了确保计划的成功，动用了大量的横向、纵向人才，调动了行业中最顶尖的力量，组成了一支多功能的团队；套用波音公司的话，打造了“一起工作”的哲学。

波音公司777项目的成功，有力地证明了多功能型团队是一种有效的团队合作形式，能将不同国家、不同行业的团队糅合起来，一起工作、一起交流、一起探索、一起创造。

讨论题：

通过通用电气公司与波音公司不同类型团队的成功案例，思考团队的类型有哪些？各有什么特征与优势？

一、团队的类型

根据团队存在的目的和拥有自主权的大小可将团队分成问题解决型团队、自我管理型团队以及多功能型团队。

1. 问题解决型团队

问题解决型团队是一种临时性团队，是为了解决组织面临的一些特殊问题而设立的。问题解决型团队的核心任务是提高生产质量、提高生产效率、改善企业工作环境等。在这样的团队中成员就如何改变工作程序和工作方法相互交流，提出一些建议。成员几乎没有什么实际权力来根据建议采取行动。

最初，团队类型大都属于问题解决型，来自同一部门的若干名志同道合的人临时因为某一件事情聚集在一起，就如何扩大产品知名度、提高生产线产出率、改进工作流程、改善工作环境等问题展开讨论，相互交换意见，吸收彼此观点，形成集体决策，达成工作共识。我们把这种团队称为问题解决型团队（problem-solving teams）。但是，这些团队却不具备执行力，即这些团队下形成的意见和建议专门由具有执行力的部门负责采取行动，贯彻决策或目标。

20 世纪 80 年代，问题解决型团队的典型代表为“质量管理小组”或者“质量圈”。这种工作团队的组成结构为：职责范围近似或重叠的部分员工、主管，一般人数为 5～12 个人。他们会定期举行会议，在现场讨论质量问题或生产过程中将要面临的问题，调查原因，提出解决问题的建议，并监督相关部门采取有效的行动。

2. 自我管理型团队

随着团队素质的不断提高，缺乏贯彻力、执行力和调动员工积极性、参与性动力不足等问题使问题解决型团队渐渐面临权力不足、功能欠缺等问题。因此，为了弥补这种缺陷，就要求团队具有自主解决问题的能力，能够独立承担所有责任，具备这两种特征的团队被人们称为“自我管理型团队”。这种团队是一支真正能够独立承担责任的团队，团队中的成员不仅注意问题的解决，而且看重解决问题后的执行能力。

通常来说，自我管理型团队的人数为 10～15 人，团队的成员构成呈现多样化的特征。团队的成员需要分担一些上级领导的职责，比如人员招聘、绩效评估、工作任务的分配、工作强度的分布，以及工作时间的安排。

当然，并不是所有采用自我管理型的团队都获得了团队成员的支持。例如，道格拉斯航空公司的员工在面临大规模的解雇形势时，就曾集合起来反对公司采用自我管理型团队形式，他们认为实行这种团队形式，并不一定能给公司注入新鲜的血液，也不一定能提高公司的管理效率。

因此，正视自我管理型团队的功效，理智地明白这并不是培养团队制胜能力的万能的技巧和方法，在设计这样的团队以及期望它们拥有极高的工作效率之前，组织应开展一项环境分析，以确定自我管理团队是否与一些组织因素保持一致：①企业对团队有明确和具体要求，并赋予相应的权力和责任；②组织的价值观和目标与团队具有一致性，组织文化和领导的支持为团队的运行提供了环境支持；③组织的资源、政策和训练保证团队具有竞争力。

3. 多功能型团队

多功能型团队由来自不同部门、不同工作领域、不同技能和经验的员工组成，他们来到一起的目的是完成一项任务。采用多功能型团队是一种有效的方式，它能使组织内（甚至组织之间）不同领域员工之间交换信息，激发出新的观点，解决面临的问题，协调复杂的项目。多功能型团队的兴盛时期是 20 世纪 80 年代末，当时所有主要的汽车制造公司，包括丰田、尼桑、本田、宝马、通用、福特、克莱斯勒都采用了多功能型团队来直接完成复杂项目。

20 世纪 60 年代，爱必尔诺威开发了卓有成效的 360 度反馈系统，该系统采用的是一种大型的任务攻坚团队，成员来自公司各个部门。由于团队成员知识、经验、背景和观点不太相同，加上要处理复杂多样的工作任务，因此实行这种团队形式，建立有效的合作需要相当长的时间，而且要求团队成员具有很强的合作意识和很高的个人素质。

多功能型团队通常是由来自同一等级、不同工作领域、跨越横向部门界限的员工组合而成的，将这些人才聚合起来的唯一目的就是完成一项特殊的、特定的任务或目标。

但是，多功能型团队并不是简单的人员组合，它的管理模式也不是简单的管理荟萃，其在团队建立的早期需要花费大量的时间和精力来搭建组织内部、组织之间不同领域员工的信息交流平台，还要调和团队成员间因地域、部门、能力不同而造成的矛盾。因此，将那些背景、经历和观点不同的成员聚合在一起，再建立起相互信任并能真正合作的平台需要花费大量的时间。但不管怎么说，采用多功能型团队总是一种有效的方式，它能让组织内（甚至组织之间）不同领域员工之间交换信息，激发出新的观点，解决面临的问题，从而做好复杂的项目。

4. 虚拟团队

国际互联网的日益普及，不仅拓宽了人们的信息渠道，同时也拓展了人们的工作空间，移动办公和异地办公日渐增多。随着网络应用水平的不断提高，基于网络进行工作和沟通以及管理的“虚拟团队”也日渐流行。这种俱乐部式的虚拟团队以灵活多变为特点，以共同的项目工作为基础，而效率则建立在相互的信任和配合上。如何维护和管理这种虚拟团队，提高团队效率，日益受到人们的关注。这种虚拟团队的出现，必然对传统的组织形式和管理方法提出新的要求。面对虚拟的成员，传统的命令和控制方式已不再有力。要想真正管理好虚拟团队，就必须调整虚拟成员的定位，并在虚拟团队中树立起良好的信任氛围。这种信任不是一成不变的，而是随环境和成员的变化而改变的。而对这种无形的团队，只有靠有形的管理，才能做到“形散而神聚”。

指向你公司的路标或许正在变成鼠标，可从地图上查找的地址或许正在变成电子邮件地址。原处于萌芽状态的“虚拟团队”以一种“随风潜入夜，润物细无声”的方式成了组织发展的新趋势和管理层关注的焦点。

虚拟团队不一定依赖于一个看得见、摸得着的办公场所而运作，但同时又是一个完整的团队，有着自己的运行机制。它的存在跨越了时间和空间的限制，团队成员来自各个非常分散的地区，因此缺乏成员之间相互接触时所具备的特征，而这些特征往往是创造一流业绩的先决条件。

“虚拟团队”其实缘起于“前网络时代”，如利用非网络媒介而运作的新闻、远程销售、远程教育等领域，而以三“I”，即 information（信息）、idea（思想）和 intelligence（智慧）为代表的网络经济则使“虚拟团队”的规模化发展成为必需。

二、实训技能与拓展

麦当劳有一个危机管理队伍，责任就是应对重大的危机，由来自麦当劳营运部、训练部、采购部、政府关系部等部门的一些资深人员组成。他们平时共同接受关于危机管理的训练，甚至模拟当危机到来时怎样快速应对。比如广告牌被风吹倒、砸伤了行人，这时该怎么处理？一些人员考虑是否把被砸伤的人送到医院，如何回答新闻媒体的采访？当家属询问或提出质疑时如何对待？另外一些人要考虑的是如何对这个受伤者负责，保险谁来出？怎样确定保险？所有这些都要求团队成员能够在复杂问题面前快速行动，并且进行一些专业化的处理。

虽然这种危机管理的团队究竟在一年当中有多少时候能用得上还是个问题，但对于跨国公司来说是养兵千日、用兵一时，因为一旦问题发生就不是一个小问题。在面临危机的时候，如果做出快速而且专业的反应，危机会变成生机，问题会得到解决，而且还会给顾客及周围的人留下很专业的印象。

讨论题：

1. 麦当劳的团队属于哪种类型？
2. 探讨各个类型团队的不同点。

●本章小结

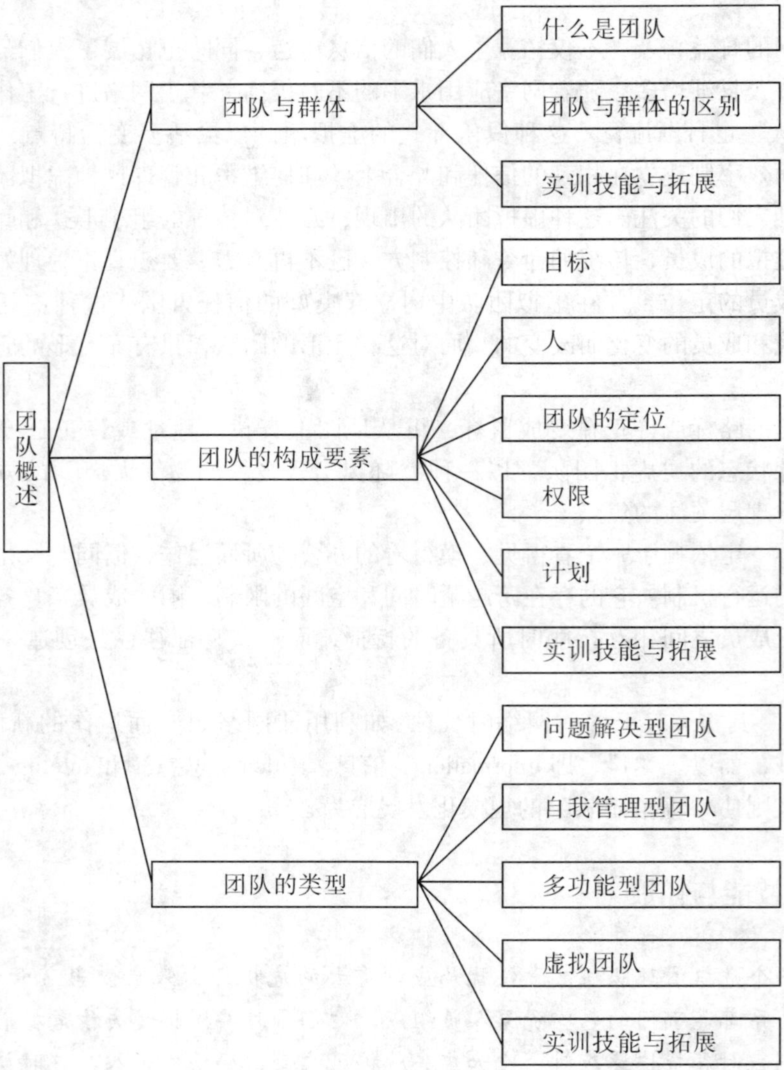

本章复习思考题

1. 请思考下面五种类型，哪些是群体？哪些是团队？

（1）国家体操队；

（2）某饭店宾客；

（3）候车亭的乘客；

（4）某民间舞龙队。

2. 团队的构成要素是什么？

3. 不同类型团队各自的特点是什么？

●延伸阅读

贝尔宾团队角色理论——团队角色自测问卷

贝尔宾团队角色理论简介：

剑桥产业培训研究部前主任贝尔宾博士和他的同事们经过多年在澳洲和英国的研究与实践，提出了著名的贝尔宾团队角色理论，即一支结构合理的团队应该由八种人组成。这八种团队角色分别为：

（一）实干家 CW（Company Worker）

A. 典型特征：保守；顺从；务实可靠

B. 积极特性：有组织能力、实践经验；工作勤奋；有自我约束力

C. 能容忍的弱点：缺乏灵活性；对没有把握的主意不感兴趣

D. 在团队中的作用：

1. 把谈话与建议转换为实际行动

2. 考虑什么是行得通的，什么是行不通的

3. 整理建议，使之与已经取得一致意见的计划和已有的系统相配合

（二）协调员 CO（Coordinator）

A. 典型特征：沉着；自信；有控制局面的能力

B. 积极特性：对各种有价值的意见不带偏见地兼容并蓄，看问题比较客观

C. 能容忍的弱点：在智商以及创造力方面并非超常

D. 在团队中的作用：

1. 明确团队的目标和方向

2. 选择需要决策的问题，并明确它们的先后顺序

3. 帮助确定团队中的角色分工、责任和工作界限

4. 总结团队的感受和成就，综合团队的建议

（三）推进者 SH（Shaper）

A. 典型特征：思维敏捷；开朗；主动探索

B. 积极特性：有干劲，随时准备向传统、低效率、自满、自足挑战

C. 能容忍的弱点：好激起争端；爱冲动；易急躁

D. 在团队中的作用：

1. 寻找和发现团队讨论中可能的方案

2. 使团队内的任务和目标成形

3. 推动团队达成一致意见，并朝决策方向行动

（四）智多星 PL（Planter）

A. 典型特征：有个性；思想深刻；不拘一格

B. 积极特性：才华横溢；富有想象力；有智慧；知识面广

C. 能容忍的弱点：高高在上；不重细节；不拘礼仪

D. 在团队中的作用：

1. 提供建议

2. 提出批评并有助于引出相反意见

3. 对已经形成的行动方案提出新的看法

（五）外交家 RI（Resource Investigator）

A. 典型特征：性格外向；热情；好奇；联系广泛；消息灵通

B. 积极特性：有广泛联系人的能力；不断探索新的事物；勇于迎接新的挑战

C. 能容忍的弱点：时过境迁，兴趣马上转移

D. 在团队中的作用：

1. 提出建议，并引入外部信息

2. 接触持有其他观点的个体或群体

3. 参加磋商性质的活动

（六）监督员 ME（Monitor Evaluator）

A. 典型特征：清醒；理智；谨慎

B. 积极特性：判断力强；分辨力强；讲求实际

C. 能容忍的弱点：缺乏鼓动和激发他人的能力；自己也不容易被别人鼓动和激发

D. 在团队中的作用：

1. 分析问题和情景

2. 对繁杂的材料予以简化，并澄清模糊不清的问题

3. 对他人的判断和作用作出评价

（七）凝聚者 TW（Team Worker）

A. 典型特征：擅长人际交往；温和；敏感

B. 积极特性：有适应周围环境以及人的能力；能促进团队的合作

C. 能容忍的弱点：在危急时刻优柔寡断

D. 在团队中的作用：

1. 给予他人支持，并帮助别人

2. 打破讨论中的沉默

3. 采取行动扭转或克服团队中的分歧

（八）完美主义者 FI（Finisher）

A. 典型特征：勤奋有序；认真；有紧迫感

B. 积极特性：理想主义者；追求完美；持之以恒

C. 能容忍的弱点：常常拘泥于细节；容易焦虑；不洒脱

D. 在团队中的作用：

1. 强调任务的目标、要求和活动日程表

2. 在方案中寻找并指出错误、遗漏和被忽视的内容

3. 刺激其他人参加活动，并促使团队成员产生时间紧迫的感觉

团队角色自测问卷

说明：下列问题可能在不同程度上描绘了您的行为。每题有八个句子，请将10分分配给这八个句子。分配的原则是：最体现您行为的句子得分最高，以此类推。最极端的情况也可能是10分全部分配给其中的某一句话。请根据您的实际情况把分数填入后面的表中。计算出每个角色的得分，得分最高的2~3个角色便是您的团队角色。

一、我认为我能为团队作出的贡献是：

A. 我能很快地发现并把握住新的机遇。

B. 我能与各种类型的人一起合作共事。

C. 我生来就爱出主意。

D. 我的能力在于，一旦发现某些对实现集体目标很有价值的人，我就会及时把他们推荐出来。

E. 我能把事情办成，这主要靠我个人的实力。

F. 如果最终能导致有益的结果，我愿面对暂时的冷遇。

G. 我通常能意识到什么是现实的，什么是可能的。

H. 在选择行动方案时，我能不带倾向性、也不带偏见地提出一个合理的替代方案。

二、在团队中，我可能有的弱点是：

A. 如果会议没有得到很好的组织、控制和主持，我会感到不痛快。

B. 我容易对那些有高见而又没有适当地发表出来的人表现得过于宽容。

C. 只要集体在讨论新的观点，我总是说得太多。

D. 我的客观看法，使我很难与同事打成一片。

E. 在一定要把事情办成的情况下，我有时使人感到特别强硬甚至专断。

F. 可能由于我过分重视集体的气氛，我发现自己很难与众不同。

G. 我易于陷入突发的想象之中，而忘了正在进行的事情。

H. 我的同事认为我过分注重细节，总有不必要的担心，怕把事情搞砸。

三、当我与其他人共同进行一项工作时：

A. 我有在不施加任何压力的情况下去影响其他人的能力。

B. 我随时注意防止工作中的疏忽。

C. 我愿意施加压力以换取行动，确保会议不是在浪费时间或离题太远。

D. 在提出独到见解方面，我是数一数二的。

E. 对于与大家共同利益有关的积极建议我总是乐于支持的。

F. 我热衷寻求最新的思想和新的发展。

G. 我相信我的判断能力有助于作出正确的决策。

H. 我能使人放心的是，对那些最基本的工作，我都能组织得“井井有条”。

四、我在工作团队中的特征是：

A. 我有兴趣更多地了解我的同事。

B. 我经常向别人的见解进行挑战或坚持自己的意见。

C. 在辩论中，我通常能找到论据去推翻那些不甚有理的主张。

D. 我认为，只要计划必须开始执行，我就有推动工作运转的才能。

E. 我有意避免使自己太突出或出人意料。
F. 对承担的任何工作，我都能做到尽善尽美。
G. 我乐于与工作团队以外的人进行联系。
H. 尽管我对所有的观点都感兴趣，但这并不影响我在必要的时候作决定。
五、在工作中，我得到满足，因为：
A. 我喜欢分析情况，权衡所有可能的选择。
B. 我对寻找解决问题的可行方案感兴趣。
C. 我感到，我在促进良好的工作关系。
D. 我能对决策有强烈的影响。
E. 我能适应那些有新意的人。
F. 我能使人们在某项必要的行动上达成一致意见。
G. 我感到我的身上有一种能使我全身心地投入到工作中的气质。
H. 我很高兴能找到一块可以发挥我想象力的天地。
六、如果突然给我一份困难的工作，而且时间有限，人员不熟：
A. 在有新方案之前，我宁愿先躲进角落，拟订出一个摆脱困境的方案。
B. 我比较愿意与那些表现出积极态度的人一道工作。
C. 我会设想通过用人所长的方法来减轻工作负担。
D. 我天生的紧迫感，将有助于我们不会落在计划后面。
E. 我认为我能保持头脑冷静，富有条理地思考问题。
F. 尽管困难重重，我也能保证目标始终如一。
G. 如果集体工作没有进展，我会采取积极措施去加以推动。
H. 我愿意展开广泛的讨论，意在激发新思想，推动工作。
七、对于那些在团队工作中或与周围人共事时所遇到的问题：
A. 我很容易对那些阻碍前进的人表现出不耐烦。
B. 别人可能批评我太注重分析而缺少直觉。
C. 我有做好工作的愿望，能确保工作的持续进展。
D. 我常常容易产生厌烦感，需要一两个有激情的人使我振作起来。
E. 如果目标不明确，让我起步是很困难的。
F. 对于我遇到的复杂问题，我有时不善于加以解释和澄清。
G. 对于那些我不能做的事，我有意识地求助他人。
H. 当我与真正的对立面发生冲突时，我没有把握使对方理解我的观点。

自我评价分析表

大题号	CW	CO	SH	PL	RI	ME	TW	FI
一	G	D	F	C	A	H	B	E
二	A	B	E	G	C	D	F	H
三	H	A	C	D	F	G	E	B
四	D	H	B	E	G	C	A	F

（续上表）

大题号		CW		CO		SH		PL		RI		ME		TW		FI
五	B		F		D		H		E		A		C		G	
六	F		C		G		A		H		E		B		D	
七	E		G		A		F		D		B		H		C	
总计																

您的角色是____________________

特征表现____________________

第二章　团队建设

●学习目标

1. 领会团队建设的目的；
2. 理解高效团队的特征；
3. 理解团队建设的原则；
4. 理解团队创建的过程；
5. 领会团队建设中的阻力与误区。

第一节　团队建设的目的

●引导案例

有一个牙科医生，第一次给病人拔牙，心里非常紧张。他刚把牙齿拔下来，不料手发抖，牙齿掉进了病人的喉咙。“非常抱歉，”医生说，“你的病已经不属于我的职责范围，你找喉科的医生去吧。”喉科医生检查过后，说：“牙齿落到胃里去了，你找胃病专家吧。”胃病专家给病人检查之后说：“牙齿落到肠子里去了，你找肠科教授吧。”

最后，病人屁股朝天地出现在肛门科室。医生用内窥镜一看，吃惊地叫道：“天呀，你那里怎么长了颗牙齿？快找牙科医生去吧。”

（资料来源：幽他一默，中国医药指南，2003 年第 2 期）

讨论题：

从这家医院医生一盘散沙的表现来看，团队建设的重要意义以及目的是什么？

一、团队建设的目的

团队产生于传统组织内部，是传统组织为了进一步提高效率和环境适应力的结果，企业核心化为团队，则是当今环境的直接要求。因此，团队建设的目的，就是为了克服传统组织的弊端，塑造出一种适应信息时代的新型组织。

1. 增强组织灵活性

市场环境的新变化是企业组织普遍采用团队形式的主要原因。如今的市场环境已逐步走向全球化激烈竞争的买方市场，产品的寿命周期不断缩短，顾客的需求也日益向个性化和多样化的方向发展，多样化和及时获得是顾客需求的最重要特征。因此，组织的团队结构管理模式就成为企业竞争战略重点转移的必然要求。任何企业要想在激烈的竞争环境下生存、发展，都必须改变过去等级分明、决策缓慢、机构臃肿、人浮于事、对外界变化的应变能力差的管理模式。团队给予职工必要的团队工作技能训练，团队的共同价值取向和文化氛围使组织能更好地应付外部环境的变化和适应企业内部的改革、重组。团队工作以灵捷和柔性为其竞争战略。

2. 强烈的动机激励

工作团队由传统的科层组织中的被动接受命令转变为拥有独立的决策权，使团队成员拥有一个更大的活动天地，享有宽松、自主的环境，极大地激励团队成员的工作积极性和创造性。在团队生产条件下，由于最终产出是共同努力的结果。因此，团队的气氛会给那些因存在“免费搭便车”的企图而产生偷懒动机的参加者施加社会压力，迫使他们为团队的绩效、荣誉而努力工作。

3. 提高生产率

团队的组织模式使组织结构大大简化，组织内部协调简单，领导和团队、团队和团队以及团队内部成员之间的关系变成伙伴式相互信任和合作的关系，使企业决策层能腾出更多的时间和精力，去看“海图”，制定正确的经营发展战略，寻找良好的市场机会，改变传统的“火车跑得快，全靠车头带”的企业状态，组成“联合舰队”的作战群体，产生比个体简单相加高得多的劳动生产率。

4. 建设积极的内部员工关系

这是指促使企业内部公关条件的优化，增进团队沟通协调，提高员工归属感和自豪感，增强企业内部的凝聚力。每个团队都有特定的团队任务和事业目标，团队鼓励每个参与者把个人目标融入和升华为集体的团队目标并承诺他们的共同目标，这就使企业文化建设中的核心问题——共同价值体系的建立，变成可操作性极强的管理问题。同时，团队的工作形式要求其参加者只有默契地配合才能很好地完成工作，促使他们在工作中有更多的沟通和理解，共同应付工作和生活压力。

5. 提高员工素质

团队建设可以极大地提高员工素质，增强员工的工作技能，充分体现企业的人本管理。团队鼓励成员一专多能，并对职工进行工作扩大化训练，要求成员积极参与组织决策。团队工作形式培养了职工的技术能力、决策能力和人际关系处理能力，使员工从机器的附属中解放出来，充分体现了以人为本的管理思想。

6. 保证信息传递畅通

信息渠道通畅，提高了信息的开放性、共同性和集成性，改善了组织决策。团队工作模式以计算机网络、信息处理软件为支撑技术，“团队之间的协调和联系通过总线上的共享信息实现”。通过建立企业内联网和企业外部网实现信息的共享和集成，消除了传统组织结构（如宝塔式的科层结构）中由于层层传递所造成的信息失真和延误，提高了信息传递的质量和速度。

二、实训技能与拓展

有三只老鼠一同去偷油吃，到了油缸边一看，油缸里的油只剩缸底的一点点了，并且缸身太高，谁也喝不到。于是他们想了一个办法：一个咬着另一个的尾巴吊下去喝，第一只喝饱了上来，再吊另一只下去喝……

第一只老鼠最先下去喝，他在下面想：“油就只有这么一点点，今天算我幸运，可以喝个饱。”第二只老鼠在中间想：“下面的油是有限的，假如让他喝完了，我还什么可喝的呢？还是放了他，自己跳下去喝吧！”第三只老鼠在上面想：“油很少，等他们俩都喝到了，还有我的份吗？不如不管他们，自己跳下去喝算了！”于是三只老鼠都跳下去了，虽然都喝到了油，但是谁也逃不出来了。

讨论题：

1. 从故事中的小老鼠只想着“要是别的老鼠把油都喝完了，自己就没油喝了”，到最后落个无法逃出的结局中，你得到了什么启发？

2. 个人利益与团队利益怎么协调？

第二节　高效团队的特征

●引导案例

小王、小张和老李正围在刚生产出来的空调周围查找原因，为什么空调指示灯显示运转正常而空调却没有制冷？这种空调是公司新开发的环保节能型空调，小王是生产线上的总装工人，小张是负责生产过程排产和工艺的生产工程师，老李是产品开发工程师。虽然三人在公司的角色和岗位职责不同，但是，自这种环保节能型空调投入试产以来，他们三人就在一起工作了。在面对问题时，三人并不气馁，他们对每一个环节进行仔细分析，查找问题原因，不但解决了这个问题，而且顺利地完成了公司新产品的试生产任务。

在这次团队协作配合中，他们清楚地意识到如果不是因为这次新产品的试生产任务，他们三人是很难在一起进行工作的；小王、小张和老李充分认识到各自的工作特点和能力长短，要达成团队工作目标，必须打破传统部门分工的限制，紧密地围绕这次新产品试生产任务开展工作，使这个小小的团队高效地运转，最终完成团队的工作目标。

讨论题：

从本案例中小王、小张和老李能够顺利完成团队任务可以看出，该团队的运作是有效的，那么高效团队的特征是什么？

一、高效团队的特征

高效团队的特征表现在：团队整体运作所取得的工作成效通常大于单个人员取得的工作成效；团队可以有效地解决复杂的问题；团队工作可以激发人员的创造力；在团队中成员之间可以互相学习、互相弥补各自的不足；团队工作可以加强人员的自省，令团队成员充满工作激情。

从下表可以看出高效团队与无效团队之间的差别。

表2－1　高效团队与无效团队的特征对比

高效团队	无效团队
共同设定目标，个人与组织目标相结合	由上级设定目标，不考虑个人需求
双向沟通，充分表达	政令宣达，压抑自我
共同参与，注重每一个人的贡献	权威领导，注重短期目标达成
能力与信息决定影响力	职位决定一切
寻求共识以作决策	寻求决策的共识
鼓励分歧与冲突，以强化决策品质	压抑冲突，要求和谐一致
重视问题根源的解决	妥协或处理表象问题
强调组合功能与相互依赖性	强调个人功能英雄主义
自我评估，并以团体发展绩效为主	主管考核，以成果绩效评定为主
鼓励创新与自我实现	要求服从及内部稳定性

有专家对高效团队研究发现，高效团队具有以下七个特征：

1. 明确的团队目标

有这样一则小故事，一个猎人在丛林中捉到一只受伤的幼鹰，他把这只幼鹰带回家饲养，让这只幼鹰跟猎人家的一群鸡一起啄食、嬉戏。日子一天天过去了，幼鹰渐渐长大了，羽翼也逐渐丰满了，猎人想把这只鹰训练成猎鹰，却发现它根本就没有飞的欲望，完全就像一只鸡。猎人尝试了许多方法，都不奏效。最后，猎人把这只鹰带到山崖边，把它扔了下去，奇迹出现了：这只鹰在求生本能的驱使下拼命扑打着翅膀，居然飞了起来。

这个故事告诉我们，在长期的安逸生活下，我们很容易失去目标；一旦失去目标之后，我们就会变得毫无战斗力了。

一个好的团队，大家一定有共同的、明确的目标，这个目标是大家都认可的，是一面旗帜，大家都朝着旗帜的方向前进。团队成员有着共同的目标，并清晰地知道目标、方向、原则分别是什么，为完成共同目标，成员之间彼此合作，这是构成和维持团队的基本条件。实际上，正是这种共同的目标、方向，才决定了团队的性质。

在团队管理中，我们的首要任务就是在任何行动前先确定目标、方向。这样不但能使不同角色的团队成员有完全一致的目标，更重要的是使团队有前进的动力。这正是高效团队与无效团队的不同之处。

高效团队在行动前总能经过周密的调研，确定要达到的目标，并坚信这一目标对团队来说具有重大的意义和价值。然后，通过这个目标所指引的方向制定行事的原则，以后便完全按照绩效来考量，以确定目标的实现。

清楚地制定团队自身的目标，不仅能使团队成员明白团队以及自身所追求的方向，更能激发团队成员的热情、好奇心、活力和创造力。应该说，目标使得团队的存在有了价值。

与经营追求高效益一样，高效团队的管理也追求高绩效，只有先获得管理的高绩效，才能获得经营的高效益；离开了绩效，任何策略与目标都只能局限于策略与目标本身，无法收到实际效果。正是由于认识到这一点，一个高效团队的领导者往往都有着强烈的以绩效为本的意识，他们不断创建追求绩效的团队文化。同时，团队领导者也明确将之传达给团队成员，让每个成员的头脑中都有一个绩效的概念，树立为提高绩效而努力的意识。

2. 团队成员互信协作

一个好的团队，就在于团队成员之间，能够把为了达成团队共同目标的资源、知识、信息，及时地相互传递，以便大家共享经验和教训。

积极、信任、团结互助、文化和谐的团队氛围，能把团队成员的力量结合在一起，推动团队高效运作。一次，联想运动队和惠普运动队进行攀岩比赛。惠普队强调齐心协力、注意安全，共同完成任务。联想队在一旁没有做太多的士气鼓动，而是一直在合计着什么。比赛开始了，惠普队在全过程中几处碰到险情，尽管大家齐心协力，排除险情，完成了任务，但因时间拉长，最后输给了联想队。那么，联想队在比赛前是在合计什么呢？原来，他们按照队员个人的优势和劣势进行了精心的组合：第一个是动作机灵的小个子队员领头示范，第二个是高个子队员，接着是女士和身体庞大的队员排在中间，最后的是具有独立攀岩实力的队员。于是，他们几乎无险情地迅速完成了任务。团队成员在才能上一定是互补的。共同完成目标任务的关键就在于发挥每个人的特长，使之产生整体搭配的协同效应。

高效团队中成员间相互信任是团队的显著特征，就是说，每个成员对其他人的行为能力都深信不疑。我们在日常的人际交往中都能体会到，信任这东西是相当脆弱的，需要花大量的时间去培养，又很容易被破坏。而且，只有信任他人才能换来他人的信任，不信任只能导致更深的不信任。在高效团队中，团队成员都能感受到别人的赞赏和支持。

在团队成员之间的关系上，团队文化表现为“成员之间的相互协作及共为一体”。团队成员彼此把对方视为“一家人”，都是团队的一分子，相互依存，同舟共济，肝胆相照，荣辱与共。成员在互动过程中逐渐形成了一系列的行为规范，一方面，他们和谐相处，充满凝聚力；另一方面，他们又彼此促进，为了团队的成功他们常常指出对方的缺点及进行对事不对人的争执，其终极目标是为了促成更好的合作，追求团队的整体绩效与和谐。

3. 职责明确，信息沟通顺畅

好的团队的特点就是大家的角色都不一样。每一个团队成员要扮演好自己特定的角色，角色互补才会形成好的团队。

个体间有差异，人和人是不同的。如一个足球队有前锋、中场、后卫各个不同的角色，每个人分工不同，职责不同。团队也是一样的，需要不同的角色并进行明确分工。一个高效的团队对每个成员的工作职责范围的划分是很明确的，并且有严格的工作流程。

此外，高效团队还是沟通顺畅的团队。在沟通顺畅的团队里，团队领导为员工提供了献计献策的机会，借此诱发团队成员许许多多不寻常的创见和有价值的建议，这也使得团队成员更易于达成共识，而不是暗中对抗、内部消耗，浪费团队资源。微软就是以创造团队文化而闻名的公司，以项目小组的形式来开发电脑软件即由微软首创。微软除了在打造品牌上的独到策略之外，团队建设更是它维持其品牌质量的至关重要的手段，也是该公司不可替代的竞争力所在。其中，极其明确的分工和周密的流程设计是其团队建设的重要手段之一。在微软，每一个团队成员都十分清楚自己的职责、自己的工作在整体中的位置和顺序以及时间进度。由于分工明确，而且每个人都无法被他人替代，因此彼此都互相尊重，同时敢于提出自己的不同见解，使信息沟通更加顺畅。可见，职责明确、信息沟通顺畅是高效团队的显著特征之一。

4. 凝聚力

表 2-2 凝聚力高低对团队运作的影响

	凝聚力高	凝聚力低
团队目标	明确；成员有认同感	不明确；缺乏认同感
团队活动	明确的行动；工作成果好；满意度高	暧昧不明；成果差；满意度低
成员间吸引力	程度高	程度低
领员形态	参与式	权威式
团队气氛	开放	感受威胁
沟通	双向	单向
行动力来源	自发性	被动性
个人能力	互补长短	互为牵制、抵消
价值观	一致	分歧
成败	分享、同担	归于少数人

有了规范是不是就可以建立有效的团队呢？我们首先要弄清楚如何形成团队凝聚力。把一群人安排在一起非常容易，但使那一群人真正像一个人一样工作就没那么简单，因此必须建立起团队凝聚力——成员对团队的认同性，并期望为团队之持续发展而努力付出。团队的凝聚力直接关系到团队的战斗力。凝聚力高，团队的成员才会自愿地把自己的潜力发挥出来，用积极的态度去应对团队面临的挑战和困难。反之，如果团队凝聚力低下，人人各自为政，自打算盘，那么团队协作就难以进行，团队默契也无从说起，团队效率也就低下，建设团队的意义也就失去了。凝聚力高低对团队运作的影响如表 2-2 所示。一般而言，塑造团队凝聚力主要注

重以下几个要素：

（1）有效的交流。

在一个工作团队中，成员们具有不同的技能、专长、责任甚至地位，不同技能的人集中在一起并相互合作，团队的任务才可能高效地得到执行。团队成员应该清楚地了解，每一个成员都为整个团队作出了贡献。因此，他们需要有效的交流。

一个团队的内部交流如何，由团队的大小和队员的分布决定。最有效的交流方式是非正式的直接交流，更理想点，队员们可以直接地随意接触。有资料表明，物理距离对团队成员间的交流有着巨大的影响。研究显示，如果队员座位间的距离小于10米，那么他们约有30%的机会至少每周交流一次；当距离增加到20米，机会便减少到5%；而当距离增加到60米，交流机会就几乎为零了。所以，主管可以创建一些经常在一起的机会，加以利用团队早餐会、备忘录、电话、公告栏等方式，鼓励同事间的自由交流。

（2）一起度过的时间。

提供寻找共同的兴趣和观点的机会。

（3）独立。

可以使人们感到该团队是特殊的，是不同于其他群体的。

（4）压力。

压力强调了相互依赖的重要性，并且可以使团队得到巩固。大家都知道，海绵在通常情况下总是呈极度扩张状态，占有最大的空间，但当我们用手指或其他重物挤压海绵时，它就会收缩成团。人也是这样，在可能的情况下，都想拥有自己最大的“势力范围”，与他人保持一定的距离，并且有时候还会因为一些矛盾与他人产生对立。但当出现困难、危及群体共同的利益或生存发展时，人们就会像海绵一样抱成一团，共同应对挑战。

在一次小学生夏令营活动中，营员们因为一些问题发生争执，形成了两个对立的“帮派”，“帮派”的成员间壁垒分明，互不来往，还时常有意地制造一些对抗，给整个活动带来很大影响。为了化解矛盾，组织者设计了一个方案。在一个雨天，开始了营地的搬迁，并故意用人力车来运送行李。由于道路泥泞，车子经常陷入泥坑中不能动弹，而仅靠一个“帮派”的力量是无法把车子拉出来的。在困难面前，需要两个帮派共同努力，团结一致，才能解决问题。一开始，大家还相互观望；后来一起推车但不讲话；最后，他们一起商量如何解决问题。在这次搬迁之后，两个“帮派”的营员们开始有意无意地相互寻找话题进行沟通，最后帮派界限消失了，小营员们忘却了他们之间的不快，并且加深了他们之间的友谊。困难让他们消除了隔阂。所以，当团队面临压力和威胁时，团体精神就会迸发出来。

（5）规模。

小型团队往往比大型团队更具凝聚力，因为这可以使成员之间进行更多的相互交往。如果团队成员多于12人，他们就很难顺利开展工作。他们在相互交流时会遇到许多障碍，也很难在讨论问题时达成一致，甚至形成一些小帮派。一般说来，如果团队成员很多，就难以形成凝聚力、忠诚感和相互信赖感。所以，要塑造富有成效的团队，一般应该把成员人数控制在12人之内。

（6）激励。

以团队为基础进行绩效评估、利润分享、激励等，可以在成员之间产生一种以团队为核心的合作观念。

5. 善于发现问题

在高效团队中，每个人都善于观察事物，能迅速地发现问题，及时地做出反应，适时地分析问题症结，提出对策。也就是说，高效团队成员都具有缜密分析后马上采取行动的能力，知道在出现问题时下一步将要干什么。这样的行为方式有助于克服工作中的困难，打破前进道路上的壁垒，并能够有效地处理棘手的问题。

6. 执行力强

高效团队的第六大特点是执行力强。班尼斯与纳那斯在他们对成功团队的研究中同时发现，执行力强是高效团队成员所具有的相同特点。什么是执行力？简单说来，就是指能将目标转化为现实、将不可能变为可能的能力。

7. 实践中总结，总结中实践

在高效团队中，人人都是学生。“学习、学习、再学习”以及“终身学习”是全体团队成员的共识。虽然在学习型团队中团队领导扮演着老师的角色，但他同时也是学生的角色。在学习型团队中，每一位成员都是先做学生、再做老师，大家互帮互学，没有严格的师生之分。“知之为知之，不知为不知”，大家互相帮助，互相提高，共同进步。

20 世纪初，在英国乡村有一套牛奶配送系统，将牛奶送到顾客门口。由于牛奶瓶没有盖子，山雀与知更鸟常常毫不费力地在顾客开门收取牛奶前先一步享用。后来，厂商加装了铝制的瓶盖，山雀与知更鸟不再拥有这份“免费早餐”。但到了 20 世纪 50 年代初期，当地的所有山雀（约 100 万只）居然学会了刺穿铝制瓶盖，重开“免费早餐”的大门。反观知更鸟，却只有少数学会了这一“本领”，始终没有普及到大多数。

很明显，山雀经历了组织学习的过程，借助个体的创新技能，传送给群体成员，成功地增强了族群对环境的适应能力。但问题是，为什么山雀可以，而知更鸟却不能呢？

生物学家研究发现，山雀在年幼时期，就已习惯和同类和平相处，甚至编队飞行。而知更鸟则是排他性较强的鸟类，势力范围内是不允许其他雄鸟进入的，同类之间基本上是以敌对的方式沟通。因此，虽然两者同属鸟类，但和谐相处的山雀比起互相敌视的知更鸟更能学习互助，进化程度更高。学会了在实践中总结，在总结中实践，所有的问题都将不再是“问题”。

实践是团队学习的基础，毫无疑问，通过学习获得并提高工作技能，是团队学习的主要内容和目的。高效团队往往能从实践中总结，在总结中实践，通过学习来提升自己。也就是我们所称的学习型团队。

在学习型团队中，团队成员之间关系融洽，大家经常在一起探求新知，通过交流与沟通，各人倾其所能，贡献自己所学的新知识、新技能，大家相互取长补短。每个人都可以各展所长，成为老师；反过来，他也同时虚心学习别人的长处，成为其他成员的学生或听众，互通有无，取长补短。

反省其实也是一种学习能力。团队走向高效是一个不断摸索的过程，在此过程中难免会不断地犯错误。而反省正是认识错误、改正错误的前提。无论是对团队还是对团队成员，反省的过程就是学习的过程。有没有自我反省的能力、具不具备自我反省的精神，决定了团队能否永葆高效。

因此，“一日三省吾身”是高效团队的日常工作。唯有时常反省自我，对团队进行反思，及时审查团队的所得所失，才能使团队不断进步，始终保持高效。

二、实训技能与拓展

公司销售部的业务员小王从展览会上拿到一批有关客户的资料，回到公司后赶紧锁到自己的抽屉里，小赵问："有没有什么资料？"小王不想把资料拿出来，就打岔说别的事。小赵明白是怎么回事了，心想：以后你也别想在我这里得到任何信息，我就是用不上也不告诉你。

讨论题：

1. 你认为这种现象发生的根源是什么？
2. 如果你是小王，或者小赵，你该怎么做？

第三节　团队建设原则

●引导案例

世界500强之一的沃尔玛是一家非常重视团队作用的企业。在沃尔玛的高层管理者看来，公司中的每一个成员就像墙上的一块砖，每块砖固然牢固，但要使砖凝结成具有力度的一堵墙，不可缺少的则是砂浆。也就是说，整个团队要有一个共同的目标、要有一种团队精神。在这一精神的主导下，团队中的全体人员围绕着共同的目标一起努力、相互尊重、相互信任、畅所欲言，这样团队才会不断前进。

（资料来源：江乐兴．没有谁能独自成功：赢自团队．北京：中国纺织出版社，2006）

讨论题：

从沃尔玛成功的经验来看，建设一个高绩效的团队，应遵循什么原则？

一、团队建设原则

1. 团队规模要适中

纵观国内外最适宜工作的团队，我们就会发现，工作团队规模一般都不是很大。原因有三：其一，为避免出现搭便车现象，显失公平。由于成员过多，在进行绩效考评时，容易造成该奖的没奖，该罚的没罚，导致不客观、不公正，团队凝聚力下降，团队工作效率自然会大打折扣；其二，成员太多，相互沟通很难顺利进行，沟通减少，就很难培养成员之间相互尊重、相互信任的氛围；其三，成员过多，意见分散，讨论问题时很难达成一致。团队规模一般应尽量小，但团队规模还受其他许多因素的影响。有研究表明：

（1）当期待团队采取行动时，团队规模应该小一点；而当听取意见、反映情况时，团队规模应该大一点。

（2）当团队的任务是作出高质量的复杂决策时，最好由7～12人组成。

（3）当团队的主要任务是解决矛盾和冲突，取得协议时，最好由3～5人组成。

（4）当团队既要取得协议，又要作出高质量决策时，最好由5～7人组成。

（5）当团队要迅速作出决定并采取行动时，团队成员人数最好是奇数而不是偶数。

总的来说，团队的规模到底应是多大并没有定规。在现代企业中，为了提高团队效率，通常是团队应包括为完成其任务所必需的各项技能的拥有者，以及为协调各方关系所需要的各方利益的代表者。在这样的前提下，团队规模应尽量小，或者通过将任务适当地分解而把大团队分解为小团队。当然，这同时还需要在团队效率与整个组织效率之间寻求均衡。

2. 完善成员技能

任何团队都必须培养起正确的技能组合。每一种技能都是为完成团队目标所必需的、互济余缺的技能。乔恩·R. 卡曾巴赫将这些团队技能要求分为三类：①技术性或职能性的专家意见。在这里尤其强调在一个团队中，相对于团队的目标和任务，其成员技术和职能的互补性。如，只有市场营销人员的产品开发小组，或只有工程师的产品开发小组，不会比有这两种互补技能的团队更成功；②解决问题和决策的技能。团队必须能看出他们面对的问题和机会，对他们必须采取的后续步骤进行价值评估。然后，对如何发展作出必要的权衡、取舍和决定。否则将失去团队工作的核心意义；③人际关系的技能。没有有效的交流和建设性的争论，就不可能产生共同的理解和目的。这些技能包括：承担风险、善意的批评、客观公正、积极倾听等。

如果一个团队不具备以上三类成员，就不可能充分发挥其绩效潜能。对具有不同技能的人进行合理搭配是极其重要的。一种类型的人过多，另两种类型的人自然就少，团队绩效就会降低。但在团队形成之初，并不需要以上三方面的成员全部具备。在必要时，可安排一个或多个成员去学习团队所缺乏的某种技能，从而使团队充分发挥其潜能。

3. 分配团队成员角色

贝尔宾研究如何选择一个有效的团队。他发现选择合适的人员组合是很重要的，团队角色分配是对个人拥有的技能和本领的识别，然后还要把这些技能和本领与实际情况所需要的技能和本领相比较。

贝尔宾的研究结论是，采用参与式管理方式的企业应当在其期望中的管理人员身上寻找某些特征。他建议，在设计一个有效团队时，管理人员必须记住，团队需要不同品质的人，必须确保选择合适“类型”的团队成员以获得正确的平衡。应考虑每个潜在成员在技术方面能作出多大贡献，以及该成员在团队中扮演什么角色。

下面有贝尔宾认为对团队组建很重要的八个关键角色及其特征，每一个角色都有其具体的作用。

（1）主席。

此人善于利用团队资源和各团队成员的潜质，认识到团队的优点和缺点并对之实施控制以实现团队目标。此人冷静、有控制力、有信心，但不一定智力超常或更具创造性。

（2）实务者。

此人善于实施，他能将计划或想法转变为实践，并能系统、高效地执行一项既定的计划。

此人稳健、行为规范，对理论化而没有得到验证的想法不感兴趣。

（3）完成者。

此人在团队中对工作缓急和进展保持敏锐的触觉，对每一细节都认真检查，以保证没有任何疏忽或保证没有干任何不应该干的事情。此人有自觉性、肯吃苦，但倾向于为小事担心。

（4）参谋者。

此人确保所有方面都经过合适的评估，从而使团体可采用一个平衡的决策。此人冷静、谨慎，但缺乏灵感，缺乏激励别人的能力。

（5）谋划者。

此人善于提出新的想法，为团体面临的问题寻找不同的、创新的、革新的解决方法。此人极有个性，不墨守成规，但往往漠视踏实的意见。

（6）外交者。

此人与那些对团队有利的外界人士保持联络，并主持任何相关商议。此人负责汇报外界的构想、发展和资源。此人性格外向、热心，但一旦向团队汇报后，对事件发展便漠不关心。

（7）造型者。

此人定出团队工作的具体方式，给团队讨论加上某种模式，并确保注意力集中在目标的制定上。此人高度警觉、精力充沛，但容易发脾气和不耐烦。

（8）团队协调者。

此人培养团队精神，帮助信息沟通，通过采纳建议和理解缺点的方式支持团队成员。此人温和、敏感，但在危急时刻却缺乏决断力。

对角色的了解可以使主管一方面在与队员沟通时注意使用不同的风格；另一方面，在团队业务（或任务）的完成上充分利用每个人的优势，使工作任务分配与成员的偏好一致，使团队成员各尽其能。

4. 树立共同目标

共同的目标是团队存在的基础。心理学家马斯洛曾说，杰出团队的显著特征便是具有共同的愿景与目标。由于人的需求不同、动机不同、价值观不同、地位和看问题的角度不同，对企业的目标和期望值有着很大的区别。因此，要使团队高效运转，就必须有一个共同的目标和愿景，就是让大家知道“我们要完成什么”、“我能得到什么”。这一目标是成员共同愿望在客观环境中的具体化，是团队的灵魂和核心，它能够为团队成员指明方向，是团队运行的核心动力。确立团队目标的程序如下：

（1）成立团队目标专家小组。

团队目标专家小组应由三部分人组成，即团队管理者、资金投资方、成员代表，这样讨论出来的目标才会具有代表性意义。要对小组成员进行培训，以确保设定目标时符合 SMART 原则。必要情况下，对新确定的目标要与团队成员进行深入沟通与对话，以了解团队成员的需求。

（2）收集内外部环境资料。

收集内部资料，更有利于团队管理者立足现实，高效率地利用现有的人才资源完成目标；收集外部资料，能更多地获得外部的支持，并能在达到目标时与竞争者进行有准备的竞争。

（3）列出符合要求的目标。

愿景目标要建立在内外部资源的基础之上，不要设立缥渺的目标或只代表少数人利益的目标。具体目标要符合 SMART 原则。

（4）进行关键性指标选择。

一个团队不应有太多的目标指标，否则会给团队制造很多思想枷锁。一个愿景目标可以分解为 3～5 个具体目标，具体目标应在列出的所有目标中进行选择。

（5）列出实现目标的回报。

实现目标后，会给整个团队及团队成员带来什么样的回报，是成员获取工作动力的第一要素。如果一个团队没有列出团队成员完成目标后能得到什么样的报酬，结果可想而知。

（6）找出完成目标所需要的资源及达到目标的必要条件。

从收集的资料中列出所有有利于实现目标的资源，并且找出相应的困难与障碍、团队成员所需要的必备技能，以便让不具备此技能的团队成员进行学习。

（7）计算完成目标的时间并确定具体时间。

列出详细的完成目标时间，在信息化时代，很多团队的时间单位变得越来越小，有的目标时间可以具体到以秒为单位。时间越精确，对团队管理者及成员来说越有帮助，但时间应具有合理性。

5. 明确领导和结构

目标决定了团队最终要达成的结果，但高绩效团队还需要领导和结构来提供方向和焦点。如确定一种成员认同的方式就能保证团队在达到目标的手段方面达成一致。

在团队中，对于谁做什么和保证所有的成员承担相同的工作负荷问题，团队成员必须取得一致意见。另外，团队需要决定的问题还有：如何安排工作日程，需要开发什么技能，如何解决冲突，如何作出和修改决策，决定成员具体的工作任务内容，并使工作任务适应团队成员个人的技能水平。所有这些都需要团队的领导和团队结构发挥作用。有时，这些事情可以由管理者直接来做，也可以由团队成员通过担当各种角色来做。

6. 建立绩效评估与激励体系

美国哈佛商学院詹姆斯教授的一项研究表明，一个人如果受到激励，就会发挥他全部潜能的 80%，没有受到激励，其潜能只能发挥出 20%。可见激励对于团队工作而言是不可或缺的条件，团队管理者可根据团队成员的不同需要制定和实施不同的激励机制。例如，对于团队中高成就需要者来说，从努力到个人目标的飞跃就是最好的奖励，只要他们从事的工作能给他们提供个人责任信息反馈和适度冒险，他们就能从内部得到激励。通用电气公司总裁杰克·韦尔奇曾对 GE 的领导者们说：“你们是一个不断获胜的队伍中的一员，最佳团队中的一员，全世界最推崇的团队中的一员。你们必须热爱你的员工，拥抱你的员工，奖励你的员工，激励你最好的员工。如果最好的员工损失掉 20%，是你们的失职，如果最差的员工留下 10%，也是你们的极大错误。”这说明建立有效的激励机制十分必要。

合理的制度与机制建设主要包括：

（1）团队纪律。有了严明的纪律，团队就能战无不胜。

（2）上级对下级的合理授权。这样就能明确责任和义务，充分调动各方面的积极性和创造性。

（3）有效的激励约束机制。要建立科学的工资制度以及公平的考核与升迁制度，在实施激励时，要充分考虑人的需求的多样性，激励形式要丰富多样，注重精神激励与物质激励并举并重，不论是正激励还是负激励都应该做到及时，这样才能促进团队不断发展。

7. 培养相互信任精神

管理者和团队领导对团队的信任气氛具有重大影响。因此，管理人员和团队领导之间首先要建立起信任关系。然后才是团队成员之间的相互信任关系。斯蒂芬·P. 罗宾斯建议采取以下方法来培养信任感：

（1）表明你既是在为自己的利益而工作，又是在为别人的利益而工作。

我们每个人都关心自己的利益。然而，如果别人认为你是在利用他们，利用你的工作、利用你所在的组织为你的个人目标服务，而不是为你的团队、部门、公司利益服务，你的信誉就会受到损害。

（2）成为团队的一员，用言论和行动来支持你的工作团队。

当团队或团队成员受到外来攻击时，维护他们的利益。

（3）表明指导你进行决策的基本价值观是一贯的。

不信任来源于不知道自己面对的将是什么。思考一下你的价值观和信念，让它们在你的工作中起指引作用。行动与目的一致，而一贯性就能够赢得信任。

（4）公平。

在进行决策或采取行动之前，先想想别人对该决策或行动的客观性与公平性会有什么看法。在进行绩效评估时，亦应该客观公平、不偏不倚。在分配奖励时，更应注意其平等性。

（5）说出你的感觉。

说出你的感觉，别人会认为你是真诚的、有人情味的，他们会借此了解你的为人，并更加尊敬你。

（6）开诚布公。

开诚布公，可能带来信心和信任。因此，应该让人们充分了解信息，解释你作出某项决策的原因，对于现存问题则坦诚相告，并充分展示与之相关的信息。

（7）保密。

你信任那些你可以信赖和依靠的人，因此，如果别人告诉你一些秘密，他们必须确信你不会泄漏这些秘密。如果他们认为你会把私人秘密透露给不可靠的人，你就会失去信任。

（8）表现出你的才能。

表现出你的专业和技术才能以引起他人的尊敬。另外，还应注重培养和表现你的沟通、团队建设和其他人际交往能力。

二、实训技能与拓展

《圣经》中有这样一个故事，古代有一个大卫王，他一生最不喜欢三种东西：蚊子、蜘蛛、疯子。有一次大卫王被敌人包围了，突围看来没有希望，于是他换了一个思路：我怎样让对方知道我是强大的，让他们放弃对我的进攻？他决定派人到敌人的帐篷里，把对方将军身上的佩刀偷走。在古代，佩刀象征着一种权力，如果能把佩刀拿来，那也意味着杀他易如反掌。

当天夜里，大卫王就派人进到对方将军的帐篷里面，然而这个将军睡觉有个习惯，喜欢把佩刀压在腿下睡。正在潜入帐篷的人无计可施的时候，突然有一只蚊子叮了将军的腿，将军顺势一抽腿，这时正好可以把刀拿出来。第二天，对方的将军一看自己的佩刀在大卫王的军营里，吓出一身冷汗，他知道大卫王身边有高人，于是放弃了对大卫王的进攻。大卫王平生所不喜欢的蚊子救了他一命。

还有一次，大卫王的部队已经被对方打得剩不了几个人了，没办法，他带着几个随从跑到一座山上，钻进了一个山洞。对方追兵赶到洞口时，正好有一只蜘蛛在洞口结了一层蜘蛛网，敌兵一看，蜘蛛网还是好好的，一定没人进去，所以放弃了对山洞的搜寻。大卫王不喜欢的蜘蛛也救了他一次。

第三次，追兵已经追到了大门口，大卫王没办法，只好化装成一个疯子，在街上来回跑，谁也没有料到这就是大卫王。疯子也救了他一次。

由此大卫王感慨：我最不喜欢的三种东西，却实实在在地救了我三次性命。

这个故事也能说明，在企业中，在团队管理中，可能每个人都有自己的优势，也都有自己的问题和缺点。作为领导最重要的是用人之长，你不喜欢的角色不见得没有意义，每一个角色在团队中都有着不容忽视的力量。

讨论题：

1. 本案例说明了什么问题？
2. 如何看待团队建设中普通人才与优秀人才的问题？

第四节　团队创建的过程

●引导案例

IBM 全球服务公司的“实践团队”，与 HP 公司的“知识团队”、施乐公司的“家庭小组”、世界银行的“专题小组”等大致相同，是指企业中具有相似的工作岗位或共同背景的员工组成的团队或集体，这些团队的成长和发展一直是西方企业文化建设的重点。

实践团队是由从事知识管理的专业人员组成的非正式组织。迄今为止，共有 60 余个实践团队分布在 IBM 服务的国家之中。到 2000 年底，有 76 000 余名从事知识管理的专业人员在全球服务公司的智力资本管理网站进行了注册，有 20 000 余人参加了实践团队组织的活动。专业人员的这种参与热情以及实践团队的长期存在，说明全球服务公司采取的这种方法取得了相当的成功。

实践团队具有如下共同的特点：（1）团队的成员来自世界各地，具有共同的团队意识。（2）成员负责某一领域的知识管理工作。如管理智力资本、制定知识管理规则等。其中，智力资本管理包括：收集、评估、整理、传播团队共享的知识，观察和研究这些知识的发展变化情况。（3）团队生存和发展的经费来自企业的赞助。（4）实践团队既不是正规的单位，也不是正规的组织。

实践团队的内容涉及企业众多的领域。例如，在培育 IBM 的核心能力方面，涉及企业制度管理、新技术的试验、产品开发、组织变革等；在开拓市场能力方面，涉及电子商务、产品包装设计等；在产业门类的分布方面，涉及汽车、石油化工、物流、金融保险、卫生保健等。由此可以看出，实践团队的演进对于企业文化的变革具有重要的作用。

实践团队的演进具体分为五个发展阶段：成立期、动荡期、稳定期、高产期、调整期。在不同阶段，实践团队表现出各自的特征，而且后一发展阶段涵盖了前一阶段的功能。从 IBM 全球服务公司实践的例子来看，团队的演进有时并不是完全按照五个阶段层层递进的，有时团队的演进在两个阶段之间徘徊，有时团队从一个相对稳定的阶段突然跃升到更高的阶段，但整体说来团队的演进有一个包括五个阶段的生命周期。

讨论题：

从 IBM 的实践团队探讨：团队的建设大概需要几个阶段？这几个阶段的相互关系是什么？

一、团队建设的几个阶段

通常，团队建设可以分为五个阶段：成立期、动荡期、稳定期、高产期、调整期。

（一）成立期

即团队形成的初期。在这个阶段，团队的创建人必须根据团队的任务、目标来思考创建一个什么样的团队，即团队类型，团队的规模应该控制在多少人，应该包含哪些必需的技术人才、管理人才，各自的角色是什么，对这些初步的内容必须拿出一个明确的规划来。因为如果目的不清，在选择团队成员的时候就会出现不知如何配合的问题。

1. 成立期团队成员的行为特征

（1）被选入团队的人既兴奋又紧张。

（2）高期望。

（3）寻找自我定位，试探环境和核心人物。

（4）有许多纷乱的焦虑、困惑和不安全感。

（5）依赖职权。

2. 团队组建的两个工作重点

在一个组织中组建团队一般有两种可能：一是建立以团队为基础的组织，即以团队为整个组织的运行基础；二是在组织中有限的范围内或在完成某些任务时采用团队的形式。其特点是团队的目的、结构、领导都不确定，团队成员各自摸索群体可以接受的行为规范。当团队成员开始把自己看作是团队的一员时，这个阶段就结束了。

在这个阶段，主要应完成以下两方面的工作：一方面是形成团队的内部结构框架；另一方面是建立团队与外界的初步联系。

（1）形成团队的内部结构框架。

团队的内部结构框架主要包括团队的任务、目标、角色、规模、领导、规范等。在其形成过程中，下列问题是我们必须要明白的：

①是否该组建这样的团队？

②团队的任务是什么？

③团队中应包括什么样的成员？

④成员的角色分配如何？

⑤团队的规模要多大？

⑥团队生存需要什么样的行为准则？

（2）建立团队与外界的初步联系。

这主要包括：

①建立起团队与组织的联系；

②确立团队的权限；

③建立对团队的绩效进行考评、对团队的行为进行激励与约束的制度体系；

④建立团队与组织外部的联系及协调的关系，如建立与企业顾客、企业协作者的联系，努力与社会制度和文化取得协调等。

在团队组建之初，团队成员比较关注所要做的工作的目标和工作程序。

在人际关系的发展方面表现为：成员之间相互了解和相互交往，彼此容易表现出一种在一起的兴趣和新鲜感受。所有团队成员需要明白的是"人们对我的期望如何？我如何才能融入团队？我们该做什么？有什么规矩？"在行为方面则可能表现为：在完全了解形势之前，不会轻易投入；承受着可能的对个人期望的模糊和不确定状况；保持礼貌和矜持，至少一开始不表现出敌视态度等。

3. 如何帮助团队度过第一阶段

（1）宣布你对团队的期望是什么。也就是希望通过团队建设，在若干时间后，取得什么样的成就，达到什么样的规模。

（2）明确愿景。告诉团队成员，我们的愿景目标是什么，向何处去。

（3）为团队提供明确的方向和目标。在跟下属分享这个目标的时候，要展现出自信心，因为如果连自己都觉得这个目标高不可攀，那么下属还会有信心吗？

（4）提供团队所需要的一些资讯、信息。比如要一个小组的成员到东北成立一个分公司，就必须给他足够的资讯，首先包括竞争对手在这个商圈中的分布、市场占有率分别是多少；计划在这个区域投入多少资本。

（5）帮助团队成员彼此认识。第一阶段是初识阶段，大家还不知道彼此是谁，自己有一些特长，还不好意思介绍出来，所以这个时候有必要让团队的成员彼此认识。你要告诉他们，哪位成员身怀什么样的绝技，这样容易彼此形成对对方的尊重，为以后的团队合作奠定良好的基础。

（二）动荡期

团队经过组建阶段后，隐藏的问题逐渐暴露，团队内部冲突加剧，虽然说团队成员接受了团队的存在，但对团队加给他们的约束，仍然加以抵制。而且，对于是否可以改变这个团队，还存在争执，互不帮助。在这一阶段，热情往往让位于挫折和愤怒。抗拒、较劲是常有的现象，那些团队组建之初就确立的基本原则可能像暴风中的大树一样被打倒。这个阶段之所以重要，是因为如果团队成员可以安全通过的话，出现在面前的就不再是支离破碎的部分，而是团队本身了。

1. 团队在动荡期阶段的表现

（1）期望与现实脱节，隐藏的问题逐渐暴露。

（2）有挫折和焦虑感：目标能完成吗?

（3）人际关系紧张（冲突加剧）。

（4）对领导权不满（尤其是出问题时）。

（5）生产力遭受持续打击。

随着时间的推移，一系列的问题都开始暴露出来，人们从一开始的彬彬有礼、互相比较尊重，慢慢地发现了每个人身上所隐藏的缺点。慢慢会看到团队当中一些不尽如人意的地方，比如团队的领导朝令夕改，比如团队成员的培训进度落后，刚开始承诺有很多很好的培训机会，为什么一遇到问题的时候就耽误了？

团队对于团队的目标也开始怀疑了，当初领导者很有信心地要达成某个目标，但经过一两个月的检验，发现基本上是高不可攀，达不到的。而人际关系方面，冲突开始加剧，人际关系变得紧张，互相猜疑、对峙、不满，成员开始把这些问题归结到领导者身上，对领导权产生不满，尤其在问题出现的时候，个别有野心的成员，甚至会想到挑战领导者，这个阶段人们更多地把自己的注意力和焦点放在人际关系上，无暇顾及工作目标，生产力在这个时候遭到持续性的打击。

2. 动荡期的特点

团队动荡期的特点体现在以下三个方面：

（1）成员与成员之间的动荡。

团队进入动荡期后，成员之间由于立场、观念、方法、行为等方面的差异必然会产生各种冲突，什么工作行为、任务目标、工作指导等统统忘却于脑后。此时，人际关系陷入紧张局面，甚至出现敌视、情绪化严重及向领导者挑战的情况。其结果是，一些人可能暂时回避，一些人甚至准备退出。

（2）成员与环境之间的激荡。

首先，这种激荡体现在成员与组织技术系统之间的激荡。如团队成员在新的环境中可能对团队采用的信息技术系统或新的制作技术不熟悉，经常出差错。这时最紧迫的是进行技能培训，使成员迅速掌握团队采用的技术。

其次，成员与组织制度系统之间的激荡。在团队建设中，组织会在其内部建立起尽量与团队运作相适应的制度体系，如人事制度、考评制度、奖惩制度等。但是，由于这些制度是在组织范围内制定和实施的，相对于小范围的团队来说未必有效；也就是说，针对性差。所以制定适应团队发展的行为规范已迫在眉睫。

再次，团队成员与同组织其他部门之间的关系磨合。团队在成长过程中，与组织其他部门要发生各种各样的关系，也会产生各种各样的矛盾冲突，需要进行很好的协调。

最后，团队与社会制度及文化之间的关系也需要协调。

（3）新旧观念与行为之间的激荡。

团队在动荡期会产生新旧观念与行为之间的激荡。在传统组织中进行团队建设将不得不面临一系列行为方式的激荡与改变，在这一过程中，团队建设可能会碰到很多阻力。如成员可能会因为害怕责任、害怕未知、害怕改变等而拒绝新的团队行为方式；领导也可能会因为可能的权力变小而拒绝许诺等。这时需要运用一系列手段来促进团队的成长。

3. 如何帮助团队度过第二阶段

（1）度过动荡期最重要的问题是如何安抚人心。

首先要认识并处理各种矛盾和冲突，比方说某一派或某一个人力量绝对强大，那么作为领导者要适时地化解这些权威和权力，绝对不允许以一个人的权力打压其他人的贡献。同时要鼓励团队成员就有争议的问题发表自己的看法。

（2）准备建立工作规范。没有工作规范、工作标准约束，就会造成一种不均衡，这种不均衡也是冲突源，领导者在规范管理的过程中，自己要以身作则。

（3）需要调整领导决策，鼓励团队成员参与决策。

（三）稳定期

经过一段时间的激荡，团队将逐渐走向规范。在这个阶段中，团队内部成员之间开始形成亲密的关系，团队表现出一定的凝聚力。这时会产生强烈的团队身份感和友谊关系，彼此之间保持积极的态度，表现出相互之间的理解、关心和友爱，并再次把注意力转移到工作任务和目标上来，大家关心的问题是彼此的合作和团队的发展。团队成员对新的技术、制度也逐步熟悉和适应，并在新旧制度之间寻求某种均衡。团队与环境的关系也逐渐地理顺。

1. 稳定期的特征

稳定期的人际关系开始解冻，由敌对情绪转向相互合作，人们开始互相沟通，寻求解决问题的办法，团队这时候也形成了自己的合作方式，形成了新的规则，人们的注意力开始转向任务和目标。通过第二个阶段的磨合，进入稳定期，人们的工作技能开始慢慢地提升，新的技术慢慢被掌握。工作规范和流程也已经建立，这种规范和流程代表的是团队的特色。在这一阶段，团队面临的主要危险是团队的成员因为害怕遇到更多的冲突而不愿提出自己的好建议。这时的工作重点就是通过提高团队成员的责任心和权威，来帮助他们放弃沉默。给团队成员新的挑战以显示出彼此之间的信任。

2. 如何帮助团队度过第三阶段

团队要顺利地度过第三个阶段，最重要的是形成团队的文化和氛围。团队精神、凝聚力、合作意识能不能形成，关键就在这一阶段。团队文化不可能通过移植实现，但可以借鉴、参考，形成自己的文化。这一阶段最危险的事就是大家因为害怕冲突，不敢提一些正面的建议，生怕得罪他人。

（四）高产期

在这个阶段，团队结构已经开始充分地发挥作用，并已被团队成员完全接受。团队成员的注意力已经从试图相互认识和理解转移到充满自信地完成手头的任务。至此，人们已经学会了如何建设性地提出不同意见，能经受住一定程度的风险，并且能用他们的全部能量去面对各种挑战。大家高度互信、彼此尊重，也呈现出接受团队外部新方法、新输入和自我创新的学习性状态。整个团队已熟练掌握如何处理内部冲突的技巧，也学会了团队决策和团队会议的各类方法，并能通过团队追求团队的成功。在执行任务过程中，团队成员加深了了解，增进了友谊，除了高度的相互信任外，还可以退后一步，让团队显示自己巨大的能量。

1. 高产期团队的特征

（1）团队信心大增，具备多种技巧，协力解决各种问题。

（2）用标准流程和方式进行沟通、化解冲突、分配资源。

（3）团队成员自由而建设性地分享观点与信息。

（4）团队成员分享领导权。

（5）巅峰的表现：有一种完成任务的使命感和荣誉感。

2. 如何带领高产期的团队

一个高绩效团队，维持得越久越好。主要方法如下：

（1）随时更新我们的工作方法和流程。并不是过去制定的一套方法和流程是对的，我们就不需要改变它，时间推移了工作方法也需要调整，所以要保持团队不断学习的一种劲头。

（2）团队的领导行如团队的成员而不是领袖。领导者要把自己当作团队的一分子去工作，不要把自己当成团队的长者、长官。

（3）通过承诺而不是管制来追求更佳的结果。在一个成熟的团队中，应该鼓励团队成员，给他们一些承诺，而不是命令。有时资深的团队成员反感自上而下的命令式的方法。

（4）要给团队成员具有挑战性的目标。

（5）监控工作的进展，比如看一看团队在时间过半的情况下，任务是否已经完成了一半，是超额还是不足。在进行监控反馈的过程中既要承认个人的贡献，也要庆祝团队整体的成就，毕竟大家经过磨合已经形成了合力，所以团队的贡献是至关重要的。当然也要承认个人的努力。

（五）调整期

古话说，天下没有不散的筵席。任何一个团队都有它自己的寿命，高产期的团队运行到一定阶段，完成了自身的目标后，就进入了团队发展的第五个阶段——调整期。

调整期的团队可能有三种结果：

（1）团队的任务完成了，先解散。

伴随着团队任务的完成，团队的使命要结束，面临着解散，这个时候成员的反应差异很大，有的人很悲观，好不容易大家组合在一起，彼此间都形成了很好的默契，但时间这么快，团结紧密的时候又面临解散；也有一些人持乐观的精神，他们觉得没有白来一趟，完成了既定的目标，新的目标还在等待着他们。人们的反应差异很大，团队的士气可能提高，也可能下降。

（2）团队这一任务完成了，第二个任务又来了，所以进入了修整期。

经过短暂的总结、休年假等，要进入到下一个工作周期，这个时候新的团队又宣告成立，可能原来一部分成员要离开，新成员要进入，因为人员的选择跟团队的目标是有关联的。

（3）对于表现不太好的团队，将勒令整顿，整顿的一个重要内容就是优化团队的规范。

通常团队不能达到目标就是因为规范建立不够，流程做得不够，没有形成一套有系统的方式和方法。

二、实训技能与拓展

某企业在一次创业时，管理者的下属只有10位员工，大小事情都由他来决定。当每位员工只有一个问题时，他可以作出决策。现在企业已经发展壮大，他面对的是100位员工，由于外部环境的变化，每位员工的问题可能不止一个，假定是两个，那么总计200个问题。虽然管理者的能力也许有所提高，现在一天能处理20个问题，但当他面对100位员工提出来的200个问题时，全部解答完要花10天的时间，而且每一天又会增加很多新的问题。

讨论题：

在企业发展的不同阶段，企业的团队也面临着不同的问题，请问该如何面对、处理这些问题？

第五节　团队建设中普遍存在的阻力与误区

●引导案例

草原上有很多野牛，每当雨季来临时，它们就聚集到水草丰美的地方，享用大自然赐予的美餐，养得膘肥体壮。这些野牛虽然长得很壮，但彼此之间并不团结，只要事不关己，就作壁上观。野牛的肥美引来了很多垂涎欲滴的食肉动物。一天，一只观察许久的狮子终于向其中一头野牛发起了进攻，这头被饥饿的狮子追赶得走投无路又疲惫不堪的野牛因为得不到同伴的帮助，最后变成了狮子的美餐。过了两天，尝到甜头的狮子又对另一头野牛发起了进攻，这头野牛两天前曾目睹同伴被吃而不去帮助，还侥幸自己逃过一劫，现在也遭到了同样的命运，在同伴冷漠的自保中丧命狮口……于是，草原上的野牛因为自己的冷漠和对危机的迟钝反应，以及他们的侥幸心理和不团结，数量在一天天减少。

（资料来源：李慧波．团队执行打造企业卓越执行力．北京：中国城市出版社，2007）

讨论题：

从本案例显示的“森林法则”中，探讨为什么会出现“一个和尚挑水喝，两个和尚抬水喝，三个和尚没水喝”的现象？在团队建设中存在哪些误区？

一、团队建设中存在的阻力

1. 来自组织结构的阻力

（1）传统的等级官僚体制限制团队的发展。

因为它主张自上而下的管理方式，团队很多时候需要拥有相当的自主权。从某种意义上来说，是对传统组织结构的一种挑战。

（2）死板而没有风险的企业文化。

企业是越稳越好，但事实上成熟的企业都鼓励边缘化的探索，鼓励做一些有风险、有益的尝试。这为企业未来的生存和发展带来新的渠道和发展路径，团队在这方面其实是一种很好的尝试。

（3）从信息传递看，传统组织结构往往是自上而下的。

而团队中的个体之间，成员和领导之间，甚至团队和团队之间都可以进行信息传递，可能是自上而下，也可能是自下而上，甚至可能是在平级当中进行传递。

（4）部门间的各自为政。

传统的组织结构中有生产部门、销售部门、研发部门、客户服务部门，每个部门都有自己的部门职责，他们各自为政，不太喜欢让相互融洽交流的团队方式打乱他们应有的阵地。但由此带来了许多问题和麻烦，公司的销售业绩上不去，销售部门说生产部门没有生产出合格的产品，次品率太高，卖不出去；生产部门说研发部门研发出来的产品没有考虑到生产的工艺和流程，所做的开发就目前的技术、设备和人员的技巧是做不到的；研发部门说只有按照他们所设计的来生产才具有竞争力。这就导致了组织的堕落、衰退，团队有时可以整合这些力量。一个市场研发的团队过去是由研发部门自己承担，但今天吸收了来自各个不同部门的成员：可能有生产部门的成员，他们来确定研发与生产工艺如何衔接；可能有销售部门的成员，他们了解顾客需要什么样的产品。今天的研发部门其实是一种跨部门的团队合作，只有这样研发出来的产品才能在生产、销售、客户服务等环节上被大众所接受。

2. 来自管理层的阻力

（1）管理层担心一旦有了团队，管理层就失去了应有的权力和定位。

（2）管理层担心组织机构不再需要他们了。

（3）团队成员认为没有及时地授予团队权威和责任。

（4）管理层没有及时提供足够的培训和支持。

（5）管理层没有及时传达企业的总体目标并制定出相关的细则。

3. 来自个人的阻力

（1）既然强调团队的贡献，那么个人的贡献谁来承认？个人的成就感从哪儿来？

（2）如果在团队中必须保持一种合作的态势，那么个性还能不能发挥，个人优势还能不能得到认可？

（3）个人害怕团队会给他带来更多的工作。

（4）团队成员害怕承担责任。

（5）团队成员担心团队在一起工作时会出现新的冲突。

二、团队建设中存在的误区

1. 误认为团队利益高于一切，将团队等同于一般群体

很多企业认为培育团队精神就是要求团队的每个成员都要牺牲小我，换取大我，否则就有违团队精神，就是个人主义在作祟。这使许多企业重整体优势，远离个人英雄主义，但追求趋同的结果必然导致团队成员的个性创造和个性发挥被扭曲和湮没。而没有个性就意味着没有创新，这样的团队只有简单的复制功能，而不具备持续创新能力。其实团队不仅仅是人的集合，更是能力的有机结合。团队精神的实质不是要团队成员牺牲自我去完成一项工作，而是要充分利用和发挥团队所有成员的个体优势。

团队是由个体结合而成的，但它不是简单的人群组合，而是由一群心理上相互认知，行为上相互支持、相互影响，利益上相互联系、相互依存，目标上有共同向往的人们结合在一起的集合体。认为团队就是一般群体，这种认识是错误的。群体是由有着共同目标、在心理上相互依赖、在行为上相互影响的个人构成的人群有机体。团队是群体细分出来的一部分，它是优秀的群体，如果把团队等同于一般群体，就忽视了团队能够提高效率的优势，还会使团队成员丧失一定的创造力。

2. 重人情，轻纪律，害怕冲突

不少企业在团队建设过程中过于追求团队的亲和力和人情味，认为“团队之内皆兄弟”，严明的团队纪律是有碍团结的。这就直接导致了管理制度的不完善，或虽有制度但执行不力，使制度形同虚设。纪律是胜利的保证，只有做到令行禁止，团队才会战无不胜，否则充其量只是一群乌合之众。

很多人认为团队合作就是要保证内部和谐，任何争吵或者与团队意志不和谐的声音都有害于团队团结，不利于增强团队凝聚力。这种对于团队内部冲突的畏惧，主要来自两种担忧心理：一方面，很多管理者害怕团队中的冲突会使他们丧失对团队的有效控制，并且担心有些人的自尊心会在冲突过程中受到伤害；另一方面，一些团队的管理者认为冲突和争吵会浪费时间，不能保证留出更多时间来实施决策，投入到他们认为“真正的”工作中，从而可能降低团队的工作效率。

于是，一些团队的管理者往往通过避免破坏性的意见分歧来巩固自己的团队。这显然是对团队和谐的认识误区。因为，团队无原则的和谐，可能将需要解决的重大问题掩盖起来，久而久之，这些未解决的问题会更加棘手。鼓励团队内部建设性的、没有戒备的争论，识别虚假的和谐，保持良性的冲突，可以保证决策的科学性和成员对决策的充分理解和执行。实践中，很多在外人看来机制不良、总是争论不休的团队，往往是能够坚守和不折不扣地执行决策的团队。缺少良性冲突、无原则地回避矛盾的团队，作出的决策也许是不可能完成的任务。良好而持久的合作关系需要积极的冲突来促使其前进，但在很多情况下冲突被视为禁忌，你所处的职位越高，就越容易发现你的同事们花费很多时间和精力试图避免激烈的争论，所有成员都在处心积虑地维持表面的和平。

3. 逃避责任，缺少投入，不公平的竞争环境

在团队协作中，逃避责任是指团队成员在看到同事的表现或行为有碍于团队集体利益的时

候，不能够给予提醒。团队成员逃避责任的主要原因是不愿在指出别人不妥的行为之后造成人际关系的紧张，或者倾向于有意避免不愉快的谈话，即使对同事的表现心怀不满或怨恨，他们也会把责任层层推卸或压在团队领导身上，而置企业整体利益于不顾。优秀的团队则能够消除这些顾虑。

在团队中，投入由两步组成：阐明问题，达成共识。优秀的团队可以在很短的时间内达成共识，大家都同意按该决定进行工作，即使先前反对这项决定的人也是如此。而问题团队则相反，大家行动迟缓，重要的决策迟迟不能作出，直到出现确凿的证据，这样看起来可能很谨慎，但却导致了团队内部行动迟缓、缺乏信心的风气。投入欠缺的团队具有以下表现：

（1）队伍中的指令和主要工作任务模糊不清。

（2）由于不必要的拖延和过多的分析而错过商机。

（3）反复讨论，无法作出决定。

（4）团队成员对已经作出的决定反复提出质疑。

如果一个团队内部没有公平的竞争，团队成员将在失望、消沉中最终选择以“做一天和尚撞一天钟”的方式来混日子，这其实就是一种“披上团队外衣的大锅饭”。企业只有通过引入公平竞争机制，实行奖勤罚懒、奖优罚劣，打破这种看似平等实为压制的利益格局，团队成员的主动性、创造性才会得到充分发挥，团队才能长期保持活力。

三、实训技能与拓展

方太集团是中国本土企业中生产厨房电器、特别是油烟机的第一个品牌，它有一个很好的理念——“我是一切的根源”。企业里的每个人，自我负责和相互负责相结合，运营过程中出现问题，我的是我的，你的也是我的，我的也是你的，大家为了一个整体的团队绩效而努力，每个人都在为公司创造价值。

有这样一个故事：1998 年，方太厨具在沈阳设立分公司后，派了三个浙江小伙子去开拓市场。一天，一个客户一次买了两台抽油烟机，没想到都漏油。女主人非常恼火，因为方太这个品牌的六大特点中第一个特点就是不漏油。她马上给沈阳分公司打电话，要求服务人员一小时之内必须赶到，否则投诉。

当时这三个小伙子正陪另外一家分公司的经理吃饭，接电话的小伙子当时就傻眼了，另外哥俩也大眼瞪小眼，谁都不说话。旁边的分公司经理说，人家让你一小时内赶到，怎么还不去？看到这三个人不太有经验，分公司经理说这顿饭咱甭吃了，你们三个留一个在家值班，其他俩人带上两台抽油烟机跟我去。

到了用户家楼下，分公司经理说，你们哥俩在下面等我，我打电话你们再上去。他上去刚敲开门，女主人就劈头盖脸一顿数落，很不客气。他诚恳地说：“对不起，这是我的错。”接着就是一个 90 度的鞠躬。

女主人当时就愣住了。就在这时候，分公司经理又说了一句：“对不起，这是我的错。”然后又来了一个 90 度鞠躬，“对不起，这是我的错。”局面这才有所缓和，经理说：“对不起，我能进去看一下吗？”进到厨房一看，问题很明显，他马上说：“真抱歉，影响了您的生活和情绪。很抱歉，这是我的错。您看这样行不行，我们带来两台新的给您换上，有什么问题咱们明天再说，别影响您的情绪。”

这时，他又打电话让那哥俩把那两台抽油烟机拿上来，换好之后，又客气地说：“对不起，由于我们的问题导致您心情很不愉快，真的很抱歉。今天您先用，明天我们再来解决问题。”

讨论题：

1. 这件事情本来和这位分公司经理没有任何关系，他当时为什么这样做？他这样做，反映了什么问题？

2. 如果你是该公司的员工，遇到这种情况，你该怎么做？

（资料来源：李慧波．团队执行打造企业卓越执行力．北京：中国城市出版社，2007）

本章小结

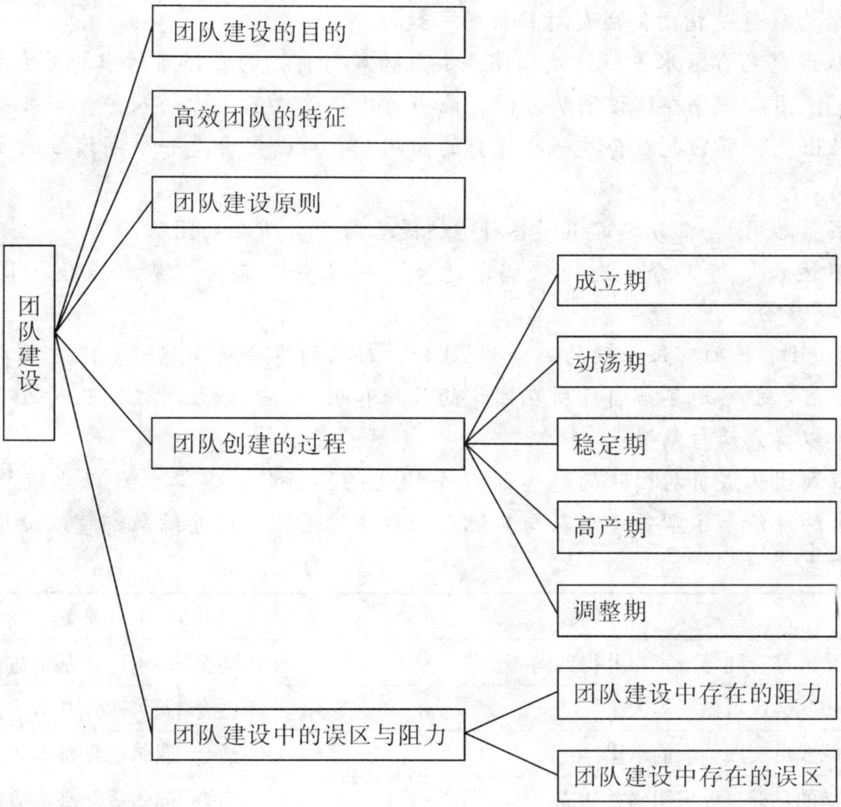

本章复习思考题

1. 高效团队的特征是什么？

2. 试述团队建设的原则。

3. 列举出分别处于团队五个不同阶段的实例各2～3个。

4. 团队的建设过程一般分为哪几个阶段？都有什么特征？

●延伸阅读

测试：你创建的团队健康有效吗？

如果想要了解自己团队的现状，特别是想知道通常我们组建的团队是否健康有效，以及自己的团队具体表现如何，可以从以下五个方面来评价团队：

(1) 成员共同领导的程度。这是指一个团队的每一个成员都可以并有义务分享一份领导责任、一个团队是大家共同来领导的。如果一个团队是独裁专制性的，那它的健康水平也较低。

(2) 团队工作技能。这是指成员在一起工作相处的技巧。

(3) 团队氛围。这是指团队成员共处的情绪和谐度和信任感。

(4) 凝聚力。这是指团体成员对目标的一致性。

(5) 团队成员的贡献水平。这是指团队成员为履行自己的责任所付出的努力和成就程度。

也就是说，团队领导在建设团队方面，应当考虑从这样五个方面入手。如果一个团队在这几个方面都很出色，那它也就会是一个优秀的团队，也就必定会是一个高绩效的团体。可根据下表自行测试。

测试方法：活用 1 ~4 分评定下列各种陈述是否符合你所在的团队。

选择“不适合”得 1 分，选择“偶尔适合”得 2 分，选择“基本适合”得 3 分，选择“完全适合”得 4 分。

A、B、C、D、E 项，每一项的满分为 20 分，每项的得分越高越好。比较所在团队不同方面的得分，就可以粗略地了解自己所在团队的长处和短处。如果让所在团队的每个成员都作以下评定，就可以得到两种结果：

其一，得到团队成员对团队的总体的（平均化的）评价；其二，可以比较总体评价和每一个团队成员的评价。了解每一个人与其他人的看法的差距。这些结果都可以应用到团队建设的具体设计中去。

内容	问题	答案			
A 共同领导	每个人都有同等发言权并得到同等重视	不适合	偶尔适合	基本适合	完全适合
	把团队会议看做头等大事	不适合	偶尔适合	基本适合	完全适合
	团队成员实践他们的承诺	不适合	偶尔适合	基本适合	完全适合
	我们的目标、要求明确并达成一致	不适合	偶尔适合	基本适合	完全适合
	大家都知道可以互相依靠	不适合	偶尔适合	基本适合	完全适合
B 团队工作技能	大家把参与看做是自己的责任	不适合	偶尔适合	基本适合	完全适合
	每个人都表现出愿为团队的成功分担责任	不适合	偶尔适合	基本适合	完全适合
	对于实现目标，大家有强烈一致的信念	不适合	偶尔适合	基本适合	完全适合
	大家在团队内体验到透明和信任感	不适合	偶尔适合	基本适合	完全适合
	我们的会议成熟、卓有成效	不适合	偶尔适合	基本适合	完全适合

（续上表）

内容	问题	答案			
C团队氛围	每个人的意见总能被充分利用	不适合	偶尔适合	基本适合	完全适合
	大家都完全参与到团队会议中去	不适合	偶尔适合	基本适合	完全适合
	每个人都让大家充分了解自己	不适合	偶尔适合	基本适合	完全适合
	我们每一个人的角色十分明确，并为所有的成员所接受	不适合	偶尔适合	基本适合	完全适合
	团队成员不允许个人事务妨碍团队的绩效	不适合	偶尔适合	基本适合	完全适合
D团队凝聚力	在决策时我们总请适当的人参与	不适合	偶尔适合	基本适合	完全适合
	大家都能主动而创造性地提出自己的想法和考虑	不适合	偶尔适合	基本适合	完全适合
	如果让大家分别列出团队的重要事宜，每个人的看法都会十分相似	不适合	偶尔适合	基本适合	完全适合
	大家感到能自由地表达自己真实的看法	不适合	偶尔适合	基本适合	完全适合
	在团队会议时大家专注于主题并遵守时间	不适合	偶尔适合	基本适合	完全适合
E成员贡献水平	所有的人都能了解充分的信息	不适合	偶尔适合	基本适合	完全适合
	每个人都努力完成自己的任务	不适合	偶尔适合	基本适合	完全适合
	在决策时，大家能顾全大局、分清主次、互相尊敬	不适合	偶尔适合	基本适合	完全适合
	大家都很擅长达成一致意见	不适合	偶尔适合	基本适合	完全适合

第三章 团队领导力训练

●学习目标

1. 领会领导的概念;
2. 领会不同的领导方式;
3. 理解团队的领导艺术;
4. 领会提高团队领导艺术的途径。

第一节 领导概述

●引导案例

苏·雷诺兹（Sue Reynolds）今年22岁，即将获得哈佛大学人力资源管理的本科学位。在过去的两年里，她每年暑假都在康涅狄格互助保险公司打工，填补去度假员工的工作空缺，因此她在这里做过许多不同类型的工作。目前，她已接受公司的邀请，毕业之后将加入互助保险公司成为保险单更换部的主管。

康涅狄格互助保险公司是一家大型保险公司，仅苏·雷诺兹所在的总部就有5 000多名员工。公司奉行员工的个人开发，这已成为公司的经营哲学，公司自上而下都对所有员工十分信任。

苏·雷诺兹将要承担的工作要求她直接负责25名职员。他们的工作不需要什么培训或具有高度的程序化，但员工的责任感十分重要，因为更换通知要先送到原保险单所在处，要列表显示保险费用与标准表格中的任何变化；如果某份保险单因无更换通知的答复而将被取消，还需要通知销售部。

苏·雷诺兹工作的群体成员全部为女性，年龄跨度19~62岁，平均年龄为25岁。其中大部分人是高学历，以前没有工作经验，她们的薪金水平为每月1 420~2 070美元。苏将接替梅贝尔·芬彻的职位，梅贝尔为互助保险公司工作了37年，并在保险单更换部做了17年的主管工作，现在她退休了。苏·雷诺兹去年夏天曾在梅贝尔的群体里工作过几周，因此比较熟悉她的工作风格，并认识大多数群体成员。她预计除了丽莲·兰兹之外，其他将成为她下属的成员都不会有什么问题。丽莲今年50多岁，在保险单更换部工作了10多年。而且，作为一个“老太太”，她在员工群体中很有分量。苏·雷诺兹断定，如果她的工作得不到丽莲·兰兹的支持，将会十分困难。

苏·雷诺兹决心以正确的步调开始她的职业生涯。因此，她一直在认真思考一名有效的领导者应具备什么样的素质。

讨论题：

领导的方式都有哪些？团队领导应具备什么素质？你认为苏·雷诺兹能否选择领导风格？如果可以，请为她描述一个你认为最有效的风格。如果不可以，请说明原因。

一、领导的含义

领导就是领导者率领和激励下属为实现组织或群体的目标而努力的过程，其实质是对下属的一种影响力。该定义包含以下要点：

（1）领导者一定要有下属或追随者，即被领导者。领导者必须与团体其他成员构成领导和被领导关系。

（2）领导和被领导关系之所以产生，是因为权力在领导者和被领导者之间的分配是不平等的。就是说，领导者拥有相对强大的权力，可以影响组织中其他成员的行为；而组织中的其他成员却没有这样的权力，或者说，其所拥有的权力并不足以改变其被领导的地位。

（3）领导的本质是影响力。影响力泛指一切能够改变团体或个人行为的力量。领导过程既是领导者运用职权进行指挥的过程，又是领导者凭个人的人格魅力和影响力，吸引、指导和激励下属去实现组织目标的过程。

（4）领导具有目的性。就是说，领导影响下属是为了达到这样的效果：使下属心甘情愿和满怀热情地为实现群体的目标而努力，与下属一道达成组织或群体的目标。

（5）领导是一种活动过程，是包含着领导者、被领导者、作用对象和客观环境等多种因素的一种活动过程。

（6）领导的基本职责是确立目标、制定战略、进行决策、编制规划、组织实施，促使其下属努力实现预定的共同目标。

（7）领导的工作绩效不是由领导者个人，而是通过被领导者的群体活动的成效表现出来的。

二、领导方式的类型

领导方式指领导者与被领导者之间发生影响和作用的方式。领导方式可以划分为以下几种类型：

1. 活泼型（使人独处的领导）

活泼型性格的特点是思维比较活跃、不受约束，创造性思维比较强。在别人眼里他们是聪明的一类。他们很容易接受新事物和新人，并且在遇到困境的时候可能会想出奇招渡过难关。在生活中显得非常幽默。他们的跳跃联想思维让他们在得到新点子的同时，也会带来坏处，有时发展到不良的一端即表现为无组织无纪律。他们更喜欢人性化的管理而不喜欢制度化的管理。其实人性和制度对于一个组织的健康运转都是有益的。也就是他们习惯即时行为而没有计划，也不喜欢计划，他们相信经济能解决所碰到的问题；也由于这种快速行为，可能会导致冲动。

使人独处的领导具备大部分活泼型的性格。为什么他们会采用这样的方式？人都这样，很容易接受和自己相似或者相同的价值观，也认为别人同样具备这种价值观。所以活泼型性格的领导认为别人或者下属跟自己一样聪明，跟自己一样能把事情解决得很好。活泼性格的人发散思维比较强，因此“散”字扎根在他们心里。领导们放心地授权给下属去做，这样下属也有充分的自信和活力来完成任务，下属不想辜负领导的期望，于是把事情办得更好。这种方式更适合于销售这种软性部门。在技术部门，看重的是资历和经验，特别是领导对待年轻人，如果采用这种方法，可能会效率低下，技术部门的年轻人不像销售人员那样可以独立解决问题，他们更需要领导的指导。采用这种方式的前提是大家都是能人，能独立地解决问题。采用这种方式是领导对下属的充分信任，让下属对自己有信心，给下属一个舞台表现和锻炼自己；但如果在下属缺乏经验和技术的情况下，会犯下严重的错误。

2. 力量型（以解答为核心的领导）

力量型的领导在文学作品中是最常见的，在人们的心目中领导就是雷厉风行、坚决果敢的。但最近几年，由于管理强调团队合作，中国和国外更趋于喜好和平型的以解答为核心的领导。力量型性格的人非常自信，有时你甚至会发现他有点自信心极度膨胀。他们做事情很有魄力，说一不二，他们了解怎样和人相处，并且总是思考国家高层或者管理高层的事情，因为他们觉得领导的位置总有一天是他们的。力量型性格的人还有一个特点就是很要强，不想别人超过自己，这是他们动力的源泉。发展到另一端，很可能对别人产生嫉妒的心理。在知识交流的模式中，力量型性格的人采取的是一种单向的方式，即向第三者讲述、说明、甚至是说服，所以难得有双向的交流。知识上的单边主义可以解释为专制。在感情上，善于表现力量的人在表达的时候往往会忽视第三方的感受，感情的单边主义可以解释为独裁。可能第三者迫于力量的压力或避免冲突表面上做出专心聆听状，但心里却在表达否定和不满。

力量型性格的人在领导方式上则体现为以解答为核心。领导者信心十足，但这也的确是因为他们的实力由内而发的自信。因此，他们更相信自己的判断和决策。他会告诉下属应该怎么具体地去完成任务。这样的指导在下属缺乏经验和技术的情况下，与使人独处的领导相比更具有优势。这样的方式适合团队中知识和能力差异比较大的情况，还适合对待技术部门的新人。这种单向的领导方式缺乏交流和沟通，因此，要求领导人有绝对优势的决策以及分析判断能力，并且要求下属有很好的执行力。这样的好处是决策快，缺点是由于决策过程中缺少下属执行者的参与，有时很难得到下属对决策的理解和执行的热情。如果严重，会陷入独裁和专制的地步，毕竟人多力量大。

3. 和平型（以询问为核心的领导）

和平型的人最大的特点就是平等的观念特别强，如果认为自己是强人，那肯定也很容易认同别人的价值观，尊重别人。他看待问题的方式也是等分的，他能看到别人好的一面，也能看到别人不足的一面。他在给你陈述事实的时候，会把各种利弊告诉你，是在跟你提建议，而不是给你下达命令。他们尊重你的价值观、你的决策。他们以和平的方式和别人相处，有时甚至会掩盖冲突。他在团队中可能就是一种黏合剂，把大家在感情上和知识交流上黏结在一起。这种人的价值观念更符合美国人的价值观念——尊重每个人，相信每个人的潜能。和平型的人由于平等的观念比较重，所以在生活和决策中能平衡各种力量和各种关系。也可能正由于这种平等的观念，会让他们近似平等地把精力分配到各种知识和兴趣上。所以有时容易粗心，有时候也会缺乏责任心。

和平型领导的表现方式就是以询问为核心。这种领导是戴维·珀金斯最推崇的。这的确更符合现在的团队状况，因为现在团队中成员的力量一般都是比较均衡的，并且各有所长。所以具备和平型性格的人才去认真听取意见，集思广益，创造高智能的团队。以询问为核心的领导者在知识交流上给大家提供一个交流的平台和框架，并且引导谈话而不是像以解答为核心的力量型领导那样主宰谈话。在决策上，以询问为核心的领导采用民主集中制的原则，让更多的人来参与。在执行的过程中，执行者才有更好的理解和推进决策执行的热情。在团队中，和平型的领导如果不体现出力量型的一面，就很难征服别人，并且被认为是无能。这样的协作要长时间的磨合，所以在面对危机的时候，需要快速的解决方法，并且要给团队成员提供梦想和前景。

4. 完美型（以梦想为核心的领导）

完美型性格的人最大的特点就是做事仔细、负责。完美型性格的人带有很多梦想成分，做事挑剔，所以这就培养了他们严谨的思维和仔细的行事风格。他们对自己有目标，用目标来衡量自己的行为，有时候要求还非常高，他们不允许自己犯下错误，他们认为那是不完美的，是不可原谅的。他们更习惯从细处着手，有时候看不到大的方向和目标，所以，完美型性格的人就容易落入死理跳不出来，会为了小利而忘大利。他们做事仔细，并且记性又好，又挑剔，所以是非常适合做技术和财务工作的。他们对待别人也像对待自己一样，觉得错误是不可原谅的，所以他们的反馈常采用否定的方式，让人觉得他们愤世嫉俗。他们的挑剔在社会健康发展、财务健康方面能起到很大的作用，更适合做监管类的工作。

完美型性格的领导方式就是以梦想为核心，他们会有构想，像个传教士一样，给别人指出目标，有时也提出具体的实施步骤。

结合中西方的观点，在这四种性格中最优的是力量型和和平型，最优的领导方式是以询问为核心的方式。在一个人身上，性格往往不止一种，领导方式也不止一种，只是在这个人身上，总会有一种突出的性格和一种突出的领导方式。

三、团队领导必备的素质

1. 思想政治素质

思想政治素质是指个人从事社会政治活动所必需的基本条件和基本品质，它是个人政治思想、政治方向、政治立场、政治观点、政治态度、政治信仰的综合表现。一名优秀的领导者，必须具备良好的政治品质和工作作风。政治素质的具体要求是：能坚持四项基本原则，坚持改革开放，自觉按照党的路线、方针、政策办事；全心全意为人民服务，以身作则，为人表率；要有理想、有事业心、有责任感；要有正确的思想作风，不谋私利，有自知之明；要有良好的生活作风，品行端正，艰苦朴素；要有正确的工作作风，工作细致，讲究方式方法，不拉帮结伙。

2. 知识素质

知识素质是指个人做好本职工作所必须具备的基础知识与专业知识。作为一名领导者，主要工作是管理，特别是对人的管理。而管理是一门综合性的学科，涉及多方面的知识，这就要求领导者必须具有广博的知识。对于不同层次的领导者在知识方面的要求是不同的，高层次领导者的知识面要宽，低层次可相对窄一些。此外，不同层次领导者在知识结构方面的要求也是不同的，但就其共性来说，领导者应掌握以下几方面的知识：通晓马克思主义理论；对于一般社会科学、自然科学各方面的知识，都要有所了解，知识面要比较广；对于管理科学各方面的知识则要比较精通；对于社会生活方面的实际知识也要比较熟悉，要有丰富的生活经验和工作经验。

3. 能力素质

能力是知识和智慧的综合体现。领导是一种综合实践活动，对于能力素质的要求比较高。能力来源于学习、实践和经验，具体包括以下几方面：筹划和决断能力；组织指挥能力；人际交往能力；灵活应变能力；改革创新能力。

4. 心理素质

所谓人的心理素质是指人在感知、想象、思维、观念、情感、意志、兴趣等多方面心理品质上的修养。它是一个内容非常广泛的概念，涉及人的性格、兴趣、动机、意志、情感等多方面的内容。心理素质是领导素质的一个重要组成部分，从某种意义上说，它制约和影响着领导素质。良好的心理素质即指心理健康或具备健康的心理。领导干部的心理素质包括：事业心、责任感、创新意识、权变意识、心理承受能力、心理健康状况、气质类型和领导风格等。

5. 身体素质

身体素质是个人最基本的素质。没有健全的体魄和良好的身体素质，领导者就失去了事业成功的最起码的条件。一个身体健康、精力旺盛的领导者在思维、记忆等方面会明显强于那些身体素质差的人。身体素质包括以下几个方面：体质、体力、体能、体型和精力等。

四、实训技能与拓展

安东尼和布伦达都是美国东海岸东部大学的基层管理人员。安东尼领导着学校一个5人的绿化小组，这个小组主要负责校园东区花草树木的修剪工作；布伦达则是校邮电所的负责人。

人们都认为，他们两人都能与同事进行很好的合作，并有一定的管理能力。因此，在学校缩减职工的情况下，他们不但没有被裁减，反而被提升为基层的管理人员。

布伦达除了在工作中表现出色外，还表现出许多领导的才能。邮电所是全校最安定、出勤率最正常的单位之一，邮电所的同事们一致推荐她为负责人。当人们问布伦达，为什么她与职工的关系能这么好时，她说："我把我的同事平等看待，我关心他们的疾苦，同时，我也使大家都了解我们要做什么。这样，大家就能共同努力。我还经常注意别人在工作中好的表现，在总结评价时进行表扬，大家也通过小结懂得了今后应更好地改进工作。除此之外，最主要的是，我注意在不同的情况下采用不同的管理方式。对于日常性的工作，用不着我每天去讲怎么做怎么样，但有了新的工作内容；我就向大家讲一下，使大家知道如何去做。"

而安东尼的情况则与布伦达很不一样。在他的小组里，职工的情绪低落，缺勤情况严重。根据记录，最近有几个组员表现很不好，对工作不负责任。当人们问起安东尼这是怎么回事时，他回答说："我还不知道问题的症结在哪里。但是，我认为应该平等地对待工人。我也尽量使大家能了解我对工作的计划和要求，对每一件工作，我都给他们讲清楚应如何去做，而且我总是在身边进行监督。同时，在发放奖金时，我也平均地发放，我没有亏待任何一个人。"

讨论题：

1. 这两个人的领导方式有何不同？试比较。
2. 你认为安东尼应怎样才能成为一个较好的领导者？

第二节 团队的领导艺术

●引导案例

某厂的业务部由供应科、销售科、车队、仓库管理科、广告制作科组成。当A调任该部经理时，听到不少人反映广告制作科、仓库管理科迟到早退现象严重，劳动纪律差、工作效率低。虽然经过多次批评教育，但成效不大，群众反应很大。为了做好领导工作，A经理对这两个科室进行了调查分析，情况如下：

文化水平及修养：广告制作科的员工全是大专以上文化程度，平时工作认真，干劲大，但较散漫；仓库管理科的员工文化程度普遍较低，思想素质较差。

工作性质：广告制作是创造性工作，工作具有独立性，好坏的伸缩性也较大，难以定量考核工作量；仓库管理是程序化工作，内容固定，且必须严格按规章制度执行，工作量可以定量考核。

工作时间：广告制作工作有较强的连续性，不能以8小时来衡量，有时完成一项工作光靠上班8小时是远远不够的；而仓库管理8小时内的工作是关键，上下班的准时性、工作时间不能随意离开岗位是十分重要的，否则就会影响正常的收发货物，有的还会直接影响车间的正常生产。

广告制作科的员工工作责任心强，有强烈的创新意识、有实现自我价值和获得成功的欲望，工作热情较高。仓库管理科的员工由于工作环境分散、工作单调，员工积极性不高。

讨论题：
根据以上情况，你认为A经理对这两个部门应如何实施领导？

一、领导艺术的含义

要实行有效的领导，领导者不仅要掌握基本的领导方法，而且要有高超的领导艺术，这样才能创造性地完成各项领导任务，达到预期的目的。讲究领导艺术是提高领导效能的重要途径。所谓领导艺术，就是领导者在一定知识、经验和辩证思维的基础上，富有创造性地运用领导原则和方法的才能。也可以说，领导艺术是领导者的一种特殊才能。这种才能表现为创造性地灵活运用已经掌握的科学知识和领导方法，是领导者的智慧、学识、胆略、经验、作风、品格、方法、能力的综合体现。

领导艺术有五个含义：

（1）领导艺术离不开领导者的个人素质，一个满足现状、不求上进的人不会成为一个成功的领导者。

（2）领导艺术与实践密切联系，单靠书本永远培养不出有用人才，实践是领导艺术的基础。

（3）领导艺术的主要特征是创造性，能够给人以美感，不能给人以美感的领导者，谈不上领导艺术。

（4）领导艺术的表现形式是程序化和非程序化、模式化和非模式化，呆板教条的人是掌握不了领导艺术的。

（5）领导艺术的主要内容是解决领导工作中的各种复杂矛盾。

二、领导艺术的特征

领导艺术是一个相对独立于领导科学之外的领域，它不能不问对象、不加选择地照预先规定的程序千篇一律地办事。领导艺术是具有以下特性的特殊才能。

1. 领导艺术是一般艺术的高层次移植

领导艺术，既然是一种艺术，自然也是来自一般艺术，艺术既表现人的感情也表现人的思想，并且用生动的形象来表现。领导艺术不是虚构的，而是生活中活生生的实在形象，要求领导者本身来塑造自己在生活中的不同形象，并运用形象力来产生强烈的导向力。因此，这种移植不是艺术的搬家，而是艺术的升华。

2. 领导艺术是情感投资所形成的工作优势

如果说领导科学是靠智力投资来形成工作优势的话，那么领导艺术则主要是靠情感投资来形成工作优势的。运用领导艺术要动感情，就要平易近人、热情处事，只有领导者与被领导者在心理上产生了感情的共鸣，才能有共同的心声，以情感人才能产生心理服人的效果。一个不平等待人、摆官架子的领导者，会让人觉得是感情上的绝缘体、感情投资的吝啬者，是谈不上领导艺术的。

3. 领导艺术是心理磁化所形成的磁场

领导艺术的手法，必须借助自身的心理活动，去沟通被领导者的心理要素，使之产生心理共鸣，互相适应、互相吸引。领导者对周围群众的凝聚力，就是在本身的心理磁化过程中，产生一个大的磁场而形成的磁力。反之，领导方法就失去了艺术性。

4. 领导艺术是领导者内在美的外在表现

领导艺术是领导文明的表现，是领导者品质的表率。往往对被领导者产生强烈的感染力，形成一种美的分享。然而，领导艺术毕竟不是事物的原形，而是原形在美学屏幕上的映象，正如经过加工、雕刻的工艺品一样，变得美了、艺术了。领导艺术性的增强，也少不了艺术的加工。

三、领导艺术的分类

领导者领导一个系统，如果使用同一方法的技巧不同，就会产生不同的绩效。

1. 用人的艺术

如何履行领导职能是衡量一个领导者领导能力的尺度。在众多的领导谋略和技艺中，用人的策略是首要的，因为人是企业的生命之本。当今社会，人才更是宝贵的智能资源，最发达的国家是拥有人才最多的国家。因此，领导在用人艺术上应做到：

（1）工作与才能相适应。

（2）工作与人的性格相适应。

（3）任何一个团体在人员搭配时，要尽可能做到知识的互补、能力强弱的互补和不同性格的互补。

（4）人才更新。新官上任都想放与众不同的“三把火”。

（5）用人不疑，用人不嫉。

2. 分配工作的艺术

（1）能分配给一个人完成的工作，绝不分给两个人，切忌“共同负责”。

（2）分配工作要尽量满足职工在工作中的社交欲望，使其有机会与别人接触。

（3）要让下级跳起来摘果子，工作难度稍大些，完成工作后有成就感。

（4）工作内容最好多样化，以利于减轻工作疲劳。

（5）工作分配要甘苦搭配。

3. 支持下级的艺术

（1）要重视下级的意见，作决策时把基层领导当作“顾问”。

（2）让基层领导做自己的“发言人”，自己的意图靠下级去传达沟通，这样可使基层领导在群众心目中的地位提高。

（3）作下级决策的赞助人，对于基层领导已作的决定，没有非反对不可的理由就要支持。

（4）充当下级的“缓冲者”，一般情况下尽量不使自己处于“第一线”，但基层领导出了差错，领导要主动站出来承担责任，使下级在工作中有“安全感”。

（5）领导者应尊重、支持下级的意见，但要保持头脑清醒。一位最佳的领导者，是一位知人善任者；而在下级甘心从事其职守时，领导者有自我约束力，而不可插手干涉他们。否则后果必然是一方面浪费了自己的宝贵时间与精力；另一方面会造成没有主见、没有责任感的下属，又反过来加重自己的负担。

4. 运用权力的艺术

领导者有权便于推动决策，但权力的威力往往不在行动之时，而在行动之前；动不动就使用权力，有时反而削弱了权力的威力。权力要成为工作的间接推动力；而以身作则，班子团结，才是工作的直接推动力。

5. 检查工作的艺术

对下级的检查督促，要求前后一致，不要朝令夕改，前后矛盾，免得下级无所适从。检查督促的严密程度要适当，不检查督促是领导者的失职；但过于频繁，效果却适得其反，下级轻则会抱怨“婆婆嘴”，重则会感到领导对自己不信任，对自己的能力有怀疑。

四、实训技能与拓展

根据调令，A 前往 B 公司担任经理。在交接班时，前任经理特意对领导班子中的一位副手的情况作了详细介绍，说这位副手个性强，不好合作，凡事都要听他的，有时经理决定了的事，如果他不同意，经理的决策就很有可能得不到有效的实施。前任经理还对 A 说，要不是他知道自己要调离，那一定会建议上级想办法把这位副手撤掉。前任经理的介绍在 A 的心理上造成了很大的阴影。

后来，A 正式接任工作，在与这位副手的接触中，发现这位副手确实很有个性，如自尊心很强，人很正直，对工作很有主见，也敢于负责，好胜心强，总希望自己分管的工作做得比别人好。

讨论题：

对于这位副手，应该怎样做，才能既调动其积极性又能实现有效的领导，保证组织整体目标的实现？

第三节　团队领导普遍存在的问题

●引导案例

谢鹤亭担任天龙集团公司（原广东省食品集团公司）总经理兼党委书记以来，对自己的管理方式情有独钟：“最好的管理方式就是朦胧管理。如果一切都循规蹈矩，那么我们什么事情都办不成。”

在财务管理方面，他一个电话、一张纸条就可以调动成千上万的资金为己所用。他四处出击，试图赌赌运气。许多投资项目每次都是他个人擅自拍板，缺乏科学论证，最后全部打了水漂。当时有位副总经理看不惯他的专横，提议多派几个熟悉业务的人去负责上述工程，他竟火冒三丈：“这件事你们谁也不用插手了！”

不仅如此，他还迷上了港澳的赌窟，前后共输掉资金折合人民币1 300多万元。为了筹措赌资，他强行向一下属厂长索取50万元，某职工食堂售卖饭票款5万元也被他索走送上赌台。

在人事管理方面，谢鹤亭也是唯我独尊。天龙公司下属有一家“天美食品公司”，1993年，该公司一名职工通过招标竞争，当上了经理，不到一年，公司形势大好。但仅仅因为她看不惯谢鹤亭的“朦胧管理”模式，而被谢撤职。1993年初，谢鹤亭要提拔心腹刘展鹏为集团公司副总经理，其他领导要求开党委会讨论，谢两眼一瞪：“什么事都要由党委会讨论，那还要我这个法人代表干什么？你们这样做，还给不给我面子？”于是，刘展鹏顺利地坐上了集团副总的位置。

在天龙公司，无论是谢鹤亭的左膀右臂还是其下属公司的骨干，凡是吃透了“朦胧管理”之精神的，都无一例外地成了偷“腥”的猫，难怪天龙公司从此一蹶不振。

谢鹤亭本人成了广东省有史以来最大的贪官，尽管被捕之前，他匆匆写信要求辞去一切职务，但他辞不去千古罪名。

讨论题：

谢鹤亭的“朦胧管理”模式反映了什么问题？该公司的团队领导存在什么样的问题？

一、团队领导普遍存在的问题

1. 权力分配不当

所谓领导者的权力分配不当，就是权力与职位、职责不相匹配，也就是破坏了职权一致、责权对等、层级分明原则，从而造成有职无权、职大权小，无职有权、职小权大，有权无责、有责无权，权小责大、权大责小，责权不清、推诿扯皮等现象。

领导权力分配一般有两层含义，一是权力在组织中的分布，这是从组织结构角度对权力的分配；二是指权力的授与，是从事务和工作的需要出发，领导者根据实现任务和完成工作的需要将其权力的一部分授与下属。一般来讲，第一层权力分配因为是按照组织结构和组织形式进行的，所以每一职位权力的大小和责任的轻重都有相对稳定的规定；相对于第一层权力分配，第二层权力分配在权力和责任的大小上都有相当的灵活性。这样看来，第二层权力分配较为容易出现权力分配失当现象，第一层权力分配则较少。

2. 领导权力错位

权力错位即领导者的越权，指领导者实际行使的权力超越职位相应权力的现象。越权，广义讲既有范围上的越权，也有使用上的越权。

范围上的越权，又分为僭越本分、兼理旁涉与越俎代庖三种情形。僭越本分，原指不守本分，冒用上级名义、礼仪和器物，此处用以指行使上级领导职权；兼理旁涉，指在未被委托和接受代理的情况下行使其他领导范围职权；越俎代庖，此处专指行使下级领导者的职权。

在领导实践中，越权是一种极为有害的现象。首先，它破坏正常工作秩序。分级领导、分工主管、各司其职、各负其责，这是领导活动系统的正常工作秩序。而越权行为破坏了这一正常工作秩序，它使得人们职责不清、位置不明，如同改变机器运转方向和速度，必然失去功能。其次，越权不利于团结。越权实则“侵权”。上级被侵权会认为侵权者飞扬跋扈、颐指气使，定有取代之心，因而或迎头痛击，或暗中设伏；平级侵权引起钩心斗角、关系紧张；下级被侵权则产生被“罢黜”心理，认为上级不信任自己。

3. 权力不受

权力不受有正当不受与无由不受之分。所谓正当权力不受，是指下属对领导者职业特权与越权行为的抵制。我们熟知的“将在外，君命有所不受”，就是孙子对吴王越权行为的抵制。而对领导者职业特权的抵制，则是我们极为赞扬的，因为它是同以权谋私现象的一种难能可贵的斗争。所谓无由权力不受，是指下属对领导者职位权力的抵制。这种抵制是不能容许的。有人认为，你领导对了我就听，你领导错了我就不听。这个问题较为复杂，但并不是一本糊涂账。这里必须弄清楚“领导错了”是什么意思。如果仅是你认为的，那不能算数。比如领导者的决策，即便真的错了，从决策与其实施之初看，人们无法认定其错，又没有更好的决策出台，那下属还是要依计而行的。

4. 领导权力变异

领导权力变异，主要表现为使用权力的“越位”现象，即无限制地使用权力，将权力泛化到自己的职业中去，从而使自身职业的服务功能（职业规范所规定的应该做的乃至必须做的本职工作）转化为职业特权。

所谓职业特权，是指超出职业规范的规定，利用职业之便实施对他人的控制能力。职业特权不只产生于领导权力变异的现象中，每个有职业的人都有可能获取职业特权。比如，旅客列车上卧铺车厢的列车员，他手中有少数机动卧票。按其职业规范规定，这是为解决有特殊需要的旅客（如急症患者）的困难而赋予他的职业权力。可他却超越这个规定，将这几张卧票部分乃至全部出售给除票价外肯拿出一定好处费的人，这就使他的职业服务功能变成了职业特权。

职业特权的实质是以权谋私。少数领导者利令智昏、见利忘义、见利忘法，最后终将自食恶果，走上人民的审判台。领导者的职业特权，在现实生活中造成极大危害，它不仅直接造成国家、集体、人民群众的有形财产损失，还使按规定该办的事办不成，严令禁止的事却畅通无阻，更严重的是它败坏了社会风气和党风，破坏党和政府与人民的关系，必须坚决杜绝。

5. 领导权力旁落

权力旁落不同于上述第二层权力分配即权力授与，后者是领导者有意识的、明确的授权行为，是根据实现任务和完成具体工作的需要采取的必要措施；而前者没有明确的授权行为，是在长期过程中，领导者的权力被他人逐渐蚕食后形成的不正常局面。

领导权力旁落，一种表现为领导者的无奈、认可、默许；另一种则表现为领导者与权力蚕食者的激烈“夺权”冲突。不管哪种表现形式，权力旁落的领导者都只是个牌位，形同虚设。这样的领导者“门庭冷落”，很少有人向他请示、汇报工作，他的指示无人照办，指挥失灵。

二、实训技能与拓展

不到两年换一个，换了12任厂长也没摆脱亏损的一家国有企业，却在一个农民手里起死回生。1994年5月，当王义堂接手河南泌阳县水泥厂时，该厂亏损123万元，到年底，王义堂却使该厂赢利70万元。第二年实现利税525万元。第三年在原材料价格大幅度上涨的情况下，仍实现利税470万元。

当时水泥厂多年亏损，再任命谁为厂长呢？难！有人说："让王义堂试试吧！"王义堂？这提议让大家一愣，他是水泥厂所在地的农民，他怎么能当国有企业的厂长呢？可再一琢磨，认为王义堂有本事，他和别人合伙开办的公司，个个赢利。县里与王义堂签订了委托经营协议。王义堂交10万元抵押金，企业亏损，抵押金没收；企业赢利，退还抵押金本息，还可按30%的比例得到奖励。

谈起当时厂里的情况，王义堂至今记忆犹新：全厂413名职工，其中行政管理人员113人，厂长一正八副，各自为政。一个科室有五六个人，天天没事干。来三五个客人，是一两桌相陪；来一个客人，也是一两桌相陪，20个月吃掉30多万元。

上任后，王义堂把原来的9个正、副厂长全部免掉，但对原来的规章制度，没有改变，只是不让原来的制度成为挂在墙上的空口号。他规定，职工犯错误只允许三次，第四次就开除。不过，他到底也没开除一个人，倒是有二三十个光棍汉主动调走了，因为实行计件工资后，这些人再也不能像以前那样光拿钱不干活了。于是，企业每小时水泥的产量从过去的五六吨提高到十多吨。

起初，有城里人身份的人对王义堂的严格不很满意，但王义堂早上5点钟就上班，一天在厂里呆十几个小时，他的责任心，最终让职工认可了。

针对王义堂现象，一位经济学家评论说，这是一个有普遍意义的典型个案：厂长、经理个人的道德境界在相当程度上决定着整个企业的生死兴衰。这不是纯经济学所能研究和解决的问题，在目前企业存在亏损的情况下，关注并研究王义堂现象有着特殊的意义。

讨论题：

1. 王义堂现象说明了什么？
2. 王义堂是如何展示领导才能的？

第四节　提高团队领导艺术

●引导案例

有一位大师的授徒之方是这样的：这位大师在一次表演上场前，他的弟子告诉他鞋带松了。大师点头致谢，蹲下来仔细系好。等到弟子转身后，又蹲下来将鞋带解松。有个旁观者看到了这一切，不解地问："大师，您为什么又要将鞋带解松呢？"大师回答道："因为我饰演的是一位劳累的旅者，长途跋涉让他的鞋带松开，可以通过这个细节表现他的劳累憔悴。""那为什么不直接告诉你的弟子呢？""他已细心地发现我的鞋带松了，并且热心地告诉我，我一定要保护他这种热情的积极性，及时地给他鼓励。至于为什么要将鞋带解开，将来会有更多的机会教他，可以下一次再说啊！"

讨论题：

这位大师为什么这么做，说明了什么问题？从大师的这种行为，探讨领导的艺术性。

一、解决思想错位缺失的问题

1. 营造一个良好的企业内外管理氛围

结合中国社会环境和企业实际情况，正确地认识企业领导和管理。泰勒对管理的解释，正如很多教科书上所讲的，包含了领导，没有区分领导和管理。这是从企业整体的角度来看，没有涉及企业内部具体的人和事。

如果把领导和管理当作具体的工作来讲，就有必要把它们区分开来。这时，就会发现领导者领导着整个组织的运作和方向，管理着与此相关的一切重大事项、关键环节，管理者管理着组织某个部分的运作。领导者和管理者是上下级关系，下级服从上级，部分服从全局。这是由企业面对的市场复杂多变的特征决定的，也是与行政管理有所不同的。

中国的现实情况需要将二者加以区分。中国企业的层级很多，我们经常所看到和听到的"领导"，既是领导者又是管理者。在上级的领导下，他（她）是一个管理者；在他（她）所管理的本级组织，又是一个接受上级领导的领导者。那就是首先要通过管理实现上级组织的意图，同时，也要结合本级组织的实际情况有着本级组织长远组织规划思想。

协调企业内部各种组织的关系，在企业管理上统一思想。我们知道，企业内存在正式组织和非正式组织。非正式组织通过非常规的方式对企业施加影响。正式组织又分为常设机构组织和非常设机构组织。非常设机构组织在非常时期发挥作用。另外，还有一种隐性的、不明显的业务链组织。某些人尽管不是领导者，但其凭借个人某种职权或者资力或者学术地位等，在组织中居于领导者地位，影响着该项业务的效率和方向。其他组织，如工会等，都会对企业管理产生一定的影响力。

全员参与企业管理。我们把领导当成哲学、艺术、思想，把管理当成技术、行动。这样更便于我们去学习西方的先进管理经验。有着数十年在日本、中国台湾和内地等地管理企业经验的台湾人林荣瑞先生，专门编著了一本书叫做《管理技术》。这方面的书应该再多一点，比如说分为高级和初级。初级的书，要易学易用，受过义务教育的人基本上都能看懂，令企业内外“人人懂管理、人人会管理”。这样，就能避免有些人把管理看得过于神秘或者简单而制造“麻烦”，就容易形成统一的正确的企业管理思想。

社会支持企业管理。站在有利于社会发展的角度，给企业生存发展以良好的空间，不让企业背负过多不应有的“包袱”。

2. 领导者要善于学习，勤于实践

谈到学习，自然就想到为什么要学、学什么、怎么学等。关于这方面的鸿篇巨著实在太多。一要注意理论的实质和应用前提、条件，经验的背景知识；二要系统地学习相关知识；三要从别人的经验中总结出有价值的思路、方法，尽可能地上升到思想高度；四要学习众家所长，兼收并蓄，以创新为目标。古代书法家说：学我者生，似我者死。只有创新，艺术才具有感染力、生命力。

比如标杆管理方法，1996 年世界 500 强企业中，有近 90% 的企业在日常管理活动中应用了此法，其中包括福特汽车、IBM 等。然而他们在复印机刚刚问世时，以领先者施乐为标杆，结果陷入无休止的追赶游戏之中无法自拔，最后不得不退出复印机市场。在现实实践中，由于有的企业曲解标杆管理思想的实质，勤于模仿而疏于创新或者只模仿而不创新，不可避免地陷入企业经营战略趋同的误区和标杆管理的陷阱。松下幸之助说：“只有努力创新的商店或制造公司，才会有前途。墨守成规或一味模仿他人，到最后一定失败。”因此，克服标杆管理的局限性关键不在于标杆管理自身的完善，而在于超越标杆，坚持在学习中创新的思想。最后，要学以致用，敢于实践。在实践中检验学习的效果，在实践中总结，在学习中提高。

3. 转变观念

松下幸之助说过：“当我的员工有 100 名时，我要站在员工最前面指挥部属；当员工增加到 1 000 人时，我必须站在员工的中间，恳求员工鼎力相助；当员工达万人时，我只要站在员工后面，心存感激即可。”

由此看来，领导方式是需要与企业的发展匹配的。但是，领导方式的转变必须以领导者的观念转变为前提。如果有人说“我是领导，为什么要去‘恳求’，甚至‘感激’员工?”或者，“我是领导，这样做的话，我哪里还有权威?”“我是领导，员工就得听我的，否则，我哪里还有魄力?”“我是领导，成绩自然应该归功于我，企业发展了、壮大了，应该是政府、员工‘感激’我才对啊。”即使在民营企业里，如果有人说，“企业是我的，企业发展了是我的本事，我给了员工工作的机会，员工的‘饭碗’是我给的，何必如此费神。员工不干就走人，我可以另请高明。”这样，能转变领导方式吗?

这种抱着“老子天下第一”思想的人，看不到员工的重要作用，他所领导的企业，注定是做不强、做不大的。即使侥幸成功，这种人也算不上真正的企业家，这种企业也是长久不了的。

还有一种观点：企业不是我的，为什么要去“恳求”，甚至“感激”员工？我辛辛苦苦地管理着企业，又没有比他们多拿几分钱；即使多拿，那也是应该的，符合按劳分配嘛。

上述两种观点的来源都是因为领导者没有干好、干长久的思想，只满足于把工作干起来。得过且过，自我感觉良好。西方有句谚语：罐儿再丑，找个盖子还是很容易。这样的领导者就像盖子。

有的企业领导者，很想把事情干好。企业壮大了，在新的情况下，却又不知所措。但更多的是沉浸在过去的成就之中，总以为过去的方法是成功经验，最后采取老一套方法。殊不知，时移势易。

从现实来看，改变观念不仅仅是某个人的事，而且是企业内各级领导甚至社会各方面的人的事，比如舆论、媒体。要关心干事业的人，给他们以宽松的环境，让他们履行起自己的职责来，充分发挥他们的聪明才智。

当“员工有100名”时，领导者身先士卒，样样工作亲自指挥，其个人的作用可以发挥得淋漓尽致。企业发展了，上级领导赞赏有加，员工个个是打心眼里佩服。这时候领导者充满信心和希望，于是招兵买马，壮大队伍。“员工增加到1 000人”时，按照领导管理幅度理论，工作不能亲自指挥，而只能是运筹于帷幄之中。正欲决胜于千里之外，外界有声音：此人变了，开始脱离群众了。“走自己的路，让别人去说吧”，对于民营企业领导者也许尚可，但是对于国有企业的领导者情况就大不同了。相关各级领导在这种声音面前，都会感到压力，都会采取不同的措施。比如说，有的选择走自己的老路，管理还是老一套，其结果可想而知；有的则是换人等。更别想“只要站在员工后面”的奇迹发生了。

4. 领导者要树立“奉献、进取”的精神

我们经常听到这样一句话：“你能干的，我也能干。”似乎在向世人昭示什么，但绝不是“你能干的，我也能干；你不能干的，我也能干，而且，干得很好。”因为，每个人内心都有一个标尺，随时都在自觉或者不自觉地用它去衡量判断事物。

前者是把别人的标尺当作自己的标尺，亦步亦趋，发现差距，奋起直追。追上了，歌功颂德；没追上，分析总结妙笔生花，主要原因就是客观条件不如人。今后的措施就是屡败屡战，每年有进步（还可以用数据说话），精神可嘉。可谓成也英雄，败也英雄。无论是对企业还是对社会都是祸害无穷。

后者则不同了。自己的标尺，随着企业的发展在变化。昨天用的是小学生的直尺，今天用的是皮尺，明天用的可能是光年单位，大有不畏艰险傲视群雄的风采。他们所表现出来的精神是锐意进取的精神，应该为企业、社会所推崇。但是，在一些人眼里，是看不到成绩的。比如用数据说话：昨天是20，今天还是20，明天可能是还不到0.2。因为这些人还抱着“不怕不识货，就怕货比货”的观念来看待新生事物。

更为严重的是：“你能干，干了也白干；我不干，金钱照样赚。”大肆采取骗取、剽窃等手段扰乱秩序。或者，“我不能干，我要让你也不能干。”“武大郎开店”，彼此彼此，就没有“闲言碎语”，甚至美其名曰市场竞争就是要争夺市场份额。若是在企业内部，真是把市场理论灵活运用到“家”了。

这些现象也许不广泛，更不普遍存在于我们的市场、企业中，但其危害性照样不可忽视。它就像我们身体里的毒瘤一样，随时在侵蚀我们市场、企业的生命活力。不仅不利于企业生存发展，还阻碍了未来的企业家成才的通道。这就要求我们的有识之士放眼天下和未来，共同努力净化我们的软环境。

二、增强善于观察判断、审时度势的能力

1. 察言观行，善于识人

这是正确分析问题、处理问题的重要前提。领导者要做事，首先就要用人。要做正确的事，就要正确地用人。合适的人才能正确地做事，从而保证正确的事达到预期的目的。

（1）防止心理学上的“知觉差异”。

《淮南子》记载：宓子贱的一位客人介绍他的朋友来见宓子贱。那人走后，宓子贱说：“你的朋友有三处不对的地方：看见我就笑，是轻浮，不严肃；与我交谈时不称他老师的名号，是背叛他的老师；与我初次见面却无所不谈，是不懂礼貌。”客人说：“他看见你就笑，是正直坦然的表现；谈话不称自己老师的名号，是师生交往融洽且无门户之见；初次见面就无所不谈，是忠厚老实的表现。”

这个故事里谁的意见更有道理呢？如果客人没有私心，我更相信他的分析判断。如果客人有私心，那有另当别论。故事告诉我们，脱离过去的事实根据的主观判断，是多么的危险。

当今社会，一些人为了个人的名利，学会了刻意伪装自己以达到个人的目的。辨才、识才更难。难怪西方国家招聘选拔人才的方式五花八门。美国标准石油公司里，有一位小职员名叫阿基勃特。他远行住旅馆的时候，总是在自己签名的下方写上“每桶四元标准石油”的字样，在书信及收据上也不例外，签了名，就一定写上那几个字。他因此被同事叫做“每桶四元”，而他的真名倒没人知道了。董事长洛克菲勒知道这件事后，大感惊讶地说：“竟有职员如此努力宣传公司的声誉，我要见见他。”于是邀请阿基勃特共进晚餐。后来，洛克菲勒卸任，阿基勃特成了第二任董事长。

（2）克服情感性格上的障碍，特别是思想上的障碍，防止“主观差异”。

同样是半杯水，有人说，还有半杯；有人说，只剩下半杯。听者，会得出两种截然相反的判断：前者表示还有不少的水，水量没有问题；后者表示水不多了，水量有问题，需赶紧解决。说话者如果明确地说出结论，也就无事了。但实际中，说话者有时是故意这样做，希望听者作出错误的判断，而自己又能推卸情况反映不实的责任。有时是说话者的性格使然，有时是听者“将错就错”。对待人情类“思想障碍”，我们现在采取的“回避制度”是一个可行的办法。从长计议，还是要用“道德观”来解决“人情关”。对待有脾气类“思想障碍”，方法很多。

（3）多方面观察求证，防止“方法差异”。

对重大、关键人事问题，力戒先入为主，要多方面观察求证。研究人才的特点，对待具体问题普遍性和特殊性相结合。比如，人才大都有一些个性，表现方式显得“另类”。他们在有脾气类“思想障碍”的人眼里，不会是人才。

2. 明察秋毫，判断入理

人们对待眼前的事物，有时熟视无睹而旁观者清；有时不识庐山真面目，只缘身在此山中；有时一叶障目，只见树木，不见森林。

对简单的事物，观察判断事物与观察判断人有相通之处；对复杂的事物，领导者要组织企业内部人力去研究，情况就要复杂得多。我们日常面临大量的简单事物，通过反复实践，触类旁通，练就“见一叶而知秋”的本领。这是很重要的，是领导者的一项基本功。

3. 审时度势，具有战略眼光

作为领导者，既要明察秋毫，又要“不为浮云遮望眼”，看大局，看长远。昨天，成绩与失败都已经过去，既不能躺在过去的温床“坐吃山空”，也不能痛苦地“刻舟求剑”，身陷其中不能自拔。今天，做好每一件事情，特别是要认清今天的形势，分析趋势。看大势，才能临危不乱：顺势而为，才能“临渊飞越”，而不是“临渊而惧”。明天，是今天的方向，要有远大理想。

在空间上，既要看到本地的、中国的资源和市场，也要看到全球的资源和市场；既要看到有形的，又要看到无形的。在信息时代，互联网正在改变着企业的竞争范围和方式；在企业内部，正在改变管理方式和手段。在政策、文化等影响企业生存发展的重要环境因素上，不仅要研究此时此地的因素，还要了解、研究彼时彼地的因素。

三、建设一支好的队伍，增强执行力

1. 健全制度

建设一支好的队伍，必须有健全的制度。机器的各个部件、各个零件自如的运转，是经过周密设计的。在企业里，制度就是规定职权和程序，是企业内部管理的基础。有了科学化的制度，就具有高效运转的先决条件。制度的不断完善，需要领导艺术。领导者要随时掌握制度的不适应性、不完备性等缺陷，并适时地修改。同时，在执行过程中，要及时地纠偏和补漏。

2. 以身作则

在制度面前，企业领导者必须以身作则。所谓正人先正己，企业有了制度，运转良好的前提是制度有效。机器和人都会受到干扰，最有力的干扰来自于操作者本身。不按程序办事与机器零件坏了不修理是一样的结果。

首先，要保证制度具有相对的稳定性。制度体现了领导者的思想和权威。一切制度在认真设计的基础上，要经过充分的实践检验，不能为一些细枝末节而使制度朝令夕改。否则，领导者也会失去威信。其次，在制度的执行过程中，领导艺术通常表现在例外上，而不在制度内。过多地施展领导艺术，则没有制度存在的空间。更要防止假“领导艺术”之名，行个人目的之实。在企业里，出现问题和不足时，领导者经常因害怕承担责任而将原因归结于外部。领导者应当尽可能多地承担责任，带动职工找出内部的真实问题。

3. 选好人

在企业里，把人分为下级领导者和职工。把人选进企业是为了安排在一定的岗位上，因此，在选择人的过程中已经开始用人了，属于静态的用人。在企业内部选下级领导者更是属于用人范畴。

企业领导者明确想要做什么以后，其次就要明确自己想要什么样的人，不想要什么样的人。一般地说，企业需要有才能、有诚信、识大局、有眼光的人。

由于工作任务对人的需要不同，且人有多面性和不稳定性，因此，选人的条件、方法名目繁多，企业所付出的成本也不同。选人时一般应把握以下原则：

（1）选人时，“才能够用就行”。

不随意提高条件，更不能“叶公好龙”。企业内部所有职工根据工作任务的复杂程度可以分为两类：一类是从事简单劳动的，现在和将来都不需要经过很多培训的职工；另一类是从事复杂劳动的，不仅需要培训，而且还要求有一定发展潜力的下级领导者、职工。在选第一类职工时，比如看守大门的职工，不一定需要高学历；在选第二类职工时，比较难把握，既要满足当前的需要，同时，应该根据企业长远规划，适量地储备人才。

（2）选人的要求条件以适度为要，不必面面俱到。

人无全才，主要是要突出工作任务的特点，比如说，对需要经常授权独立工作的岗位，诚信尤为重要；劳动强度大的岗位则需要身体强壮。

（3）重视整体功能的发挥。

有的岗位之间相互协调程度较高，强调协作精神。有的岗位之间协调性要求不高，适度考虑整体功能的搭配，不仅可以扩大选人的范围，还可以在用人过程中培养企业的协作精神。

（4）重视选人的方法和选人成本，设计、组织实施好选人的方法、程序。

要将一般岗位和重要岗位区别对待。针对重要岗位的选人，要防止过程轰轰烈烈，一定要符合程序要求，否则结果是费力、费时，被选的人却不完全适合工作需要。

4. 用好人

用人有静态用人和动态用人之分。把人用在某个岗位上，属于静态用人；把人用在某件事情上，属于动态用人。在实际工作中，这两种情况都要重视。

人尽其才是用人的理想状态。现实中几乎不可能完全做到，特别是在人才济济的组织里。在就业机会比较少的情况下，这个问题会更加普遍和突出，因为一些人才为了能得到一个就业机会，常常不惜“大材小用”。这看似是一个很难解决的问题，实则不然，事物都是一分为二的，优秀的企业领导者可以变坏事为好事。有这样一个管理理念：只有一流的主管才能保有一流的部属；二流的主管只能保有三流或不入流的部属。一流的主管可以充分利用一切资源做好今天和明天的事。

但是，作为企业领导者，至少要用好关键、重要岗位的人，对组织有影响力的人以及未来发展需要的人。

建立举贤任能的用人制度。只有重用德才兼备的人，才能留住才华出众的人。领导者具备了善于识人的本领，就可以根据工作特点设身处地地结合下级的个人专长，把企业内部发现的人才用在合适的事情或者岗位上。

适时适当地授权，防止毫无原则地向下“越权”。授权不仅可以激励和锻炼下级（包括职工）、培养人才，还可以节省上级领导者的时间和精力，以便更好地去抓领导工作而非具体的某几项不重要的工作。与授权相反，领导者向下“越权”会带来负面影响，因此要注意防止这种现象。正确的授权做法是：择人授权；当众授权；授权后要保持一段时间的稳定，不要稍有偏差就将权力收回；授权不授责；授权有禁区。当然，也要注重授权所带来的问题，比如，权力失控，“反授权”或者下级的“越权”。

所谓“用人不疑，疑人不用”是从具体工作具体细节方面来讲，在大局上不能失去领导。另外，适时适当地调整岗位，包括提拔下级领导者也是“授权”（准确地说，应该叫分权，分权应该同时赋予明确的责任）。大材小用难以久留。事物都是发展变化的，企业在发展，职工和下级的才能在工作中会取得不同程度的进步。因此，要从工作需要、机构调整、挑选更为合适的人选、锻炼骨干等角度出发，及时地调整人员岗位。我们不提倡因人设岗，但在必要时，完全是可以的。

在用人上，用人所长，不可求全责备。尺有所短，寸有所长。领导者首先要经常检讨自己是否存在用人失误。比如，制度设计失误，用人失察之误等。对职工的失误，要帮助其正确分析错误的原因，并根据情况给其以发展的机会。

四、实训技能与拓展

张秉坤同志刚调任某市液压件厂厂长。张厂长到任不久，就发现原有厂纪厂规中确有不少不尽合理之处，需要改革。但他觉得先要找到一个能引起震动的突破口，并将其改得公平合理，才能令人信服。

他终于选中了一条。原来厂里规定，本厂干部和职工，凡上班迟到者一律扣当月奖金10元。他觉得这规定貌似公平，其实不然。因为干部们发现自己可能来不及了，便先去局里或公司兜一圈再回厂，有个堂而皇之的因公晚来的借口免于受罚，工人则无借口可依。厂里400来人，近半数是女工，作为孩子妈妈家务事多，早上还要送孩子上学或入园，有的甚至得抱孩子来厂入托。该厂未建家属宿舍，职工散住全市各地，远的途中要换乘一两趟车；尽管很早出门，仍难免迟到。张厂长认为应当从取消这条厂规下手改革。

有的干部提醒他，莫轻举妄动，此禁一开，纪律松散，不可收拾；又说别的厂还设有考勤钟，迟到一次扣10元，而且是累进式罚款，第二次罚20元，三次罚30元。我厂才扣10元，算个啥？

但张厂长斟酌再三，觉得这条厂规一定要改，因为10元钱虽少，但如果工人觉得不公、不服、气不顺，就会影响到工作积极性。于是在3月末召开的全厂职工会上，他正式宣布，从4月1日起，工人迟到不再扣奖金，并说明了理由。这项政策的确引起了全厂的轰动，职工们报以热烈的掌声。

不过张厂长又补充道："迟到不扣奖金，是因为常有客观原因。但早退则不可原谅，因为责在自己，理应重罚；所以凡未到点而提前洗手、洗澡、吃饭者，要扣半年奖金！"这有时等于几个月的工资啊。张厂长觉得这条补充规定跟前面取消原规定同样公平合理，但工人们却反应冷淡。

新厂规颁布不久，发现有7名女工提前2分钟至3分钟不等去洗澡。人事科请示怎么办，张厂长断然说道："照厂规扣她们半年奖金，这才能令行禁止嘛。"于是处分的告示贴了出来。次日中午，张厂长偶过厂门，遇上了受罚女工之一的小郭，问她道："罚了你，服气不？"小郭不理而疾走，张厂长追上几步，又问。小郭悻悻然扭头道："有什么服不服？还不是你厂长说了算！"她一边离去，一边喃喃地说："你厂长大人可曾上女澡堂去看过那像啥样子？"

张厂长默然。他想："我是男的，怎么会去过女澡堂？"但当天下午趁澡堂还没开放，跟总务科长老陈和工会主席老梁一块去看了一趟女澡堂。原来这澡堂低矮狭小、破旧阴暗，一共才设有12个淋浴喷头，其中还有3个不太好使。张厂长想，全厂194名女工，分两班每班也有近百人，淋浴一次要排多久队？下了小夜班洗完澡，到家该几点了？明早还有家务活要干呢。她们对早退受重罚不服，是有道理的。看来这条厂规制定时，对这些情况欠调查了解了……

下一步怎么办？处分布告已经公布了，难道又收回不成？厂长新到任订的厂规，马上又取消或更改，不就等于厂长公开认错，以后还有啥威信？私下悄悄撤消对她们的处分，以后这一条厂规就此不了了之，行不？

……

讨论题：

1. 张厂长为什么会作出案例中的决定？
2. 如果你是张厂长，你该怎么办？

●本章小结

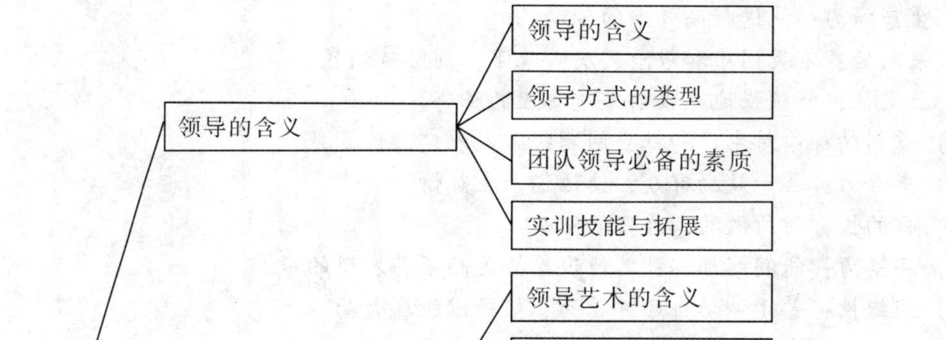

本章复习思考题

1. 领导的内涵是什么？
2. 团队领导方式有哪些类型？

3. 如何提高团队领导的艺术性？

延伸阅读

测试：你的领导心理素质如何

问卷共有52道题，每道题的选择答案为“好”、“一般”、“差”三种。请你根据自己的情况，如实地将你的得分直接填入每一题后。

（1）求实：精通业务，工作有条不紊，严肃认真。

（2）负责、守信用：能可靠地履行承诺，对所承担的工作敢于负完全责任。

（3）热爱工作：对本职工作有浓厚兴趣。

（4）乐观态度：不为暂时失败而沮丧，对最后的成功充满信心。

（5）创造力：努力创造更富于独创性的工作方法。

（6）应变能力：能迅速寻找到出路，摆脱困境。

（7）生产能力：能进行高效率的劳动。

（8）果断性：不畏困难和艰险，决心既下，则坚持到底。

（9）坚定性：能顽强地克服前进道路上的障碍。

（10）首创精神：对生产和社会问题经常发表建设性意见。

（11）感召力：善于鼓励群众，使他们产生热情。

（12）目的性：对所做的工作目的明确。

（13）洞察力：能洞察那些被其他现象掩盖而不易发现的事实。

（14）组织性：善于调动自己部属的积极性以服从大局。

（15）有威信：在群众中有影响力，受到群众信任。

（16）逻辑性：能有步骤地思考问题，经过深谋远虑，证据充足地推出结论。

（17）幽默感：善于发现和使用笑料。

（18）预见性：善于对将会发生的事情作出正确预测。

（19）判断力：能下决心做事，对上下级工作作评价时仔细、准确。

（20）批判性：对一切问题都努力作出自己的思考和评价。

（21）分析能力：善于对事实、现象甚至其微小细节作详细分析。

（22）活动、任务、计划：能准确、及时地掌握企业各方面的情报。

（23）文化、专业：具备一定的文化、专业知识。

（24）独立性：在无人帮助的情况下，亦能作出决定并付诸实施。

（25）精力充沛：能长时间紧张工作，完成不断交给自己的复杂任务。

（26）选择最佳方案：善于选择最简便、经济的方法来完成任务。

（27）分配任务：善于根据手下人员的能力，妥善地下达任务。

（28）制订计划：善于选择完成任务的最佳时间与方法。

（29）处理关系的能力：经常考虑到和其他有关部门的关系，能协调部门之间的工作。

（30）监督工作：经常检查手下人员完成任务的及时性与准确性。

（31）工作经验：拥有丰富的实践经验和职业技能。

（32）创造性思维：思维具有独特性、多样性，不受陈规旧俗约束。

(33) 诱导能力：善于说服和激发员工的工作兴趣和积极性。

(34) 创造良好的关系：善于创造出能积极影响生产的正常团体关系。

(35) 善于领导：能合理安排集体的工作与生活。

(36) 创造劳动气氛：善于在生产过程中激励工人的工作热情。

(37) 知人善任：善于根据每个人的个性特点恰当用人。

(38) 对下属要求严格：要求下属高品质、及时地完成任务。

(39) 关心下属的成长：争取机会帮助下属提高技能，关心他们的晋升。

(40) 不压制他人：在生产和社会生活中尊重别人，给别人充分发挥能力的机会。

(41) 办事讲究分寸：严格遵守行为规范，处理人际关系讲究分寸。

(42) 相信别人：以正直、诚恳的态度待人，信任人。

(43) 公正：用毫无偏见的态度对待所有同事。

(44) 集体主义：个人利益服从团体利益，对团体事业责任心强。

(45) 廉洁正派：待人坦白诚恳、为人和善。

(46) 解决问题：善于解决各式各样的复杂问题。

(47) 了解他人：熟悉团体成员的个性特点。

(48) 自信心：相信自己的力量和潜力。

(49) 自我成长：努力发展自己的个性，提高知识技能。

(50) 富有自我牺牲精神：随时准备为实现共同目标牺牲个人利益。

(51) 严于律己：能以高标准要求自己。

(52) 勇于自我批评：勇于发现并敢于承认自己的缺点、错误。

测试标准：

“好”得3分，“一般”得2分，“差”得1分。

测试报告：随着现代科技的迅速发展，社会分工愈来愈走向复杂化、专业化，这对每天都要与大量的人、事、物打交道的管理干部提出了更高的要求。

现代团队领导者应该具备哪些客观条件呢？总结起来有以下几个方面：(1) 工作态度；(2) 工作作风；(3) 知识；(4) 智能品质；(5) 技术组织能力；(6) 行政组织能力；(7) 对人的态度；(8) 对自己的态度。

测试结果：

(1) 145~156分：优秀。你具备企业领导应具备的健康心理素质，你是一个出色的现代管理干部。

(2) 120~144分：良好。你基本具备企业领导应具备的心理素质，只是你应在低分的若干项目上加以改进。

(3) 87~119分：一般。作为企业领导，你的心理素质一般，除非接受系统训练和长期锻炼，否则你很难成为一名优秀的企业管理干部。

(4) 52~86分：较差。你从事企业管理的心理素质较差，也许你非常想从事管理工作，但你必须正视自己在这一方面的不足，进而从头学起，争取在一段时间内赶上来。

第四章　团队沟通技巧

●学习目标

1. 领会团队沟通的概念；
2. 理解团队沟通的类型；
3. 掌握团队沟通的技巧。

第一节　团队沟通的概念

●引导案例

Wes-Tex 印刷公司位于得克萨斯的布朗伍德市，身为总裁的史蒂夫·布莱克最近非常失落，他试图把公司商业名片订单的 7 天期限缩短，但结果并不成功。他决定尝试一些过去没有试过的方法。他原本是个专制式和总管式的决策者，现在，他把加速生产的任务转交给他的 130 名员工来解决。

员工们决定组成团队共同攻克难关，他们从生产流程的每个环节中抽出员工组成一个工作团队，以找到瓶颈所在。然后，团队领导者使用生产流程图，逆向评估生产过程。他们从货物运至码头开始评估，在这里装好商业名片的箱子由联合包裹公司于每个工作日下午 6 点打包后送到临近的印刷店。他们追踪早晨邮递来的订单所经历的每一个步骤。通过分析，他们得出结论并决定做出重大改变，以使重复订单可以在 2 天内完成，所有的产品都可以在 4 天内生产出来。然后，团队中的个体开始在自己的领域想办法作出改变并加以实施。例如，他们在生产过程中削减了耽误时间的环节，并重新安排了工作日程。快瞧瞧吧！他们居然大幅度缩短了运输时间——实现了 2 天/4 天的目标。

成功之后，时间压缩团队又建议再组建一个新团队，用于改善工作流程。这个新团队决定进行一个试验，把 3 个来自不同部门、但工作联系密切的工人组合在一起，彼此指导工作并共同解决问题。过去放在篮子里的订单要在各个部门之间来回穿行以进行大大小小的改变或者调整，现在，这种修改过程可以在团队内部立刻进行。又一次，团队做法极大地改善了工作效率，并为顾客提供了更好的服务。

史蒂夫·布莱克成为团队价值的最大受益者，2001 年 Wes-Tex 公司赢得了 RIT/USA 小企业质量奖杯。团队做法的成功是公司获奖的主要因素。

（资料来源：斯蒂芬·P. 罗宾斯（Stephen P. Robbins）. 孙健敏，李原译. 组织行为学. 北京：中国人民大学出版社，2005）

讨论题：

1. 该案例中 Wes-Tex 公司获得奖杯的原因是什么？
2. 你有过团队合作的经历吗？
3. 团队合作给你带来什么体验？

一、沟通和团队沟通的概念

1. 沟通的概念

沟通是借助一定手段把可理解的信息、思想和情感在两个或两个以上的个人或者群体中传递或交换的过程，目的是通过相互间的理解与认同来使个人或群体间的认知以及行为相互适应。沟通是工作和生活中人际交往最重要的方式，它无处不在，无时不有。

研究表明，人们用了近 70% 的时间（睡眠时间除外）进行沟通（包括听、说、读、写四个方面）。在现代社会，沟通已经成为个人在社会生活工作中成功的基本前提。美国著名的普林斯顿大学曾对 1 万份人事档案进行分析，发现“智慧”、“专业技术”和“知识”在个人的社会成功中只起 25% 的作用，影响个人成功的其余 75% 的因素与良好的个体间的沟通有关。哈佛大学就业指导小组在 1995 年对 500 名被解雇者的调查结果也表明，82% 的被调查对象失去工作岗位与个体间沟通不良有关。沟通是团队工作的核心，沟通是交流信息、制定决策与计划的主要方式，沟通是完善和实现团队目标的重要工具。

2. 团队沟通的概念

团队沟通是指组织中以团队为基础单位进行信息交流和传递的方式，是团队领导与团队个体成员之间、团队个体成员之间、团队个体成员与团队之间、团队与团队之间进行信息交流和传递的过程。

研究表明，人们在团队中的各种工作，有大量时间花在沟通上。美国的一些调查表明，在企业中，生产工人每小时进行 16 ~ 46 分钟的沟通信息活动；对于团队领导者，他们工作时间的 20% ~ 50% 用于同各种人进行语言沟通，如果加上各种方式的文字性沟通，诸如写报告等，最高可达 64%；而经理人员在工作时间内则有 66% ~ 89% 的时间用于语言沟通。

一个好的团队绝不仅仅是简单的一群人的组合。一个团队的沟通力是指成员之间互相吸引的程度。这是一个团队引以为豪的一种整体感，包括忠诚、投入、志趣相投以及为团队作牺牲、奉献的意愿，它是将每个成员聚集在一起的纽带。团队成员在一起合作的时候，他们的智慧和力量都融合在一起，沟通力便成为整个团队前进的一种特殊力量。这是所有成员的动机、需求、驱动力和耐力的结合体。当所有成员都忠诚于团队以及团队的愿景目标，都努力为团队目标的实现而奋斗时，团队内部的沟通就会产生一种协同力，从而使得团队能够成为一个真正的战斗团体。一个团队的绩效和其沟通力密切相关。

二、团队沟通的主体

1. 团队领导

在各种类型的企业团队中，团队管理者主要包括团队上层的高级管理人员和直接管理团队的管理人员。同时，这两个群体还要和其他一些团队的管理者相互沟通，比如团队客户所在团队的管理者、为团队提供产品和服务的其他组织的管理者、团队外部相关社会关系的管理者。团队领导者固然需要非常优秀的专业知识技能，但同时，沟通能力对于团队领导而言也显得尤为重要。

2. 团队内个体成员

团队目标和任务的完成依赖于团队成员，团队成员在完成目标的过程中是相互合作、相互补充的。一般情况下，团队成员需要接触团队主管、团队内其他成员、其他团队主管、合作团队的团队成员、团队服务的客户、为团队提供产品和服务的其他组织。作为团队成员，如果不具备一定的沟通技能，将影响团队任务的完成甚至对团队工作造成破坏性影响。

三、团队沟通的目的

团队沟通的目的，就是要搞好团队领导、团队成员、其他团队以及团队所在的组织之间的联系，以使团队能够顺利完成任务目标。团队具有目的性、集合性、相关性和对环境的适应性，团队要生存并持续卓越发展，需要时刻注意上述各方面的联系与协调。团队的建立、发展和解散，往往根据工作任务的进展来决定。团队沟通就是为了提高团队绩效，顺利完成团队目标，进而为企业业绩增长贡献价值。

四、团队沟通的作用

在当今时代，任何公司要想获得长期持续的发展与成长都得学会如何最大限度地利用其自身的资源。如何在自身资源有限的情况下获得发展呢？团队是一种组织与管理人才的明智的选择，是更为有效的运用资源的方式。据最近的一份研究报告表明，在被调查的313个公司中有60%的公司注重组织中团队的建设与管理，期望大量增加使用团队。可见，团队在现代企业管理中的作用日益显著。

1. 对个体的作用

（1）有效地表达情感。

心理学家认为，人是天生的社会动物；换句话说，人需要和他人相处就像是需要食物、水和住房一样。一旦失去和他人接触的机会，大部分人会产生幻觉，失去运动技能，甚至变得心理失调。人们可以连续几个小时高兴地谈论一些相当琐碎的事情（尤其是女士们），交谈的信息并不都是正式的工作需要。但是这样的交谈因为满足了互动的感情需要而使人觉得愉快和满足。在企业管理中，情感指的是工作上的一种满足或者挫败。

（2）塑造规范成员的行为。

没有规矩，不成方圆。一个团队要想达到预期的目标，需要对团队成员的行为进行有目的的约束与规范。订立严格的管理制度来规范员工的行为对每个企业都是有必要的，我们可以对各个岗位做详细的岗位描述，使每个员工都清楚自己应该干什么，向谁汇报，有什么权利，承担什么责任。当然这种规范不是控制，而是一种必要的规范。管理制度建立起来后，需要通过与员工进行沟通，才能使员工真正理解这种制度并在工作中履行，从而达到最终的目的。否则，没有有效沟通，很容易使员工产生被控制，甚至不被尊重的感觉，这样的情绪状态容易导致员工不良的工作行为。

（3）激励员工绩效的改善。

团队沟通作为团队绩效管理的重要手段，它必须使每个员工都能清晰地知道自己的工作在公司战略中的位置，知道自己应该做什么及如何做才能使公司的战略目标得以实现。因此，管理者必须对其与员工的沟通效果作出评估，必须确保传达的信息是准确无误而且主次分明的。作为管理者，应该时常问自己：本部门的目标及下属的工作与公司的战略目标是一致的吗？员工是否理解公司及部门对他（她）们的期望及其工作对于公司总体战略的意义？我的目标及任务分解是全面、明确、具体的吗？我的信息传达是清晰、具体的吗？我的意思被员工完全理解了而不会产生任何歧义吗？员工是否清楚地知道其工作绩效的衡量标准？员工所具备的知识和技能足以完成其工作职责吗？我所传授的工作技巧和方法是否已被员工所理解和接受？

（4）及时交流信息。

没有人喜欢被蒙在鼓里，员工会有自己的许多不满和看法，其中有正确的，也有不正确的。所以，员工之间、员工和领导之间需要经常交流，领导者应征询员工对公司发展的意见，倾听员工提出的疑问，并针对这些意见和疑问提出自己的看法——什么是可以接受的？什么是不能接受的？为什么？如果企业有困难，应该公开这些困难；同时告诉员工，企业希望得到他们的帮助。要记住——纸是包不住火的，员工希望了解真相。

2. 对团队的作用

（1）有利于建设团队。

团队的建设一般分为几个阶段：成立期、动荡期、稳定期、高产期、调整期。下面从几个方面来分别说明团队沟通在不同阶段的作用。

第一阶段（成立期），这个阶段团队成员有这样的特点：对团队的管理制度和行为规范不了解、对自己的定位不明确、对自己的工作任务不明确或者信心不够、对其他成员不了解、不能游刃有余地交际、对领导和权威比较依赖。这个阶段就需要进行团队沟通，以减少团队成员初期的困惑和不安全感。通过团队沟通，能够使团队成员快速地了解团队的管理制度和行为规范，能够对自己的定位更清晰，能够使其对工作任务的认识更准确，能够和其他成员从陌生变为熟悉从而培养一定的认识和感情，能够大大减少团队成立初期“新人”的种种疑虑和不确定感。

第二阶段（动荡期），这个阶段团队成员有这样的特点：期望与现实可能脱节、隐藏的问题逐渐暴露、与其他人合作时产生一定的冲突、对领导方式产生不适应或者不满、与优秀的人比较从而产生对自我的不信任、因工作效果与预期有差距而产生失落感。这个阶段需要团队沟通，以解决在第一阶段因为不了解而暂时隐藏起来的问题。通过团队沟通，能够使成员调整自己的期望，能够了解其他成员的性格和行为方式以减少冲突，能够了解团队领导的方式并适应，能够重新认识自己的优势与劣势，给自己找到一个恰当的定位。

第三阶段（稳定期），这个阶段团队成员有这样的特点：成员之间的关系由冲突转向协作，工作技能得到提升，对团队的管理制度与工作流程已经熟悉。这个阶段加强团队沟通，以使团队里这种好的气氛得到持续，工作绩效得到提升。通过团队沟通，能够进一步加强团队成员之间的信任感，能够使团队成员理解团队的管理制度，也能够使团队领导进一步了解个体的差异性，能使团队行为更加规范。

第四阶段（高产期），这一阶段团队成员有这样的特点：团队信心大增，具备多种技巧，协作能力加强，能够执行其工作角色，能用标准的流程和方式进行资源配置，能够建设性地分享观点与信息，能够分享一定的领导决策权，对团队有使命感。这一阶段加强团队沟通，能够最大程度地激发成员工作热情、创造最大价值。通过团队沟通，能够进一步塑造团队精神，能够增强成员的主人翁责任感，能够打造卓越的高效团队。

第五阶段（调整期），这一阶段团队或者解散或者休整。团队成员有这样的特点：团队成员关注工作结果，关注绩效考核，并且也关注团队的未来走向。这个阶段加强团队沟通，能够减少成员调整期的观望心态，能够对自己和团队的未来作出更理想的判断。通过团队沟通，能够合理地根据工作结果对成员进行分析判断，能够使团队和成员都找到更正确的未来。

（2）有利于考核团队绩效。

团队成员之间信息的交流是通过团队沟通来实现的，团队沟通涵盖的性质广泛，从宏观到微观无处不在。其中，团队沟通对团队的绩效管理显得尤为重要。

优秀的团队是通过团队成员的努力来实现的，只有团队成员的绩效提升了，才会有团队绩效的提升。团队沟通强调的是满足成员对于所需要信息的需求，避免由于信息的缺失和错误的理解而威胁到组织的正常成长。绩效考核标准的制定、实施和完善，步步都需要团队沟通来实现，只有进行充分的团队沟通，才能解决由于信息的不对称造成的绩效管理中的重重矛盾冲突，才能让绩效管理真正发挥作用。

五、实训技能与拓展

（一）安利公司的习惯

著名的安利公司有一个优点，它不像一般公司那样总是把“英雄豪杰”的照片挂在墙上。该公司有个很好的习惯，就是每一次找一个成功的业务员，叫他把自己的故事讲给其他人听；再找一个失败的业务员，把他的挫折感讲给别人听，让大家一起交流，最后再把五个成功的和五个失败的业务员叫到一起，让大家再一次互相交流。

（资料来源：余世维．完美沟通成就完美结果：有效沟通．北京：机械工业出版社，2006）

（二）《圣经·旧约》中的故事

人类的祖先最初是讲同一种语言。他们在底格里斯河和幼发拉底河之间，发现了一块异常肥沃的土地，于是就在那里定居下来，修起城池，建造了繁华的巴比伦城。后来，他们的日子越过越好，人们为自己的业绩感到骄傲，他们决定在巴比伦修一座通天的高塔，来传颂自己的赫赫威名，并作为集合全天下弟兄的标记，以免分散。因为大家语言相通，同心协力，阶梯式的通天塔修建得非常顺利，很快就高耸入云。上帝耶和华得知此事，立即从天国下凡视察。上帝一看，又惊又怒，因为上帝是不允许凡人达到自己的高度的。他看到人们这样统一强大，心想，人们讲同样的语言，就能建起这样的巨塔，日后还有什么办不成的事情呢？于是，上帝决定让人世间的语言发生混乱，使人们互相言语不通。

人们各自操起不同的语言，感情无法交流，思想很难统一，就难免出现互相猜疑、各执己见、争吵斗殴的情况。这就是人类之间误解的开始。

修造工程因语言纷争而停止，人类同心协力的力量消失了，通天塔的修建终于半途而废。

（三）艾森豪威尔与士兵

艾森豪威尔是“二战”时的盟军统帅。有一次，他看见一个士兵从早到晚一直挖壕沟，就走过去跟他说：“大兵，现在日子过得还好吧?”士兵一看是将军，敬了个礼后说：“这哪是人过的日子啊！我在这边没日没夜地挖。”艾森豪威尔说：“我想也是，你上来，我们走一走。”艾森豪威尔就带他在那个营区里面绕了一圈，告诉他当一个将军的痛苦和肩膀上挂了几颗星以后，还被参谋长骂的那种难受，打仗前一天晚上睡不着觉的那种压力，以及对未来前途的那种迷惘。最后，艾森豪威尔对士兵说：“我们两个一样，不要看你在坑里面，我在帐篷里面，其实谁的痛苦大还不知道呢，也许你还没死的时候，我就活活地被压力给压死了。”这样绕了一圈，又绕到那个坑附近的时候，那个士兵说：“将军，我看我还是挖我的壕沟吧！”

（资料来源：余世维．完美沟通成就完美结果：有效沟通．北京：机械工业出版社，2006）

讨论题：

1. 从安利公司的习惯中你得到了什么启发？
2. 根据《圣经·旧约》中的故事，你认为是什么原因导致通天塔的修建半途而废？
3. 艾森豪威尔的做法好吗？为什么？

第二节　团队沟通的类型与障碍

●引导案例

一个公司老板告诉其秘书：“你帮我查一查我们有多少人在华盛顿工作，星期四的会议上董事长将会问到这一情况，我希望准备得详细一点。”于是这位秘书打电话告诉华盛顿公司的秘书：“董事长需要一份你们公司所有工作人员的名单和档案，请准备一下，我们在两天内需要。”分公司的秘书又告诉其经理：“董事长需要一份我们公司所有工作人员的名单和档案，可能还有其他材料，需要尽快送到。”结果造成第二天四大箱航空邮件送到了公司大楼。

《商业周刊》、《华尔街日报》报道过一份传播委员会的研究报告，该研究报告调查了70家公司共705位员工对其所在公司的沟通的感想。他们发现：64%的人不相信管理阶层所说的话，61%的人觉得未被充分告知公司的计划，54%的人觉得公司的决策未做出充分的说明。

（资料来源：迈克尔·B. 波特. 管理就这么简单. 哈尔滨：哈尔滨出版社，2005）

讨论题：

案例中的公司内部沟通存在什么问题？

一、沟通的类型

按照不同的划分标准，沟通的类型主要有正式沟通和非正式沟通；纵向沟通和横向沟通；语言沟通和非语言沟通；单向沟通和双向沟通；直接沟通和间接沟通。

（一）根据沟通的渠道特征，可以分为正式沟通和非正式沟通

1. 正式沟通

正式沟通是指通过正式的组织程序，按照组织制度规定的渠道所进行的信息传递和交流。如例行会议、上下级之间的汇报、文件的下达与呈送、不同组织或者不同部门之间的信函往来等都属于正式沟通。正式沟通具有权威性、严肃性、程序性、可靠性、连续性以及约束力强的特点。它是组织沟通常用的方式。但同时，其缺点是沟通的速度慢，形式不灵活。

2. 非正式沟通

非正式沟通是指通过正式沟通渠道以外的多种渠道所进行的沟通。比如员工之间私下交换看法、小道消息的传播等。非正式沟通往往没有规则可循，自发传播速度快，内容、途径多样。非正式沟通在一定程度上弥补了正式沟通渠道的不足，减轻了正式沟通的负荷量，合理引导非正式沟通能够发挥其积极作用。通过非正式沟通可以更准确地了解组织成员的心理、态度，为组织决策提供适当的参考。但是，由于非正式沟通中信息的真实性不确定，所以需要管理人员有效地选择判断、去伪存真，最终充分发挥其积极作用。

（二）根据沟通的方向，可分为纵向沟通和横向沟通

纵向沟通指上下级之间的沟通，分为上行沟通和下行沟通；横向沟通又称为平行沟通。

1. 上行沟通

上行沟通是指在组织或群体中，下级人员按照隶属关系向上级人员表达其意见与态度的沟通。例如，汇报工作任务、请示问题、反映情况、提出建议等。上行沟通是组织管理者了解和掌握组织全面情况，以分析问题、作出正确决策的重要环节。上行沟通渠道畅通，能够使信息传播速度加快，提高组织的信息反馈系统的决策质量。其缺点是下级人员有可能从自身利益出发主观地过滤掉一部分信息，也造成不同程度的信息失真。

2. 下行沟通

下行沟通是指组织中按照隶属关系从较高层次向较低层次传递信息的过程，如组织的领导

者把组织的战略目标、规章制度、工作任务分解向下传达的沟通形式。下行沟通使下级员工明确隶属关系、工作目标、职责任务，能够协调不同管理层次的管理活动，加强各层次之间的有效协作。

3. 平行沟通

平行沟通又称为横向沟通。平行沟通是指组织或群体中同层级部门之间、员工之间在工作中的信息传递和交流。平行沟通能够增进不同部门之间和员工之间的交流与协作，减少相互之间的冲突、拖延，提高工作效率，平衡各种关系，稳定组织发展。

（三）根据沟通时所借助的媒介，可分为语言沟通和非语言沟通

1. 语言沟通

语言沟通是人们进行信息交流，表达思想、情感、观念和态度的最重要的形式。语言沟通又可以分为口头语言沟通和书面语言沟通。例如，会谈、讨论、征求意见、询问、对话等形式是口头语言沟通，而书面语言包括工作信函、文件、财务报表等书面资料。口头语言沟通能够及时交流信息和反馈意见；书面语言沟通不受时空限制，便于保留，具备较高的准确性和持久性。但同时，口头语言沟通容易造成信息失真，书面语言又容易导致信息反馈不灵敏、时间成本较高。

2. 非语言沟通

非语言沟通主要指语言之外的信息传递，包括身体空间距离、表情、手势、姿势、音调等。有研究发现，人们在沟通过程中获得的信息总量中，面部非语言信息大约占了55%。非语言沟通与语言沟通是互补的，沟通过程往往既包括语言沟通也包括非语言沟通。商业活动中，语言沟通与非语言沟通并非完全一致。由于非语言是人们不自觉的流露，及时捕捉理解非语言信息对于判断对方的潜在态度（或者真实态度）有十分重要的作用。

（四）根据沟通信息反馈与否，可以分为单向沟通和双向沟通

1. 单向沟通

单向沟通是指没有反馈信息的传递，简单的自上而下或者自下而上的沟通。例如，演讲、媒体的信息播报、报告等。单向沟通信息传递快，但是由于缺少反馈而难以保证沟通效果。

2. 双向沟通

双向沟通是指有反馈信息的传递，是双方面互动的沟通。例如，企业的讨论会议、招聘面试、电话等。双向沟通能够及时地获得反馈信息，沟通信息准确度较高。但相比较单向沟通而言需要更多的时间。

（五）根据沟通的过程是否需要中间环节，可分为直接沟通和间接沟通

1. 直接沟通

直接沟通是指沟通双方不需要中间环节的传递，是沟通双方的直接交流。例如，下级对上级的工作汇报、电话交谈等。直接沟通传递信息及时，双方能够迅速交流，但是直接沟通具有需要双方在时间、空间上保持一致的局限性。

2. 间接沟通

间接沟通是指沟通双方需要中间环节的传递，沟通双方不是直接地交流。例如，沟通突破了时间和空间的限制，但是由于需经过中间环节而容易导致信息失真。

二、团队沟通的障碍

沟通障碍主要是指信息在传递过程中的中断或失真。沟通过程包括信息发送者、信息和信息接受者三个关键要素，其中任何一个环节发生错误，都可能降低沟通的有效性，产生沟通障碍。

（一）信息发送障碍

1. 因社会环境不同产生的障碍

非语言沟通中，信息发送者如果不了解不同国家风俗文化的差异就容易引起沟通障碍。例如，举大拇指在中国表示好、了不起，有赞赏、夸奖之意；在意大利表示数字一；在希腊，拇指向上表示“够了”，向下表示“厌恶”、“坏蛋”；在美国、英国、澳大利亚等国表示好、行、不错。

2. 专业词汇产生的障碍

沟通过程中，如果双方有相同或者相似的背景，能够对专业词汇有所了解，这方面的障碍就会小些。如果专业领域差异非常大，则容易产生障碍，如医学术语、法律术语等。

3. 表达障碍

表达障碍是指因信息传递者表达能力不足而产生的障碍。表达能力的影响因素主要有自身的语言文字水平、工作态度、心理状态等。比如在与外商谈判的过程中，英语口语发音不准就容易给谈判带来障碍。

（二）信息传递过程中的障碍

1. 信息传递手段障碍

现代信息沟通中，使用越来越多的新兴信息传递手段，大大提高了沟通效率。例如，传真、电子邮件、手机短信、电话、讲义、录像、电影等。信息传递手段如果选择不合适，也容易影响沟通效果。另外，如果信息传递的手段发生故障，如电话连接状况差，造成通话发生语义曲解；手机短信出现乱码或者电子邮件被病毒破坏等，也会降低沟通效果。

2. 信息传递层次的障碍

渠道的信息传递有按照制造商、经销商、分销商到最终消费者的下行沟通，也有反方向的上行沟通。渠道政策往往是下行沟通，信息反馈往往是上行沟通。在这个过程中，信息损耗现象被称为信息过滤。如果有一个信息从发送者那里发出，到达接受者的过程中经过的环节越多，信息被过滤的现象就越严重，使到达最终接受者那里的信息真实性受到影响。

（三）信息接受者的障碍

1. 接受者主观过滤信息

区域销售部门、经销商、分销商等在信息传递中，往往从自身利益出发，有意扭曲信息沟通，造成信息传递中断或信息传递失真。如制造商的“降价销售”政策传至经销商处，经销商可能从自身利益出发，封锁了此项政策，使得该政策传递不到分销商和最终消费者处。同时，接受者不善于聆听或者过早下主观结论，也容易造成信息沟通失败。

2. 接受者理解能力的障碍

一些接受者对某些专业术语理解不够，可能会误解信息中的专业词汇、专业术语，造成沟通不畅。或者，信息接受者受到以前的政策、其他公司的政策以及信息接收者的其他成见影响，对接收到的信息倾向于想当然的理解，这也会造成译码有误。

三、实训技能与拓展

（一）ERA的苦恼

ERA是一个日资企业中的日籍雇员，在制造部门担任经理。ERA一来中国，就对制造部门进行改造。ERA发现现场的数据很难及时反馈上来，于是决定从生产报表上开始改造。他借鉴日本母公司的生产报表，设计了一份非常完美的生产报表，从报表中可以看出生产中的任何一个细节。每天早上，所有的生产数据都会及时地放在ERA的桌子上。ERA很高兴，认为他拿到了生产的第一手数据。没过几天，出现了一次大的品质事故，但报表上根本就没有反映出来，ERA这才知道，报表的数据都是随意填写上去的。为了这件事情，ERA多次找工人开会，强调认真填写报表的重要性，但每次开会，在开始几天可以起到一定的效果，但过不了几天又返回了原来的状态。ERA怎么也想不通。

（二）张丽应聘

张丽到一家外企去应聘涉外秘书。去面试之前，她对自己进行了精心打扮：身着时下最流行的牛仔套裙，脚蹬一双白色羊皮短靴，手拿橘色的挎包。为和这身打扮搭配，张丽还化了彩妆，她对自己的打扮相当满意。

来到公司，张丽环视四周，发现自己在众多应征者中显得格外醒目，她甚至感到一种胜利的喜悦。正在这个时候，张丽碰见了恰好来此处办事的好朋友李小姐。“这么巧，你也来找人吗?”李小姐问道。“我是来应聘的。”“应聘？不是吧，你的这身打扮更像约人去喝下午茶。”快人快语的李小姐说道。“是吗?”张丽疑惑起来，她环顾了一下四周，果然其他人都穿素色的职业套装。张丽的心里一下子变得有些忐忑不安，开始的自信也被动摇了。在后来的面试中，张丽完全因为这次的着装乱了阵脚，举手投足显得不够自如干练，结果也就是乘兴而去败兴而归了。

（三）口头传令

1910年，发生在美军某部的一次口头传令：

营长告诉值班军官：“明晚8点左右，哈雷彗星可能会在附近出现。这种彗星每隔76年才能看见一次。命令所有士兵在操场上集合。我将给大家介绍一下这种罕见的天文现象。如果碰上下雨，就在礼堂集合，我会给大家放一部有关彗星的影片。”

值班军官告诉连长：“根据营长的命令，明晚8点钟，哈雷彗星将在操场出现。这种现象76年才能出现一次。如果碰上下雨，就让士兵列队去礼堂，哈雷彗星将在那里出现。”

连长告诉排长：“明晚8点钟，营长将带着哈雷彗星去礼堂。这是每隔76年才能见到的事。如果碰上下雨，营长还将命令彗星到操场上去。”

排长告诉士兵：“如果明晚8点钟下雨的话，已经76岁的著名将军哈雷将在营长的陪同下，开着他的彗星牌汽车，经过操场前往礼堂。”

（资料来源：尚水利．团队精神．北京：时事出版社，2005）

（四）施女士该怎么办

施女士年初被提升，干上了她非常喜欢的工作。她的上司钱先生是一位良师益友，对她的工作给予了很大的支持，而钱先生的上司梁先生对她也很认同，所以施女士在工作上如鱼得水。但是，上个月，钱先生因故离开了公司，经钱先生推荐，公司从外面引进了一个人才——李先生，作为施女士的新上司。

李先生的到来使施女士的情况完全改变了，用施女士的话来说是“简直要崩溃了”。事情是这样的：李先生到来后，总是对施女士的决定做事后诸葛亮。有时候，甚至将施女士做过的工作再按李先生自己的方式重新做一次。最不能让施女士容忍的是，李先生不止一次在施女士的下属面前对施女士的工作方法表示怀疑。施女士很苦恼，她想跳过李先生，和他的上司梁先生反映一下情况。但是，又觉得可能会把问题搞僵。想同李先生谈谈，又担心控制不住情绪，反而更糟。想和旧上司钱先生沟通一下，又担心让钱先生为难。

讨论题：

1. ERA 为什么多次开会收效不好？
2. 张丽为何乘兴而去、败兴而归？
3. 从口头传令的故事，你有什么样的启发？
4. 请分析施女士所遇到的沟通障碍。

第三节　团队有效沟通技巧

●引导案例

“我不想听你的任何借口，你要做的就是把那些飞机送上天！”吉姆·塔克曼冲着他的经理大吼道。身为美国航空公司驻墨西哥城机场的运营官，塔克曼对当地员工所表现出来的态度十分不满。3 个月前塔克曼从达拉斯调至墨西哥城，他很不适应墨西哥人的工作风格。“我对这些人太苛刻了吗？你一定以为我是这样。但我说的话他们从来不听。他们觉得现在这样做就很好，而且对我所建议的每一个变化进行抵制。他们根本不认为遵守时刻表十分重要。”

塔克曼是否对他的墨西哥城员工太苛刻了？员工的回答是一致的。他们普遍不喜欢他。这里有一些他们对老板的匿名意见：“他对我们的需求无动于衷。”“他以为他这么吼来吼去，事情就会有所改观，但我们并不这么认为。”“我在这里工作了 4 年。他来之前，这里是很好的工作场所。现在再也不是了。我总是担心自己会受到严厉指责。我常常十分焦虑，甚至在家里也一样。我的先生已开始抱怨了。”

塔克曼之所以被调到这里，主要是为了加强墨西哥城的管理工作。在他的工作目标中位列前茅的是：改善墨西哥城工作准时的记录；提高生产率；改善顾客服务状况。当问到塔克曼，他认为与员工之间有什么困难时，他回答：“是的。我们似乎根本就没有过什么交流。”

（资料来源：斯蒂芬·P. 罗宾斯（Stephen P. Robbins）. 孙健敏，李原译. 组织行为学. 北京：中国人民大学出版社，2005）

讨论题：

吉姆·塔克曼存在沟通问题吗？请解释你的理由。

一、有效沟通的基本步骤

1. 事前准备

为了提高沟通的效率，事前要做如下准备：

（1）设立沟通的目标。

这非常重要，在与别人沟通之前，我们心里一定要有一个目标：我希望通过这次沟通达成一个什么样的效果，这个效果的考虑既包含单方面的也包含双方面的。

（2）制订计划。

有了目标还要有计划：时间、场合、如何说。

（3）预测可能遇到的异议和争执。

（4）对情况进行 SWOT 分析。

就是明确双方的优劣势，设定一个更合理的目标，一个大家都能够接受的目标。

完成这个步骤一定要注意，在我们与别人沟通的过程中，见到别人的时候，首先要说：我这次与你沟通的目的是什么。

2. 确认需求

沟通过程中，应设身处地地用心去听，积极思考、确认对方的需求和目的，明确双方的目的是否是一致的。

3. 阐述观点

阐述观点就是把你的观点更好地表达给对方，这是非常重要的，就是说我的意思说完了，对方是否能够明白，是否能够接受。在表达观点的时候，有一个非常重要的原则：FAB 原则。FAB 是三个英文单词的缩写：F 是 Feature，就是属性；A 是 Advantage，这里翻译成作用；B 是 Benefit，就是利益。在阐述观点的时候，按这样的顺序来说，对方就能够听懂、能够接受。

4. 处理异议

在沟通中，有可能你会遇到对方的异议，也就是对方不同意你的观点。在工作中你想说服别人是非常难的，同样别人说服你也非常困难。因为成年人不容易被别人说服，只有可能被自己说服。所以在沟通中一旦遇到异议就会导致沟通的破裂。

当在沟通中遇到异议时，我们可以采用一种类似于借力打力的方法，叫做“柔道法”。不是强行说服对方，而是用对方的观点来说服对方。在沟通中遇到异议时，首先要了解对方的某些观点，然后当对方说出了一个对你有利的观点的时候，再用这个观点去说服对方，即在沟通中遇到了异议要用“柔道法”让对方自己说服自己。

5. 达成一致

沟通的结果就是最后达成了一个协议。请你一定要注意：是否完成沟通，取决于最后是否达成协议。

在达成协议的时候，要做到以下几方面：

（1）感谢。

善于发现别人的支持，并表示感谢；对别人的结果表示感谢；愿与合作伙伴、同事分享工作成果；积极转达内外部的反馈意见；对合作者的杰出工作给予回报。

（2）赞美。

（3）庆祝。

6. 共同实施

在达成协议之后，要共同实施。达成协议是沟通的一个结果，在工作中，任何沟通的结果都意味着一项新工作的开始，要共同按照协议去实施。如果我们达成了协议，可是没有按照协议去实施，那么对方会觉得你不守信用，就失去了对你的信任。我们一定要注意，信任是沟通的基础，如果你失去了对方的信任，那么下一次沟通就变得非常困难。所以说作为一个职业人士，在沟通的过程中，对所有达成的协议一定要努力按照协议去实施。

二、团队有效沟通的技巧

（一）有效的团队领导需要团队沟通

沟通能力是团队领导者必备的能力之一，也是团队领导者综合能力的体现。对团队领导者而言，沟通技巧是成功领导团队的保证和升迁的阶梯。领导者几乎每时每刻都要面临沟通的问题，与客户、同僚、下属等，进行口头或书面交流占据了他们大部分的工作时间。团队领导是团队沟通的决定性因素。一个缺乏情感的、不成功的、愤世嫉俗或人际关系恶劣的领导不大可能带出一支积极向上、有前瞻性的团队，独断专行的领导也是如此。团队领导的有效沟通，能够创造出良好的工作气氛，能够使团队整体绩效提升。

1. 准确有效的表达技巧

作为团队领导，准确清晰地表达自己的想法是进行成功沟通的前提，而这种技巧的形成是建立在对沟通信息的有效组织上的，因而掌握信息的组织技巧对团队沟通非常重要。如果沟通内容很重要，比如工作任务分配、工作会议、汇报工作、工作任务总结等，需要对信息进行加工整理，并且要弄清楚想达到什么样的沟通效果。更重要的是要结合沟通对象，采用适当的方式。比如，团队领导对上级的工作汇报和对下属的工作安排，要采用不同的沟通方式。当与多元化的团队交流时，要针对团队中具有代表性的大多数成员来措词。对于要表达的主要观点、想法，可以举例阐述或者采用比较、隐喻、分析、故事或图表等方式给出进一步的详细解释。

2. 积极倾听的技巧

倾听是团队领导有效沟通的重要手段。团队领导要把自己置于员工的角色上，客观地听取员工的谈话，主动地对信息进行理解和思考，以便于正确地进行理解判断。当听到与自己不同的观点时，不要急于表达自己的意见。倾听的态度必须诚恳，可通过使用目光接触、展现赞许性的点头和恰当的面部表情，来表示有倾听的兴趣，不要表现出心不在焉。倾听过程中设法使讲述者感到轻松、自如，减少拘谨情绪。倾听过程中多听少说，避免中间打断对方讲话，在作出反应之前先让对方讲完自己的想法，以避免想当然。同时，倾听的过程中要善于表示同情与理解，要控制情绪，不要被自己的主观情感所左右。善于观察对方的身体语言，如面部表情、声音频率、声调、神情、姿势等，这些身体语言可提供更丰富的信息。适当地复述对方的讲话内容，适当做记录，以显示自己在耐心积极地倾听。

3. 使用恰当的肢体语言

在倾听他人发言时，还应当注意通过非语言信息来表示你对对方的关注。比如，赞许性的点头、适当的微笑、适当的目光交流。同时，切忌一些诸如看表、翻阅文件等非语言信息，这类信息会使对方认为你在勉强应付。

4. 科学地安排会议

通常，一个管理者要花1/3的时间开会。团队领导者也不例外，会议是团队的主要活动之一。解决矛盾、制定销售策略、确立营销目标、阶段性工作汇报、工作任务配置、培训等通常需要通过会议来解决。会议也是与团队成员沟通的重要形式，作为团队领导者要善于安排与控制会议，完善会议结构，使会议能够真正发挥作用。

5. 灵活地与上级领导沟通

团队领导在带领团队实现目标的过程中，往往要和上级沟通，争取上级的政策、资金、技术支持，要想实现目标，需要注意与上级的沟通方式。唐太宗是我国历史上少有的英雄，其以开阔的胸襟、从善如流而闻名，即便如此，他也好多次在魏征面前大发雷霆。其实唐太宗并非不明白魏征是正确的，他恼火主要是因为魏征太过正直率真地当众顶撞他或反驳他的意见，使他下不了台。事实上，历史上忠心耿耿的诤臣由于不讲究进谏的方式，最终身遭不测的例子比比皆是，令人叹息不已。

注意说话方式，其核心是妥善处理上司的面子问题，即：你可以正面阐述自己的观点，甚至可以坚持己见或保留意见。但是，你必须尊重上司的面子，尽量不要使上司的威信受到损害、自尊受到伤害。因为每一位领导人，都希望在下属面前保持尊严与权威，如果你的说话方式让领导感到充分的受尊重，就可能赢得上级对团队的持续支持。

（二）团队决策需要团队沟通

团队在作出重要决定时，通常是在团队沟通的基础上进行团队决策。团队决策属于群体决策，具有信息和知识全面、观点多样、可接受性较高的优点。当然也有时间成本较高、从众压力较大等缺点。通过团队沟通作出的决策能够获得团队成员高度的承诺，有利于工作的开展和决策目标的实现。建立在沟通基础上的决策程序是提出要解决的问题、征询团队成员意见方案、在方案中比较筛选、向团队成员反馈筛选结果。

（三）运用团队沟通化解团队冲突

团队冲突产生的原因多种多样，如对任务的相互推诿、小团体意识导致的隔阂、资源的分配不公平、业绩考核的不平衡等。团队冲突在每一个团队中都存在，只是原因不同形式不同。团队冲突的解决能够提升团队战斗力，团队沟通有助于团队冲突的解决。通常解决方法有下面几个步骤：团队间对话查找原因；与冲突另一方的团队领导沟通；双方团队成员再次坐下来坦诚相对，发表自己的观点，协商寻找解决方案。

（四）塑造团队精神需要团队沟通

团队精神反映着组织的共同价值观和道德观，反映着企业文化，是企业的灵魂。一个好的团队要有好的团队精神，团队沟通是塑造团队精神的重要手段。

1. 团队成员归属感的建立

团队成员对团队的归属感主要来自于团队目标与成员目标的高度一致。也就是说团队目标既要符合团队的利益也要符合团队成员的利益，是团队和个体的双赢。如何找到这样的目标呢？这就需要团队沟通。在目标设定的过程中保持双向交流沟通的态度，让部属参与整个目标制定的过程，会使制定的目标更容易实现双赢。

2. 团队协作精神的培养

团队协作是实现团队目标的重要保证。团队协作精神的培养，首先需要团队领导有协作的意识，采用民主的领导方式，让每一个成员认识到他人对组织完成任务所作的贡献，保证上下级之间的双向沟通。其次需要培养团队成员之间的信任感，建立开诚布公的沟通机制。

3. 团队创新精神的培养

团队的持续发展，离不开团队创新精神的培养。塑造团队创新精神，需要一定的沟通技巧。常用的方法有：团队内部民主自由地交换意见，倡导内部竞争，建立有利于创新的信息沟通机制，树立相互学习、共同成长的信念，制定互相帮助、互相学习的团队规范，利用愿景规划激励创新。

（五）团队成员之间沟通的培养

一个企业的卓越发展，离不开团队的精诚团结，团队成员之间的沟通对团队的整体绩效有着直接影响。因为，成员之间如果沟通不畅，往往会产生冲突、产生误会，形成内耗，影响企业的正常运转。这就需要建设和培养团队成员之间的沟通。下面介绍几个优秀的企业对团队沟通的培养方法：

1. 实施民主决策

美国的福特公司，每年都要制订一个全年的“员工参与计划”，动员员工参与企业管理。这个举动引发了职工对企业的“知遇之恩”，使得员工的投入感和合作性不断提高，合理化建议也越来越多，生产成本大大减少。兰吉尔载重汽车和布朗尔轿车的成功就是很好的例子。在投产前，公司大胆打破了那种“工人只能按图施工”的常规，把设计方案摆出来，请工人们“评头论足”，提意见。工人们提出的各种合理化建议一共有749项，经过筛选，采纳了542项，其中有两项意见的效果非常显著。以前装配车架和车身，工人得站在一个槽沟里，手拿沉重的扳手，低着头将螺栓拧到螺母上。由于工作十分吃力，因而往往干得马马虎虎，影响了汽车质量。工人格莱姆说：“为什么不能把螺母先装在车架上，让工人站在地上就能拧螺母呢？”这个建议被采纳以后，既减轻了劳动强度，又使质量和效率大为提高；另一位工人建议，在把车身放到底盘上去时，可使装配线先暂停片刻，这样既可以使车身和底盘两部分的工作容易做好，又能避免发生意外伤害。此建议被采纳后果然达到了预期效果。

2. 上下级共同制订计划

爱立信是一个“百年老店”，员工每年都会有一次与人力资源经理或主管经理面谈的机会，员工在上级的帮助下制订个人的发展计划，以跟上公司的业务发展，甚至超越公司的发展步伐。

3. 及时表扬赞美

表扬不但被认为是当今企业中最有效的激励办法，事实上也是企业团队中一种有效的沟通方法。日本松下集团很注意表扬人，创始人松下幸之助如果当面碰上进步快或表现好的员工，他会立即给予口头表扬，如果不在现场，松下还会亲自打电话表扬下属。美国的波音公司，在1994年以前遇到一些困难，总裁康迪上任后，经常邀请高级经理到自己的家里共进晚餐，然后在屋外围着一个大火炉，讲述有关波音的故事。康迪请这些经理把不好的故事写下来扔到火里烧掉，用来埋葬波音历史上的“阴暗”面，只保留那些振奋人心的故事，极大地鼓舞了士气。

4. 越级报告法

在惠普公司，总裁的办公室从来没有门，员工受到顶头上司的不公正待遇，或者看到公司的什么问题，都可以直接提出，还可以越级反映。这种企业文化使得人与人之间相处时，彼此都能做到互相尊重，消除了对抗和内讧。

5. 建立自豪感

美国的思科公司，在创业时员工的工资并不高，但员工都很自豪。该公司经常购进一些小物品如帽子，给参与某些项目的员工每人发一顶，使他们觉得工作有附加值。当外人问公司的员工，你在思科公司的工作怎么样时，员工都会自豪地说，工资很低，但经常会发些东西。

6. 聊天法

奥田是丰田公司第一位家族成员之外的总裁，在长期的职业生涯中，奥田赢得了公司内部许多人士的爱戴。他有1/3的时间，在丰田公司里度过，常常和公司里的多名工程师聊天，聊最近的工作，聊生活上的困难；另外有1/3的时间，用来走访5 000名经销商，和他们聊业务，听取他们的意见。

三、实训技能与拓展

（一）子产不毁乡校

春秋时期，郑国人喜欢聚集在乡间的学校里，七嘴八舌地议论国家主政的官员。大夫然明便对丞相子产说：“下道命令，不让他们聚集议论，以免是非，可不可以呢？”子产说道：“为什么要这样做？那些人早晚聚集在一起休息、谈笑，当然要议论我们治理国家的好坏。他们肯定的，我就努力去做；他们讨厌的，我就马上改正。他们是我们的老师啊，为什么要打击他们呢？我只听说忠诚为善可以减少怨恨，没有听说以势作威就能防止怨恨。如果作威防怨而不能止住怨恨，就会像大河决口，我就无法救治了。所以，不如开个小缺口，让人们的怨恨有发泄渠道，我就能从容地听从并改正了。”然明被子产的话折服了。弱小的郑国也在子产的开明治理下，出现了政通景明的气象。

（二）有效沟通成功营造英塔团队

组建于1996年的汉莎航测集团上海英塔信息技术有限公司，主要是搞地理信息系统技术应用开发的。其中高级管理层只有5人，这是核心团队，而作为核心团队里的核心人物——总经理程东对团队之间的沟通如是说：有效的管理团队是建立在真正有效的沟通基础上的。核心团队是团队的第一层次，与他们的沟通我每天都会进行，充分地了解他们的想法、需求与动态，有什么问题大家打开天窗说亮话；部门经理属于团队的第二层次，一般来说与他们的沟通，我则会选择在合适的时间一起吃顿饭，进行一次非正式的交流；其余的一般员工是团队的第三层次，我们偶尔会个别的联络，或是在企业的活动上进行沟通。但不管是怎样的沟通，我都会尽量使沟通在一个真正、有效、透明的平台上进行。我认为，只有真正的坦诚的沟通才是有效的沟通，也是维系团队、建设团队乃至团队文化的关键，没有沟通也就没有真正的团队。

（三）摩托罗拉（Motorola）公司的有效沟通管理

Motorola 公司于 1992 年在天津经济开发区破土兴建它的第一批厂房，包括寻呼机、电池、基站等 5 个生产厂，成为 Motorola 在其本土之外最大的生产基地，投资额比最初的投资增加了 9 倍，工人数从不到 100 人增加到了 8 000 多人。年产值达 28 亿美元，这是一个在华投资成功的企业。

在 Motorola 公司，每一个 Motorola 的高级管理人员都被要求与普通操作工形成介乎于同志和兄弟之间的关系——在人格上千方百计地保持平等。“对人保持不变的尊重”是公司的个性。

最能表现 Motorola“对人保持不变的尊重”的个性的是它的“Open Door”。所有管理者办公室的门都是绝对敞开的，任何职工在任何时候都可以直接推门进来，与任何级别的上司平等交流。每个季度第一个月的 1 日至 21 日，中层干部都要同自己的手下和自己的主管进行一次关于职业发展的对话，回答“你在过去三个月里受到尊重了吗”之类的 6 个问题。这种对话是一对一和随时随地的。Motorola 的管理者们还为每一个基层工作人员预备出了 11 条这种“Open Door”式表达意见和发泄抑怨的途径：

（1）I Recommend（我建议） 以书面形式提出对公司各方面的意见和建议，“全面参与公司管理”。

（2）Speak out（畅所欲言） 这是一种保密的双向沟通渠道，如果员工要对真实的问题进行评论或投诉，应诉人必须在 3 天之内对隐去姓名的投诉信给予答复，整理完毕后由第三者按投诉人要求的方式反馈给本人，全过程必须在 9 天内完成。

（3）GM Dialogue（总经理座谈会） 每周四召开的座谈会，大部分问题可以当场解决，7 日内对有关问题的处理结果予以反馈。

（4）Newspaper and Magazines（报纸与杂志） Motorola 给自己内部报纸起的名字叫“大家庭”，内部有线电视台叫“大家庭”电视台。

（5）DBS（每日简报） 方便快捷地了解公司和部门的重要事件和通知。

（6）Townhall Meeting（员工大会） 由经理直接传达公司的重要信息，有问必答。

（7）Education Day（教育日） 每年重温公司文化、历史、理念和有关规定。

（8）Notice Board（墙报）。

（9）Hot Line（热线电话） 当你遇到任何问题时都可以向这个电话反映，昼夜均有人值守。

（10）ESC（职工委员会） 职工委员会是员工与管理层直接沟通的另一个桥梁，委员会主席由员工关系部经理兼任。

（11）589Mail Box（589 信箱） 当员工的意见尝试以上渠道后仍无法得到充分、及时和公正解决时，可以直接写信给天津市 589 信箱，此信箱钥匙由中国区人力资源部门总掌握。

（四）曹力的电话营销

曹力：“您好，是实力润滑油有限公司吗？你们的网站好像反应很慢，谁是网络管理员，请帮我接电话。”

前台："我们网站很慢吗？好像速度还可以呀。"

曹力："你们使用的是内部局域网吗？"

前台："是呀！"

曹力："所以，肯定会比在外面访问要快，但是，我们现在要等5分钟，第一页还没有完全显示出来，你们有网管吗？"

前台："您等一下，我给您转过去。"

曹力："您等一下，请问，网管怎么称呼？"

前台："有两个呢，我也不知道谁在，一个是小吴，一个是刘芳。我给您转过去吧。"

曹力："谢谢！"（等待）

刘芳："你好！你找谁？"

曹力："我是长城服务器客户顾问，我刚才访问你们的网站，想了解一下有关奥迪润滑油的情况，你看都10分钟了，怎么网页还没有显示全呢？您是？"

刘芳："我是刘芳，不会吧？我这里看还可以呀！"

曹力："你们使用的是局域的内部网吗？如果是，你是无法发现这个问题的，如果可以用拨号上网的话，你就可以发现了。"

刘芳："您怎么称呼？您是要购买我们的润滑油吗？"

曹力："我是长城服务器客户顾问，我叫曹力，曹操的曹，力量的力。我平时也在用你们的润滑油，今天想看一下网站上一些产品技术指标，结果发现你们的网站这么慢。是不是有病毒了？"

刘芳："不会呀！我们有防毒软件的。"

曹力："那就是带宽不够，不然不应该这么慢的。以前有过同样的情况发生吗？"

刘芳："好像没有，不过我是新来的，我们的主要网管是小吴，他今天不在。"

曹力："没有关系，你们网站是托管在哪里的？"

刘芳："好像是西城电脑局网络中心。"

曹力："哦，用的是什么服务器？"

刘芳："我也不知道！"

曹力："没有关系，我在这里登录看，似乎是服务器响应越来越慢了，有可能是服务器该升级了。不过，没有关系，小吴何时来？"

刘芳："他明天才来呢，不过我们上周的确是讨论过要更换服务器了，因为企业考虑利用网络来管理全国1 300多个经销商了！"

曹力："太好了，我看，我还是过来一次吧，也有机会了解一下我用的润滑油的情况；另外，咱们也可以聊聊有关网络服务器的事情。"

小芳："那你明天就过来吧，小吴肯定来，而且不会有什么事情，我们网管现在没有什么具体的事情。"

曹力："好，说好了，明天见！"

（资料来源：http：//www.1to1.com.cn/Article/Content.aspid＝3405）

讨论题：

1. 子产的话对你有什么样的启发？
2. 英塔的高层团队有什么特点？
3. 摩托罗拉公司有哪些培养沟通的方法？
4. 请分析曹力电话营销的技巧何在？

●本章小结

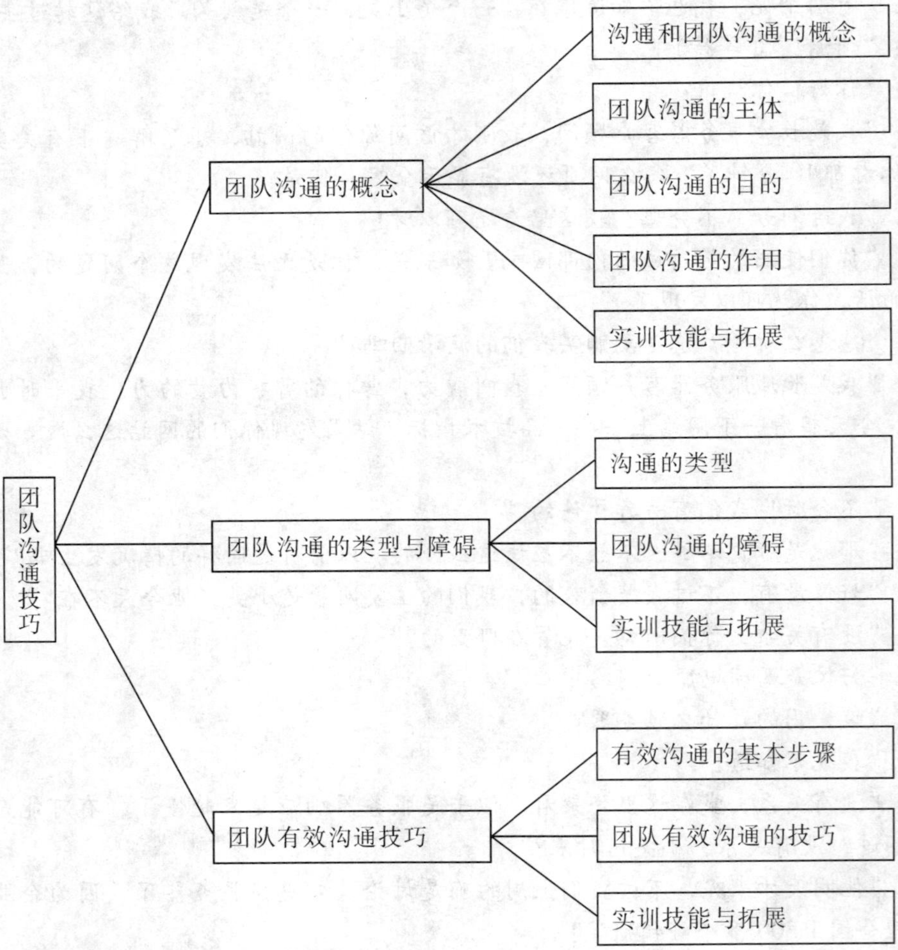

本章复习思考题

1. 团队沟通有什么特点？
2. 团队沟通有什么作用？
3. 团队沟通的类型有哪些？
4. 团队沟通的障碍有哪些？
5. 如何运用有效的团队沟通技巧？

●延伸阅读

一、沟通行家和领导力专家们告诉我们，有效的沟通比以往更加重要。在一项研究中，80%的经理人表示他们竭力使其传达出去的技术信息准确无误。但是，精确的技术语言却常常加大了误解的风险。你可以通过衡量所发出信息与所收到信息之间的相似度，来评估你与他人之间沟通的有效性。有效的沟通者善于倾听，他们会选择合适的媒介（渠道），他们的信息是为听众量身定做的，用听众可以理解的语言清楚、准确地表达其想法。有效的沟通者会用一些能引起共鸣的象征和比喻，使自己的观点得到非专业听众的接受。良好的沟通不是征服，而是妥协。

二、人际关系综合诊断量表

这是一份人际关系行为困扰的诊断量表，共28个问题，对每个问题做“是”（打“√”）或“非”（打“×”）两种回答。请你根据自己的实际情况如实回答，答案没有对错之分：

1. 关于自己的烦恼有口难言。(　　)
2. 和陌生人见面感觉不自然。(　　)
3. 过分地羡慕和妒忌别人。(　　)
4. 与异性交往太少。(　　)
5. 对连续不断地会谈感到困难。(　　)
6. 在社交场合感到紧张。(　　)
7. 时常伤害别人。(　　)
8. 与异性来往感觉不自然。(　　)
9. 与一大群朋友在一起，常感到孤寂或失落。(　　)
10. 极易受窘。(　　)
11. 与别人不能和睦相处。(　　)
12. 不知道与异性相处如何适可而止。(　　)
13. 当不熟悉的人对自己倾诉他的生平遭遇以求同情时，自己常感到不自在。(　　)
14. 担心别人对自己有什么坏印象。(　　)
15. 总是尽力使别人赏识自己。(　　)
16. 暗自思慕异性。(　　)
17. 时常避免表达自己的感受。(　　)
18. 对自己的仪表（容貌）缺乏信心。(　　)
19. 讨厌某人或被某人所讨厌。(　　)
20. 瞧不起异性。(　　)
21. 不能专注地倾听。(　　)
22. 自己的烦恼无人可倾诉。(　　)
23. 受别人排斥与冷漠对待。(　　)
24. 被异性瞧不起。(　　)
25. 不能广泛地听取各种各样的意见、看法。(　　)
26. 自己常因受伤害而暗自伤心。(　　)

27. 常被别人谈论、愚弄。(　　)

28. 与异性交往时不知如何更好地相处。(　　)

记分表

Ⅰ	题目分数	1	5	9	13	17	21	25	小计
Ⅱ	题目分数	2	6	10	14	18	22	26	小计
Ⅲ	题目分数	3	7	11	15	19	23	27	小计
Ⅳ	题目分数	4	8	12	16	20	24	28	小计

评分标准　　　　打“√”的给1分，打“×”的给0分，总分(　　)

测查结果的解释与辅导

如果你得到的总分在0~8分之间，那么说明你在与朋友相处上的困扰较少。你善于交谈，性格比较开朗，主动关心别人，你对周围的朋友都比较好，愿意和他们在一起，他们也都喜欢你，你们相处得不错。而且，你能够从与朋友相处中得到乐趣。你的生活是比较充实而且丰富多彩的，你与异性朋友也相处得比较好。一句话，你不存在或较少存在交友方面的困扰，你善于与朋友相处，人缘很好，获得许多的好感与赞同。

如果你得到的总分在9~14分之间，那么，你与朋友相处存在一定程度的困扰。你的人缘很一般；换句话说，你和朋友的关系并不牢固，时好时坏，经常处在一种起伏波动之中。

如果你得到的总分在15~28分之间，那就表明你在同朋友相处上的行为困扰较严重，分数超过20分，就表明你的人际关系困扰程度很严重，而且在心理上出现较为明显的障碍。你可能不善于交谈，也可能是一个性格孤僻、不开朗的人，或者有明显的自高自大、讨人嫌的行为。

以上是从总体上评述你的人际关系。下面将根据你在每一横栏上的小计分数，具体指出你与朋友相处的困扰行为及其可资参考的纠正方法。

记分表中Ⅰ横栏上的小计分数，表明你在交谈方面的行为困扰程度。

如果你的得分在6分以上，说明你不善于交谈，只有在极需要的情况下你才同别人交谈，你总是难以表达自己的感受，无论是愉快还是烦恼；你不是个很好的倾诉者，往往无法专心听别人说话或只对单独的话题感兴趣。

如果你的得分在3~5分之间，说明你的交谈能力一般，你会诉说自己的感受，但不能讲得条理清晰；你努力使自己成为一个好的倾听者，但还是做得不够。如果你与对方不太熟悉，开始时你往往表现得拘谨与沉默，不大愿意跟对方交谈。但这种局面在你面前一般不会持续很久。经过一段时间的接触与锻炼，你可能主动与别人搭话，同时这一切来得自然而非造作；此时，表明你的健谈能力已经大为改观，在这方面的困扰也会逐渐消除。

如果你的得分在0~2分之间，说明你有较高的交谈能力和技巧，善于利用恰当的谈话方式来交流思想感情，因此在与别人建立友情方面，你往往比别人获得更多的成功。这些优势不仅为你的学习与生活创造了良好的心境，而且常常有助于你成为伙伴中的领袖人物。

记分表中Ⅱ横栏上的小计分数，表示你在交际方面的困扰程度。

如果你的得分在6分以上，则表明你在社交活动与交友方面存在着较大的行为困扰。比如，在正常的集体活动与社交场合，你比大多数伙伴更为拘谨；在有陌生人或老师存在的场合，你往往感到更加紧张而扰乱你的思绪；你往往过多地考虑自己的形象而使自己处于被动、孤独的境地。总之，交际与交友方面的严重困扰，使你陷入“感情危机”和孤独困窘的状态。

如果你的得分在3~5分之间，则往往表明你在被动地寻找被人喜欢的突破口。你不喜欢独自一个人呆着，你需要朋友在一起，但你又不太善于创造条件并积极主动地寻找知心朋友；而且，你心有余悸，生怕主动行为后的“冷”体验。

如果你的得分低于3分，则表明你对人较为真诚和热情。总之，你的人际关系较和谐，在这个问题上，你不存在较明显持久的行为困扰。

记分表中Ⅲ横栏的小计分数，表示你在待人接物方面的困扰程度。

如果你的得分在6分以上，则往往表明你缺乏待人接物的机智与技巧。在实际的人际关系中，你也许常有意无意地伤害别人，或者你过分地羡慕别人以致在内心妒忌别人。因此，其他一些人可能回报你以冷漠、排斥，甚至是愚弄。

如果你的得分在3~5分之间，则往往表明你是个多侧面的人，也许可以算是一个较圆滑的人。对待不同的人，你有不同的态度，而不同的人对你也有不同的评价。你讨厌某人或被某人所讨厌，但你却极喜欢另一个人或被另一个人所喜欢。你的朋友关系某些方面是和谐的、良好的，某些方面却是紧张的、恶劣的。因此，你的情绪很不稳定，内心极不平衡，常常处于矛盾状态中。

如果你的得分在0~2分之间，表明你较尊重别人，敢于承担责任，对环境的适应性强。你常常以你的真诚、宽容、责任心强等个性获得众多的好感与赞同。

记分表中Ⅳ横栏的小计分数，表示你跟异性朋友交往的困扰程度。

如果你的得分在5分以上，说明你在与异性交往的过程中存在较为严重的困扰。也许你过分地思慕异性或对异性持有偏见。这两种态度都有它的片面之处，也许是因为你不知如何把握好与异性交往的分寸而陷入困扰之中。

如果你的得分是3~4分，表明你与异性交往的行为困扰程度一般，有时可能会觉得与异性交往是一件愉快的事，有时又会认为这种交往似乎是一种负担，你不懂得如何与异性交往最适宜。

如果你的得分是0~2分，表明你懂得如何正确处理异性朋友之间的关系。对异性持公正的态度，能大大方方、自自然然地与他们交往，并且在与异性交往中，得到了许多从同性朋友那里不能得到的东西，增加了对异性的了解，也丰富了自己的个性。你可能是一个较受欢迎的人，无论是同性朋友还是异性朋友，多数人都比较喜欢你和赞赏你。

第五章　团队激励策略

●学习目标

1. 理解激励性团队的特征；
2. 领会建立激励性团队的程序；
3. 掌握建立激励性团队的策略。

第一节　激励性团队的特征

●引导案例

有一天晚上，索尼董事长盛田昭夫按照惯例走进职工餐厅与职工一起就餐、聊天。他多年来一直保持着这个习惯，以培养员工的合作意识和与他们的良好关系。

这天，盛田昭夫忽然发现一位年轻职工郁郁寡欢、满腹心事，闷头吃饭，谁也不理。于是，盛田昭夫就主动坐在这名员工对面，与他攀谈。几杯酒下肚之后，这个员工终于开口了："我毕业于东京大学，有一份待遇十分优厚的工作。进入索尼之前，对索尼公司崇拜得发狂。当时，我认为进入索尼，是我一生的最佳选择。但是，现在才发现，我不是在为索尼工作，而是在为课长干活。坦率地说，我这位课长是个无能之辈，更可悲的是，我所有的行动与建议都得课长批准。我自己的一些小发明与改进，课长不仅不支持、不听解释，还挖苦我癞蛤蟆想吃天鹅肉、有野心。对我来说，这名课长就是索尼。我十分泄气，心灰意冷。这就是索尼？这就是我的索尼？我居然会放弃了那份待遇优厚的工作来到这种地方！"这番话令盛田昭夫十分震惊，他想，类似的问题在公司内部员工中恐怕不少，管理者应该关心他们的苦恼，了解他们的处境，不能堵塞他们的上进之路，于是产生了改革人事管理制度的想法。

之后，索尼公司开始每周出版一次内部小报，刊登公司各部门的"求人广告"，员工可以自由而秘密地前去应聘，他们的上司无权阻止。另外，索尼原则上每隔两年就让员工调换一次工作，特别是对于那些精力旺盛、干劲十足的人才，不是让他们被动地等待工作，而是主动地给他们施展才能的机会。在索尼公司实行内部招聘制度以后，有能力的人才大多能找到自己较中意的岗位，而且人力资源部门可以发现那些“流出”人才的上司所存在的问题。

讨论题：

从索尼公司人事制度改革取得成效来看，团队激励有什么样的特征和作用？

一、激励性团队的特征

1. 激励

“激励”一词，作为心理学术语，指的是持续激发人的动机的心理过程。通过激励，在某种内部或外部刺激的影响下，使人始终保持在一种兴奋状态中。将“激励”这一概念用于管理，就是通常所说的调动人的积极性的问题。

激励，有正负之说。所谓正激励就是当一个人的行为符合组织、社会的需要时，通过奖赏的方式来鼓励这种行为，以达到持续和发扬这种行为的目的。所谓负激励就是对个体违背组织目标的非期望行为进行惩罚，以使这种行为不再发生，使个体积极性朝着正确的目标方向移动，具体表现为违纪处理、罚款、降职、降薪等。

激励有物质激励和精神激励。虽然二者的目标是一致的，但是它们的作用对象却是不同的。物质激励作用于人的生理方面，是人对物质需要的满足；精神激励作用于人的心理方面，是对人精神需要的满足。随着人们物质生活水平的不断提高，人们对精神与情感的需求越来越迫切，如期望得到爱、得到尊重、得到认可、得到赞美、得到理解等。

激励有内激励和外激励。内激励是指由内酬引发的、源自于工作人员内心的激励；而外激励是指由外酬引发的、与工作任务本身无直接关系的激励。

2. 激励机制

人的行为是由动机所推动的，动机是产生行为的原因。一个人做某种工作的积极性高低，在很大程度上取决于他做这种工作的动机如何。动机强则积极性高，动机不强则积极性不高。人的动机是由需要所引起的。动机的产生受到内外两种因素的影响。动机性的行为，常常是受到内外因素互感的结果。在人们实际工作的行为中，常常同时存在着许多动机，而这些动机的强度又随时会有变动。因此，一个人的行为由其全部动机结构中最强的动机所决定，最强的动机也可以说是优势动机。

通常来说，当人产生某种需要而又未能满足需要的目标时，这种需要就会转化为动机，推动人们去从事某种活动，向目标前进。当人们达到目标时，需要得到满足，紧张的心理状态就会消除。这时，人又会产生新的需要，这是一个不断循环往复的过程，使人不断向新的目标前进。管理过程中，要使与实现团队目标相一致的潜在需求变得最强烈，团队领导者就要有意识地在员工的行为中注入一种导向目标，刺激这种需求，强化员工的动机，改进员工的行为，最终在实现组织目标的同时，实现员工的个人目标，这就是激励机制。

激励机制就是在激励中起关键性作用的一些因素，由时机、频率、程度、方向等因素组成。它的功能集中表现在对激励的效果有直接和显著的影响，所以认识和了解激励的机制，对搞好激励工作是大有益处的。建设激励机制需要注意激励时机、激励频率、激励程度、激励方向这四个方面。

3. 激励性团队的特征

如果一个团队在整体层次上具有激励特性的话，我们就称这一团队是一个激励性团队。激励思想从着重具体的措施发展到强调团队整体层次的激励特性，反映出人类本身的全面发展。

（1）团队文化方面。

研究表明：团队文化对团队的成员具有激励作用。优秀的团队或组织都具有自身独特的团队文化，并且人们对团队文化的建设日益重视。

团队文化的激励作用，是指团队文化具有能使团队成员从内心深处产生一种高昂的情绪和奋发进取的精神的效应。它不是一种外在的推动与促进，而是一种内在的导引。它通过团队文化的建设，积极主动地满足团队成员对实现自身价值的心理需要，使团队成员从内心深处自觉产生为团队效劳的献身精神。一定内涵的团队文化就是一个能使团队成员自我激励的文化环境。激励性团队建设的一个重要工作就是创建和培育团队文化。

（2）组织结构方面。

激励性团队在组织结构方面与一般团队相比较而言更具有弹性，这种弹性表现在团队结构对外部环境的一切积极的、进步的因素的较强吸引力，对其成员个性发展表现出的敏锐观察力以及不断促进团队自身发展的能力。激励性团队的组织结构变化能与团队战略的转变保持同步，甚至保持高度一致。

（3）工作方式方面。

在激励性团队中，对于团队成员来讲，工作已经超越了作为谋生手段的意义，它已经成为每个成员生活需要的一部分。团队成员的工作具有丰富的内涵，它不仅使每一位成员感受到精神的充实，而且还是每位成员成长、发展的一种体现。团队成员的工作具有多样性，团队成员的能力也得到全面发展锻炼。在激励性团队中，团队成员还对自己所从事的工作具有选择的权力，并且在实际工作中，可以不断地创造新的工作方式，不必局限于办公室这样传统的工作场所。

（4）人际关系方面。

在激励性团队中，人与人之间是一种相互支持的关系。费雷斯特预言：在未来的新型团队里，每个人不再有“上级”，将出现一种经由个人自由磋商而形成的“不断变化的关系结构”。在激励性团队中，虽然领导与被领导的关系仍然存在，但此时领导者的主要职责是通过对工作和团队的设计“使任务、组织和人员彼此适合”，其充当的是设计师的角色。

（5）群体关系方面。

激励性团队中的各个群体，作为团队构成的基本单元，群体成员通过在群体中的工作为实现团队的目标而贡献自己的力量。利克特指出：“当一个团队的成员发挥的作用不仅作为个人作用，还作为具有高绩效目标的高效工作群体的成员的作用时，这个团队将会工作得最好。”

二、激励性团队的作用

1. 提升职业素养

团队激励能够促使团队成员对职业道德形成正确的认识，能够促其使道德情感丰富并促成良性道德行为，能够促使其道德意志坚强，能够促使其习惯性道德行为走向良性轨道。

2. 激发创造力

团队激励，能为团队成员提供一个良好的工作环境和心理环境，团队成员能够放开手脚去干，从中提高智力和创造力，作出创造性贡献。团队激励能够使团队成员得到对自身的积极肯定，能够使团队成员看到自身的价值，能够培养团队成员的自信心和对团队的责任感。

三、建设激励性团队的原则

1. 制度化与人性化相结合

制度化是规范团队管理的基础，也是建立激励性团队的关键所在。缺乏制度化管理的团队，仅仅依靠人性化因素往往不能保证效率，导致公平的缺失。激励性团队的建立既要注意认真设计合理的行为规范、规章制度、奖励措施，又需要团队领导者或管理者身体力行、以身作则，并切实地贯彻执行。

2. 领导推动与全员参与相结合

建立激励性团队离不开一系列激励性制度。它涵盖团队的愿景、目标、任务等多个方面。领导的支持推动反映出建立激励性团队、提高激励水平和促进团队成员利益的信心与决心；团队成员的参与才能使制度付之于实践。二者有机结合才能最终提升团队业绩。

3. 长期激励计划与短期激励目标相结合

对于一个激励性团队来说，其激励资源既要有在较长时间后能分配的，又要有在短期内能兑现的。短期的激励目标与具体的工作任务相结合，而长期的激励目标与团队的长远发展规划相结合。尤其值得注意的是，一个长期的远大目标本身就具有激励作用。短期激励目标的达成能立即起到直接的、具体的作用，而长期激励目标的达成需要全体团队成员持之以恒的努力。

4. 适度竞争与相对稳定相结合

团队成员进入某一团队，标志着该团队成员职业得到了暂时的稳定，并且希望维持这种稳定。但是，过分的稳定容易扼杀团队成员的工作积极性和创造性。因此，引入适度竞争是非常有必要的。适度的竞争机制能够保持团队旺盛的活力，提高团队成员的工作热情，培植团队成员的创造能力。片面地强调稳定或极度竞争都是不可取的，适度竞争和相对稳定相结合，更有利于团队发展。

5. 满足需要与引导需要相结合

满足团队成员的需要，是调动团队成员积极性的关键。但是，无限制地满足团队成员的需要，会增加激励的成本。激励性团队的目标是最终实现团队的整体目标，而不仅仅是个人需要。因此要引导团队成员的需要。对团队而言，可以通过培养团队文化和同化教育等措施来影响和修正团队成员的价值体系，从而影响团队成员的需要及其结构。

四、实训技能与拓展

（一）寓言故事：失与得

有一个阿拉伯富翁，在一次大生意中亏光了所有的钱，并且欠下了债。他卖掉房子、汽车，还清了债务。此刻，他孤独一人，无儿无女，穷困潦倒，唯有一只心爱的猎狗和一本书与他相依为命，相伴相随。

在一个雨夜，他来到一座荒僻的村庄，找到一个避风的茅棚。他看到里面有一盏油灯，于是用身上仅存的一根火柴点燃了油灯，拿出书来准备读书。但是忽然一阵风把灯吹熄了，四周立刻漆黑一片。这位孤独的老人陷入了黑暗之中，对人生感到痛彻的绝望，他甚至想结束自己的生命。但是，立在身边的猎狗给了他一丝慰藉，他无奈地叹了一口气沉沉睡去。第二天醒来，他忽然发现心爱的猎狗也被人杀死在门外。抚摸着这只与他相依为命的猎狗，他决定要结束自己的生命，世间再没有什么值得留恋的了。于是，他最后扫视了一眼周围的一切。这时，他突然发现整个村庄都沉寂在一片可怕的寂静之中。他不由急步向前，啊，太可怕了，尸体，到处是尸体，一片狼藉。显然，这个村昨夜遭到了匪徒的洗劫，整个村庄一个活口也没留下来。看到这可怕的场面，老人不由心念急转，啊！我是这里唯一幸存的人，我一定要坚强地活下去。此时，一轮红日冉冉升起，照得四周一片光亮，老人欣慰地想，我是这个世界上唯一的幸存者，我没有理由不珍惜自己。虽然我失去了心爱的猎狗，但是，我得到了生命，这才是人生最宝贵的。

（二）寓言故事：爱吃饺子的富家子弟

有个富家子弟特别爱吃饺子，每天都要吃。但他又特别刁，只吃馅，两头的皮尖就丢到后面的小河里去。

好景不长，在他16岁那年，一场大火烧了他的全家，父母在急怒中相继病逝。这下他身无分文，又不好意思要饭。邻居家大嫂非常好，每餐给他吃一碗面糊糊。他则发愤读书，3年后考取官位回来，一定要感谢邻居大嫂。

大嫂对他讲：不要感谢我。我没有给你什么，都是我收集的当年你丢的饺子皮尖，晒干后装了好几麻袋，本来是想备不时之需的。正好你有需要，就又还给你了。

大官思考良久，良久……

（三）寓言故事：五枚金币

有个叫阿巴格的人生活在内蒙古草原上。有一次，年少的阿巴格和他爸爸在草原上迷了路，阿巴格又累又怕，到最后快走不动了。爸爸就从兜里掏出5枚硬币，把一枚硬币埋在草地里，把其余4枚放在阿巴格的手上，说："人生有5枚金币，童年、少年、青年、中年、老年各有一枚，你现在才用了一枚，就是埋在草地里的那一枚，你不能把5枚都扔在草原里，你要一点点地用，每一次都用出不同来，这样才不枉人生一世。今天我们一定要走出草原，你将来也一定要走出草原。世界很大，人活着，就要多走些地方，多看看，不要让你的金币没等用就扔掉。"在父亲的鼓励下，那天阿巴格走出了草原。长大后，阿巴格离开了家乡，成了一名优秀的船长。

讨论题：

1. 如何理解失与得？

2.“大官”在思考什么？

3. 阿巴格靠什么走出了草原？

第二节　常用的激励理论

●引导案例

在一堂关于时间管理的课上，教授在桌子上放了一个装水的罐子，然后又从桌子下面拿出一些正好可以从罐口放进罐子里的鹅卵石。教授把石块放完后问他的学生道：“你们说这罐子是不是满的？”“是！”所有的学生异口同声地回答。“真的吗？”教授笑着问。然后再从桌底下拿出一袋碎石子，把碎石子从罐口倒下去，摇一摇，再加一些，再问学生：“你们说，这罐子现在是不是满的？”这回他的学生不敢回答得太快。最后班上有位学生怯生生地细声回答道：“也许没满。”“很好！”教授说完后，又从桌下拿出一袋沙子，慢慢地倒进罐子里。倒完后，再问班上的学生：“现在你们再告诉我，这个罐子是满的呢？还是没满？”

“没有满。”全班同学这下学乖了，大家很有信心地回答。

“好极了！”教授再一次称赞这些“孺子可教也”的学生们。称赞完了后，教授从桌底下拿出一大瓶水，把水倒在看起来已经被鹅卵石、小碎石、沙子填满了的罐子。当这些事都做完之后，教授正色问他班上的同学：“我们从这件事可以得到什么重要的启发？”班上一阵沉默，然后一位自以为聪明的学生回答说：“无论我们的工作多忙，行程排得多满，如果要逼一下的话，还是可以多做些事的。”这位学生回答完后心中很得意地想：“这门课到底讲的是时间管理啊！”教授听到这样的回答后，点了点头，微笑道：“答案不错，但并不是我要告诉你们的重要信息。”说到这里，这位教授故意顿住，用眼睛向全班同学扫了一遍说：“我想告诉各位最重要的信息是，如果你不先将大的鹅卵石放进罐子里去，你也许以后永远没机会把它们再放进去了。”

讨论题：

这个故事对你有什么样的启发？

在了解了激励的概念和激励性团队的特征后，我们下面学习一些激励理论。自20世纪二三十年代以来，心理学家、管理学家和社会学家就从不同的角度研究了应怎样激励人的问题，并提出了激励理论。激励理论的基本思路，是针对人的需要来采取相应的管理措施，以激发动机、鼓励行为、形成动力。

一、马斯洛的需求层次理论

马斯洛的需要层次论是研究人的需要结构的一种理论，是美国心理学家马斯洛（Abrahamh Maslow，1908—1970）所首创的一种理论。1943 年，马斯洛在《调动人的积极性的理论》一书中，把人的需要由低到高分为五个层次，即：生理需要、安全需要、社交和归属需要、尊重需要、自我实现需要。

马斯洛认为人的五种需要有轻重层次之分，在特定时刻，人的一切需要如果都未得到满足，那么满足最主要的需要就比满足其他需要更迫切，只有排在前面的那些属于低级的需要得到满足，才能产生更高一级的需要。当一种需要得到满足后，另一种更高层次的需要就会占据主导地位。从激励的角度看，没有一种需要会得到完全满足，但只要其得到部分的满足，个体就会转向追求其他方面的需要了。按照马斯洛的观点，如果希望激励某人，就必须了解此人目前所处的需要层次，然后着重满足这一层次或在此层次之上的需要。比如一个饥肠辘辘的人，他更渴望你给他几个馒头或面包，而不是你赞赏他长得如何英俊潇洒或出类拔萃。

二、双因素理论

“双因素论”是美国心理学家赫茨伯格提出的理论。20 世纪 50 年代末期，赫茨伯格和他的助手们在美国匹兹堡地区对 200 名工程师、会计师进行了调查访问。结果他发现，使职工感到满意的都是属于工作本身或工作内容方面的；使职工感到不满的，都是属于工作环境或工作关系方面的。他把前者叫做激励因素，后者叫做保健因素。

保健因素包括公司政策、管理措施、监督、人际关系、物质工作条件、工资、福利等。当这些因素恶化到人们认为可以接受的水平以下时，就会产生对工作的不满意。但是，当人们认为这些因素很好时，它只是消除了不满意，并不会导致积极的态度，这就形成了某种既不是满意、又不是不满意的中性状态。

那些能带来积极态度、满意和激励作用的因素就叫做“激励因素”，这是那些能满足个人自我实现需要的因素，包括成就、赏识、挑战性的工作、增加的工作责任，以及成长和发展的机会。如果这些因素具备了，就能对人们产生更大的激励。从这个意义出发，赫茨伯格认为传统的激励假设，如工资刺激、人际关系的改善、提供良好的工作条件等，都不会产生更大的激励。虽然它们能消除不满意，防止产生问题，但这些传统的“激励因素”即使达到最佳程度，也不会产生更大的激励。

根据赫茨伯格的研究，管理人员应该认识到保健因素是必需的，不过它一旦和不满意中和以后，就不能产生更积极的效果。只有激励因素才能使人们有更好的工作成绩。

双因素理论告诉我们，不同的激励因素所引起的激励程度和效果是不一样的。物质需求的满足是必要的，没有它会导致不满，但是即使获得满足，它的作用往往也是很有限的、不能持久的。要调动人的积极性，不仅要注意物质利益和工作条件等外部因素，更重要的是要注意工作的安排、量才使用、个人成长与能力提升等，注意对人进行精神鼓励，给予表扬和认可，注意给人以成长、发展、晋升的机会。随着人们物质“小康”问题的解决，人们对精神“小康”

的需求也越来越迫切。

三、归因论

归因论的代表人物是美国心理学家海德，这一理论是说明和推动人们活动的因果关系分析理论。也有人把归因论叫做认知理论。其主要观点为，通过改变人的思想认识就可以达到改变人的行为的目的。

不同的归因会直接影响人们的工作态度和积极性，进而影响随之而来的行为和工作绩效。一般人常常作出四种归因：一是能力大小；二是努力程度；三是任务难度；四是运气与机会。四种因素一般可归为两类，一类是内因，包括能力大小、努力程度；另一类是外因，包括任务难度、运气与机会。

失败和挫折是每个人工作中都会遇到的，如果将失败归于能力低、任务难等因素，就会降低随后的成功期望，会失去信心并不再坚持努力行为；相反，若把失败的原因归于努力不够或者运气不好等因素，就会保持甚至增强能取得成功的动机，会进一步增强信心，从而坚持努力行为。

四、期望理论

美国心理学家弗鲁姆于 1964 年在《工作与激励》一书中提出了期望理论。该理论认为，激发的力量来自效价与期望值的乘积，即：激励的效用 = 期望值 × 效价。

这个公式告诉我们，推动人们去实现目标的力量，是两个变量的乘积，如果其中有一个变量为零，激励的效用就等于零。效价是指人们对某一个目标的评价高低与重视程度，即人们在主观上认为这种目标的价值大小。期望值是指人们对自己的行为能够导致所要得到的绩效和目标的主观判断概率。这种主观概率要受每个人的经验、个性、情感、动机结构等影响，因而人们对概率的估计也不一样。这两种估计在实践过程中会不断修正和变化，发生所谓“感情调整”。比如，我认为我有能力完成这项任务，完成任务后我估计老板肯定会兑现给我晋升工资的诺言，而增加工资正是我的最大期望。所以，我工作的积极性肯定很高；反之，任何一个变量的变化，都会影响到工作的积极性。管理者的任务就是要使这种调整有利于达到最大的激发力量。因此，期望理论是过程型激励理论。

五、实训技能与拓展

（一）怎么看你自己

……她站在台上，不规律地挥舞着她的双手；仰着头，脖子伸得好长好长，与她尖尖的下巴扯成一条直线；她的嘴张着，眼睛眯成一条线，诡谲地看着台下的学生；偶尔她口中也会依依唔唔的，不知在说些什么。基本上她是一个不会说话的人，但是，她的听力很好，只要你猜中，或说出她的意见，她就会乐得大叫一声，伸出右手，用两个指头指着你，或者拍着手、歪歪斜斜地向你走来，送给你一张用她的画制作的明信片。

她就是黄美廉，一位自小就患脑性麻痹的病人。脑性麻痹夺去了她的肢体的平衡感，也夺走了她发声讲话的能力。从小她就活在肢体不便及众多异样的眼光中，她的成长充满了血泪。然而她没有让这些外在的痛苦击败她内在奋斗的精神，她昂然面对，迎向一切的不可能。终于，她获得了加州大学艺术博士学位，她用她的手当画笔，以色彩告诉人们“寰宇之力与美”，并且灿烂地“活出生命的色彩”。全场的学生都被她不能控制自如的肢体动作震慑住了。这是一场倾倒生命、与生命相遇的演讲会。“请问黄博士”，一个学生小声地问：“你从小就长成这个样子，请问你怎么看你自己？你都没有怨恨吗？”我的心头一紧，该生真是太不成熟了，怎么可以当着面，在大庭广众之下问这个问题，太刺人了，真担心黄美廉会受不了。

“我怎么看自己？”美廉用粉笔在黑板上重重地写下这几个字。她写字时用力极猛，有力透纸背的气势。写完这个问题，她停下笔来，歪着头，回头看着发问的同学，然后嫣然一笑，回过头来，在黑板上龙飞凤舞地写了起来：一、我好可爱！二、我的腿很长很美！三、爸爸妈妈这么爱我！四、上帝这么爱我！五、我会画画！我会写稿！六、我有只可爱的猫！七、……八、……

忽然，教室内鸦雀无声，没有人敢讲话。她回过头来定定地看着大家，再回过头去，在黑板上写下了她的结论：“我只看我所有的，不看我所没有的。”掌声由学生群中响起，看看美廉倾斜着身子站在台上，满足的笑容从她的嘴角荡漾开来，眼睛眯得更小了，有一种永远也不能被击败的傲然写在她脸上。我坐在位子上看着她，不觉两眼湿润起来。走出教室，美廉写在黑板上的结论，一直在我眼前跳跃：“我只看我所有的，不看我所没有的。”十几天过去了，我想这句话将永远鲜活地印在我心上。

（二）小虎鲨的故事

小虎鲨一出生就在大海里，很习惯大海中的生存之道。肚子饿了，小虎鲨就努力找大海中的其他鱼类吃，虽然要费力气，却也不觉得困难。

有时候，小虎鲨必须追逐良久，才能捕到猎物。这种困难度，随着小虎鲨经验的长进，越来越不是问题，猎食的挫折并不对小虎鲨造成困惑。

很不幸，小虎鲨在一次悠游追逐时，被人类捕捉到。离开大海的小虎鲨还算幸运，一个研究虎鲨的单位把它买了去。关在人工鱼池中的小虎鲨，虽然不自由，却不愁猎食。研究人员会定时把食物送到池中，都是些大大小小的鱼食。有一天，研究人员将一大片玻璃放到池中，把水池隔成两半，小虎鲨看不出来。这一天，研究人员把活鱼放到玻璃的另一边，小虎鲨等研究人员放下鱼之后，就冲了过去，撞到玻璃，痛得头眼昏花，什么也没吃到。

小虎鲨不信邪，等了几分钟，看准了一条鱼，咻！又冲过去，撞得更痛，差点没昏倒，一样吃不到。

休息10分钟之后，小虎鲨饿坏了，这次看得更准，盯住一条更大的鱼，咻！又冲过去，情况没改变，小虎鲨撞得嘴角流血。想不通到底是怎么回事，小虎鲨瘫在池子里。

最后，小虎鲨拼了最后一口气，咻！再冲，仍然被玻璃挡着，撞了个全身翻转，鱼就是吃不到。小虎鲨终于放弃了。

研究人员又来了，把玻璃拿走。然后，又放进小鱼，在池中游来游去。小虎鲨看着到口的鱼食，却不敢去吃，可是又饿得眼睛昏花，不知道怎么办。

讨论题：

1. 你被故事中的黄美廉感动了吗？你曾经自卑过吗？现在你如何看待自己？

2. 面临挫折的时候，我们是不是像小虎鲨呢？

第三节　如何打造激励性团队

●引导案例

在把公司看作大家庭的日本，老板很重视员工的婚姻大事。例如，日立公司内就设立了一个专门为员工架设“鹊桥”的“婚姻介绍所”。一个新员工进入公司，可以把自己的学历、爱好、家庭背景、身高、体重等资料输入“鹊桥”电脑网络。当某名员工递上求偶申请书，他（或她）便有权调阅电脑档案，申请者往往利用休息日坐在沙发上慢慢地、仔细地翻阅这些档案，直到找到满意的对象为止。一旦他被选中，联系人会将挑选方的一切资料寄给被选方，被选方如果同意见面，公司就安排双方约会。约会后双方都必须向联系人报告对对方的看法。日立公司人力资源部门的管理人员说，由于日本人工作紧张，职员很少有时间寻找合适的生活伴侣。我们很乐意为他们帮这个忙。另一方面，这样做还能起到稳定员工、增强企业凝聚力的作用。

讨论题：

日立公司为什么要为员工架设“鹊桥”？

一、建立激励性团队的程序

1. 分析团队激励水平的现状

分析团队激励水平的现状可以从团队成员的工作情绪、团队的士气、团队成员的流动率、出勤率、团队成员工作的精神状态、团队成员自我学习和提升的意愿，团队成员的个人绩效等几个方面着手。分析现状可以采用调查问卷、访谈、观察等方式。通过分析激励水平的现状，可以发现问题。

2. 识别激励因素

分析团队成员的需求层次，找出影响团队成员激励水平的因素，识别能够产生有效激励的主要因素。

3. 合理运用团队资源

团队激励需要一定的成本，用于激励团队成员的资源是有限的，要衡量团队激励的成本与收益，使团队现有的资源发挥最佳绩效。

4. 勾画团队愿景

科学的团队愿景能够使团队成员找到前进的方向，激发持续的工作热情，具有激励作用。

5. 建立具体的支持性措施政策

结合现状和愿景，制定出合理的、切合实际的建立激励性团队的具体措施和政策，使团队成员能够在政策指导下高效工作。

6. 评价激励效果

激励措施和政策的实施效果如何，可以在其推行一段时间（比如一个季度、半年）以后进行评价。

二、建立激励性团队的策略

1. 沟通激励

美国沃尔玛公司总裁萨姆·沃尔顿曾说过：“如果你必须将沃尔玛管理体制浓缩成一种思想，那可能就是沟通。因为它是我们成功的真正关键之一。”

沟通就是为了达成共识，而实现沟通的前提就是让所有员工一起面对现实。通过信息共享、责任分担实现良好的沟通交流。同激励员工的每一个因素都必须与沟通结合起来一样，激励性团队建设的整个过程也必须依靠沟通。从某种意义上讲，沟通已成为现在员工潜意识的重要部分，是员工激励的重要源泉。重视每一次沟通所产生的激励作用，管理者会发现对员工的最大帮助就是心存感激。“士为知己者死”，企业管理者“理解、认同”的“滴水之恩”也必将换来员工的“涌泉相报”。

沟通激励，需要尽可能地与员工进行交流，使员工能够及时了解团队领导的所思所想，领会上级意图，明确责权赏罚，避免推卸责任，彻底放弃“混日子”的想法。而且，团队成员知道得越多，理解就越深，对企业也就越关心。一旦他们开始关心，他们就会爆发出数倍于平时的热情和积极性，形成势不可挡的力量，任何困难也不能阻挡他们。这正是沟通的精髓所在。

如果团队领导者不信任自己的成员，不让他们知道团队的进展，团队成员就会感觉自己被当作“外人”，轻则会打击团队成员士气，造成部门效率低下；重则使团队领导者与成员之间形成相互不信任的敌意，产生严重隔阂，无法达成共识。因此，要建立激励性团队必须建立良好的信息共享机制，保证沟通畅通，发挥沟通激励的强大作用。

2. 目标激励

行为学家认为：人的动机多起源于人的需求欲望，一种没有得到满足的需求是激发动机的起点，也是引起行为的关键。因为未得到满足的需求会造成个人的内心紧张，从而导致个人采取某种行为来满足需求以解除或减轻其紧张程度。

目标激励就是把团队的需求转化为员工的需求。为了解除这一需求给他带来的紧张，他会更加努力地工作。在团队成员取得阶段性成果的时候，还应当把成果反馈给团队成员。反馈可以使员工知道自己的努力水平是否足够，是否需要更加努力，从而有助他们在完成阶段性目标之后进一步提高他们的目标。

运用目标激励必须注意三点：一是目标设置必须符合激励对象的需要。即要把激励对象的工作成就同其正当的获得期望挂起钩来，使激励对象表现出积极的目的性行为。二是提出的目标一定要明确。比如“本月销售收入要比上月有所增长”这样的目标就不如“本月销售收入要比上月增长 10%”这样的目标更有激励作用。三是设置的目标既要切实可行，又要具有挑战性。目标难度太大，让人可望而不可即；目标过低，会影响人们的期望值，难以催人奋进。

无论目标客观上是否可以达到，只要员工主观认为目标不可达到，他们努力的程度就会降低。目标设定应当像树上的苹果那样，站在地上摘不到，但只要跳起来就能摘到。正确的做法应将长期计划与短期目标结合起来运用。

3. *参与激励*

参与激励是通过给予员工参与团队管理的机会，来调动团队成员的工作积极性的激励方法。参与激励的实现方式通常是吸取并实施团队成员的合理化建议。合理化建议是司空见惯的方式，但是，在实践中效果并不令人满意。通常在实施初期能吸引团队成员参与，但是，因为最终的建议往往不被重视，更不被采纳，最终挫伤团队成员积极性，使合理化建议形同虚设。激励性团队必须建立顺畅的吸取实施合理化建议的通道，使其能够具有持续性，这样才能有持续的激励效果。

日本松下公司成功地实施了合理化建议措施，起到了激励作用，其做法有下面几个关键步骤：一是组建合理化提议小组；二是成立固定的改善提案评估委员会；三是对评选出的提案，相应提议人员要发言，阐明提案的内容、原因以及预期效果；四是重视建议的执行；五是对提出建议者给予一定的奖励。

4. *危机激励*

危机意识其实就是一种强烈的生存意识，团队具有一定的危机意识才能获得更好的生存空间。在当今激烈的竞争环境下，团队的生存环境可谓是瞬息万变，自身资源状况也在不断的变化，团队发展的道路因此而充满危机。正因为这样，任正非才会警告员工："华为的冬天很快就要来临！"惠普公司原董事长兼首席执行官普拉特才会说："过去的辉煌只属于过去而非将来。"海尔集团以"永远战战兢兢，永远如履薄冰"为生存理念，使企业保持蓬勃向上的发展势头；小天鹅公司实行"末日管理"战略，坚守"企业最好的时候，也就是最危险的时候"的理念，因此做到了居安思危，防患于未然。

团队领导者对危机的感受是深刻的，但一般团队成员并不一定能感受到这些危机，特别是不在市场一线工作的那些员工。很多员工都容易滋生享乐思想，他们认为自己收入稳定，高枕无忧，工作热情也日渐衰退。因此，团队领导者有必要向团队成员灌输危机观念，树立危机意识，重燃团队成员的工作激情。同时，这也有助于团队成员理解和支持企业管理者所采取的一些无奈之举。

激励专家认为，通过以下措施，可以有效地树立员工的危机意识：一是向团队成员灌输企业前途危机意识；二是向团队成员灌输他们的个人前途危机；三是向团队成员灌输企业的产品危机，激发创新能力；四是在团队内部积极开展自我竞争（技能）、自我淘汰（产品）；五是用客户对团队的负面评价激励团队成员。

5. *绩效激励*

绩效评价是团队绩效管理的重要环节，也是团队激励的重要手段。团队的绩效评价结束后，团队管理者应该根据目标负责人的实际绩效，及时进行沟通交流，对绩效优异者进行鼓励和肯定，指出其应进一步改进和完善之处，确定新的努力目标和方向。同时，绩效和薪酬结合更能实现激励目标。

《商业周刊》的一份调查报告显示，有59%的员工认为，激励他们的最好方法就是直接说出他们的工作是如何帮公司赚钱的。77%的经理也是这样认为。具体如何操作？部门经理先找出公司最看重的关于业绩的那些重要数字，向员工解释公司的现金流、收入和利润之间的区别，以及如何阅读利润表和资产负债表，让员工能把自己的工作与部门和公司的最终赢利水平联系起来。

6. 关怀激励

了解是关怀的前提，作为团队领导，对团队成员要做到“九个了解”，即了解成员的姓名、生日、籍贯、出身、家庭、经历、特长、个性、表现；“九个有数”，即对成员的工作状况、住房条件、身体情况、学习情况、思想品德、经济状况、家庭成员、兴趣爱好、社会交往心里有数。要经常与成员打成一片，交流思想感情，从而增进了解和信任，并真诚地帮助每一位成员。尤其是当团队成员有困难时，要主动给予关怀，为其排忧解难，使其对团队建立起归属感。

不定期的团队聚会可以增强凝聚力，同时也有助于增强团队精神，且这样做最终会对工作环境产生影响，营造一种积极向上的工作氛围。如中秋节前夕的晚会、元旦前的野餐、重阳节的爬山、国庆节前的出游等，这些都可以成功地将员工聚到一起度过快乐的时光。这些共同的美好经历会让员工感受到团队的关怀与温馨。

7. 赞美激励

心理学家威廉姆·杰尔士说过这样一句话：“人性最深切的需求就是渴望别人的欣赏。”丘吉尔说过：“你要别人具有怎样的优点，你就要怎样地去赞美他。”实事求是而不是夸张的赞美，真诚的而不是虚伪的赞美，会使对方的行为多增加一种规范。团队领导要懂得赞美自己的部属，更要懂得在部属之间营造一种赞美别人的习惯。这样将会使人们都怀着一种积极的心态，创造出一种和谐的气氛。赞美可以激励人发挥潜能，可以建立员工的信心，并使其从中获得成长，更能够激发工作热情、提升工作业绩。

玫琳凯·艾施（MaryKay Ash），美国玫琳凯化妆品公司创办人，是美国企业界最成功的人士之一。除了商业上的成功，玫琳凯还著书立说，将自己的人生经验与管理心得与大家分享。她的自传销售已超过100万本，而她的《玫琳凯谈人的管理》一书，是国外许多大学工商管理专业的指定参考书。1987年玫琳凯退任公司名誉主席，2003年去世。直到今天，她的精神仍旧激励着遍布全球的美容顾问们。玫琳凯公司总是设法激励员工去发现自己的价值，给予赞美是玫琳凯营销哲学的基础，公司的整个行销计划都以此为基础。在各种场合中，玫琳凯公司不吝惜地给予别人赞美——从物质、精神两方面。

8. 持续激励

管理大师德鲁克说过：人是真正的资源，是唯一可以增长、发展的资源。一些管理者认为只要在开始阶段激励了员工，员工就会永远受到激励。但事实上，随着时间的流逝，激励水平逐渐下降；一般在三到六个月时间内下降到零。激励性团队的激励机制建设，不是短期的，而是持续性的。团队成员在工作过程中，往往会遇到各种各样的挫折，很容易影响自己的自信心。比如，业务员每天打很多电话、拜访很多客户，可能一大半都是被拒绝，有委婉拒绝的，有态度恶劣的，总之，让业务人员的心情很不好，如果努力一天出单了，自然神清气爽，一扫被拒绝的晦气；如果运气不济，努力了几天还不出单，难免会怀疑自己的能力，怀疑工作的前景，如果整个团队都弥漫着这种气氛，那么这支队伍就离散伙不远了。团队激励能够在关键时刻稳定军心，重整士气。

9. 负激励

团队内要有批评和自我批评。所谓负激励就是对个体违背组织目标的非期望行为进行惩罚，以使这种行为不再发生，使个体积极性朝正确的目标方向转移。

激励性团队中，正激励与负激励都是必要而有效的，因为这两种方式的激励效果不仅会直接作用于个人，而且会间接地影响周围的个体与团队。通过树立正面的榜样和反面的典型，扶正祛邪，形成一种良好的风范，就会产生无形的正面行为规范，比枯燥的教条和规定更直观、更具体、更明确，能够使整个团队的行为导向更积极，更富有生气。需要注意的是，负激励实施要及时，如果过了时间再来进行负激励的话会给人一种秋后算账的感觉，达不到预期效果。

10. 培训激励

团队培训是培养和训练员工的学习活动。学习是一种刺激与反应的联合，个人与环境所形成的场地力量支配学习行为，动机的变化表示对学习的满意程度。员工的学习行为可以通过对其后果的控制和操作而加以影响和改变。这种控制和操作的方式就是培训激励。尤其是知识型员工，更注重个性的自由发挥和实现自己的人生价值，更看重企业能否给自己提供发展的机会。发展需要培训，培训促进发展。培训与发展的互动作用就是激励。比如在职进修、科研立项、岗位轮换等，使员工个人发展空间得到扩展，产生良好的激励作用。

玫琳凯公司给员工提供的全方位培训，让美容顾问们不但学会怎样化妆，怎样保养，而且提高了她们的沟通能力、语言技巧、培训能力、演说技巧以及柔韧度；同时，教给这些女性时间管理、档案管理和金钱管理等一整套行之有效的管理方法，学会了怎样管理自己。这种种的改变，对员工的工作和生活产生了深远的影响。

三、实训技能与拓展

（一）沃尔玛的信息沟通

沃尔玛公司总部设在美国阿肯色州本顿维尔市，公司的行政管理人员每周花费大量时间飞往各地的商店，通报公司所有业务情况，让所有员工共同掌握沃尔玛公司的业务指标。在任何一个沃尔玛商店里，都定时公布该店的利润、进货、销售和减价情况，并且不只是向经理及其助理们公布，也向每个员工、计时工和兼职雇员公布各种信息，鼓励他们争取更好的成绩。

沃尔玛公司的股东大会是全美最大的股东大会，每次大会公司都尽可能让更多的商店经理和员工参加，让他们看到公司全貌，做到心中有数。萨姆·沃尔顿在每次股东大会结束后，都和妻子邀请所有出席会议的员工约 2 500 人到自己的家里举办野餐会，在野餐会上与众多员工聊天，大家一起畅所欲言，讨论公司的现在和未来。为保持整个组织信息渠道的通畅，他们还与各工作团队成员见面，注重收集员工的想法和意见，通常还带领所有人参加“沃尔玛公司联欢会”等。

萨姆·沃尔顿认为让员工了解公司业务进展情况，与员工共享信息，是让员工最大限度地干好其本职工作的重要途径，是与员工沟通和联络感情的核心。而沃尔玛也正是借用共享信息和分担责任，适应了员工的沟通与交流需求，达到了自己的目的：使员工产生责任感和参与感，意识到自己的工作在公司的重要性，感觉自己得到了公司的尊重和信任，从而积极主动地努力争取更好的成绩。

(二) 空难事件后的波音公司

1985 年，世界连续发生三起波音飞机空难事件，使波音公司备受打击，有的人借机对波音飞机的结构提出了质疑。

当时，波音公司正与欧洲“空中客车”在争夺日本“全日空”的一笔大生意。由于双方的飞机在先进性和可靠性方面差别不大，以致“全日空”在挑选订货对象时犹豫不决。在这关键时刻，波音飞机接连现丑；看来，这次商战波音公司输定了。

面对如此不利的局面，波音公司为了解除买方的戒心，除继续实行“货真价实”的推销战术外，还采用了“全方位”的进攻策略，提出财务方面的便利、零配件的供应、飞机的保养以及机组人员培训等方面的优惠条件，从而引起买方的兴趣。在此之前，波音公司为了站稳日本市场，曾选择了三菱、川崎、富士三家日本著名重工业公司，合作制作 767 型机身部分。空难事件发生后，波音把“诱饵”加大，一边向日本的合作厂提供了价值 5 亿美元的制造订单，一边主动提出愿意和日本人合作，建造一种 150 座的 767 型客机，与“空中客车”的 A320 型客机相抗衡。波音公司的这些措施获得了日本企业界的好感。经过这番努力，波音公司终于战胜了西欧对手，在空难事件发生 5 个月后，与日本“全日空”正式签订了合同，成交金额超过 10 亿美元。

(三) DELL 公司的“太太式培训”

DELL 公司把销售经理比喻为销售新人的“太太”，销售经理像太太一样不断地在新人耳边唠叨、鼓励，让新人形成长期的良好销售习惯，从而让销售培训最终发挥作用。培训是由培训经理和销售经理一起完成的。销售新人不仅要向销售经理汇报，还要向培训经理汇报。培训经理承担技能培训和跟踪、考核职能（每周给销售新人排名，用 E-mail 把排名情况通知他们。没有压力，就没有动力！），销售经理承担教练和管理职能，通过新人的最终执行，达到提高业绩的目的。先是为期 3 周的集中培训，由专家讲解销售的过程和技巧，邀请有经验的销售人员来分享经验。然后每周末召开会议，销售经理与培训经理都参加，检查新人上周进度，讨论分享工作心得，分析新的销售机会，制订下周的销售计划。销售经理与培训经理、新人们一起讨论新人的成长、下一步的走向。最终，“太太”在工作中能够自觉指导新人运用销售技巧，及时鼓励新人、有效管理新人。“太太式培训”的效果非常惊人，用数字可以说明。DELL 销售代表每季度平均销售额是 80 万美元，没有“太太式培训”的时候，新人第一季度平均销售额为 20 万美元，经过这样培训，新人在第一季度的平均业绩达到 56 万美元，远远高于以前销售新人 20 万美元的销售额。

讨论题：

1. 沃尔玛的沟通管理有什么特点？
2. 你是如何看待危机的？
3. 你曾经做过销售人员吗？你觉得 DELL 公司的新人培训方法怎么样？

●本章小结

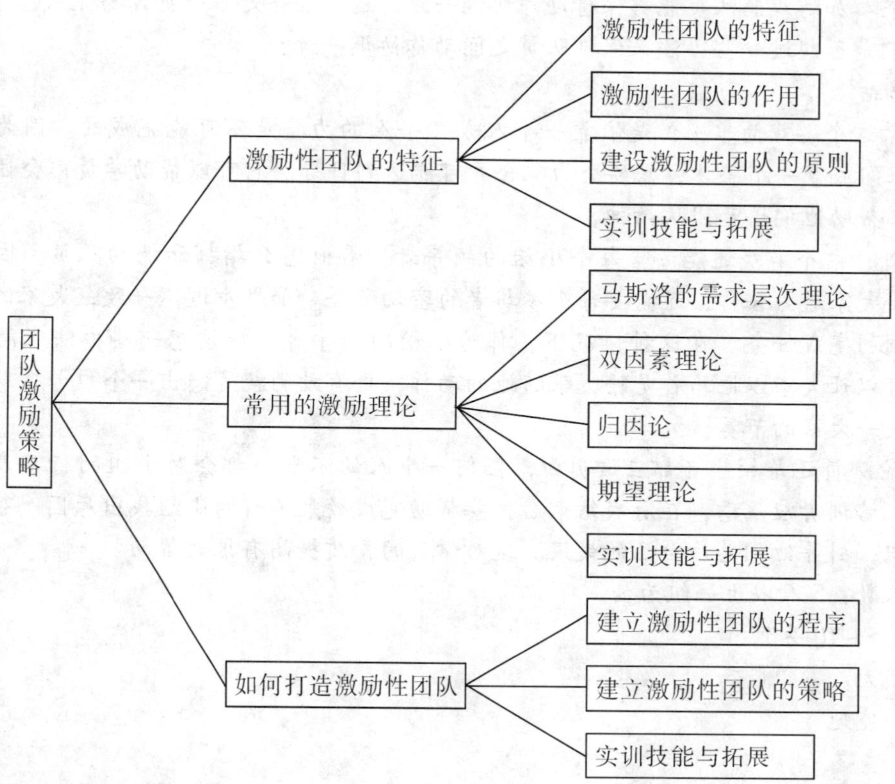

本章复习思考题

1. 激励性团队有什么特点？
2. 团队激励的作用是什么？
3. 如何建设激励性团队？
4. 你曾参加过团队培训活动吗？有什么体会？
5. 激励性团队的激励效果如何评估？

●延伸阅读

这是一个很有意思的游戏，它可以调动参与者的兴趣，并且让他们从游戏中体会友谊和协作的乐趣。另外，这个培训游戏还可以在培训中场或结束时使用，既可以活跃课堂气氛，还能帮助培训学员放松神经，增强学习效果。

一、培训游戏规则和程序

1. 将学员分成几个小组，每组在5人以上为佳。
2. 每组先派出两名学员，背靠背坐在地上。
3. 两人双臂相互交叉，合力使双方一同站起。
4. 以此类推，每组每次增加一人，如果尝试失败需再来一次，直到成功才可再加一人。
5. 培训者在旁观看，选出人数最多且用时最少的一组为优胜组。

二、相关讨论

1. 你能仅靠一个人的力量就完成起立的动作吗？

2. 如果参加游戏的队员能够保持动作协调一致，这个任务是不是更容易完成？为什么？

3. 你们是否想过一些办法来保证队员之间动作协调一致？

三、总结

1. 别看这个游戏简单，但是依靠一个人或几个人的力量是不可能完成的。因为在这个游戏中，大家组成了一个整体，需要全力配合才可能达到目标。它可以帮助学员体会团队相互激励的含义，帮助他们培养团队精神。

2. 另外，这个游戏还能考验每个小组的领导者，看他怎么指挥和调动队员。因为这个游戏不但需要大家通力合作，还需要每个参与者的密切配合。如果步调不一致，大家的力气再大也不可能顺利完成任务。在这种情况下，作为小组的领导者，应该想一些办法来解决这个问题。比如可以让大家以他马首是瞻，跟随他的动作；更有效的就是想出一个口号，既可以鼓舞士气又能统一大家的节奏。

3. 无论队员还是领导者都应该明白，任何一个人的不配合都会对小组的行动产生负面效果。因此，培训者应注意，在游戏结束后，要帮助完成效果不好的小组找出原因。帮助他们树立团队意识，引导他们总结自己的失误。这对学员的素质提高有很大帮助。

参与人数：5 人以上一组为佳

时间：5～10 分钟

道具：无

场地：空地

作用：

（1）了解团队协作的重要性；

（2）增强团队成员的归属感；

（3）激发学员的奋斗精神。

第六章　团队冲突管理

●学习目标

1. 认知团队冲突的含义；
2. 了解团队冲突的类型；
3. 掌握团队冲突处理技巧。

第一节　团队冲突的含义、类型和影响

●引导案例

2006 年 4 月 7 日晚，EMC 大中华区总裁陆纯初回办公室取东西，到门口才发现自己没带钥匙。此时他的私人秘书瑞贝卡已经下班。陆试图联系后者未果。数小时后，陆纯初还是难抑怒火，于是在凌晨 1 时 13 分通过内部电子邮件系统给瑞贝卡发了一封措辞严厉且语气生硬的“谴责信”。陆在发送这封邮件的时候，同时传给了公司几位高管。结果瑞贝卡以一封咄咄逼人的邮件进行回复，并让 EMC 中国公司的所有人都收到了这封邮件。这件事在网上吵得沸沸扬扬，形成几千人转发的局面。一些网友称瑞贝卡为“史上最强女秘书”。

讨论题：

如何看待 EMC 大中华区总裁与秘书的冲突？

一、冲突的含义与类型

1. 冲突的含义

美国管理学会曾对中高层的经营管理人员做过一次包含冲突问题的调查，调查显示，大多

数管理者把冲突管理的重要性排在决策、领导之前，管理者平均要花费 20% 的工作时间来处理各种冲突。

为了实现团队目标，团队应建立和谐的人际关系。团队只有协调与合作，行动才能一致。但是，由于种种原因，在团队内部和团队之间往往存在着各种各样的冲突。有些人十分害怕冲突，认为冲突对团队只有坏处没有好处；也有另外一些人认为冲突是一种建设性的碰撞，可以解决一些问题。

到底该如何看待冲突呢？事实上，冲突不一定都是坏事，它具有两面性。个人或者团队之间由于对同一事物持有不同的态度与处理方法而产生矛盾，这种矛盾的激化就称为冲突。冲突常常表现为由于观点、需要、欲望、利益或要求的不相容而引起的一种激烈争斗。

首先，管理者既要洞察到冲突发生的可能性，尽量缓和与避免冲突的发生，又要正确地对待已经发生的冲突，科学合理地加以解决，使冲突结果向好的方面转化。其次，管理者应该用辩证的观点来对待冲突，要注意分析冲突的不同性质，要善于在对与错、是与非等问题上明确表态。

2. 冲突的类型

冲突的不同性质，一般是指建设性冲突，即由于双方目的一致，而解决途径不同所产生的冲突；破坏性冲突，即由于双方目的不一致所引起的冲突。两者的划分不是绝对的，往往是综合交叉，也可以相互转化。团队领导要提倡建设性冲突，激发员工工作积极性，减少破坏性冲突。

建设性冲突能够创造活力，就如鲶鱼效应一样。渔民在不爱运动的沙丁鱼中间放一条活蹦乱跳的鲶鱼，这样就提高了长途运输中沙丁鱼的存活率。在团队中，建设性冲突使团队成员间能进行真诚的交流，团队成员虽然有不同的观点，但是愿意彼此倾听、彼此交流并互相理解。通过冲突，成员找到了彼此的分歧，从冲突中看清了问题的重点到底在哪里；经过讨论、学习，消除了分歧，从而得出解决问题的方案；同时使团队成员在感情上更加亲近，更能了解彼此的想法，减少了疑惑及压力，从而可以提高士气。

相反，破坏性冲突只能阻碍团队的发展。钓过螃蟹的人会发现这样一个现象：当篓子里放了一群螃蟹的时候，不必盖上盖子，螃蟹也无法爬出来。因为只要有一只螃蟹试图向上爬，其他螃蟹便会纷纷攀附在它的身上，结果是把它拉下来，最后没有一只出得去。这可谓是破坏性冲突的典型例子。团队里常有一些人，不喜欢看别人的成就与杰出表现，天天想办法对别人进行破坏和打压。他们不会在意公司的目标，只顾着打自己的小算盘。如果不尽早进行处理，团队中只会剩下一群相互牵制、毫无上进心的“螃蟹”。

建设性冲突具有以下特点：双方对实现共同目标十分关心；乐于了解对方的观点、意见；大家以争议问题为中心；互相交换情况不断增加。破坏性冲突具有以下特点：双方对赢得自己观点胜利十分关心；不愿听取对方的观点、意见；双方由问题的争论，转为人身攻击；互相交换情况不断减少，以致完全停止。

对中国人来说，总体上认为冲突是不利的。过分强调了冲突破坏性的一面，主张“和为贵”、“和气生财”、“家和万事兴”，凡事采取中庸之道，尽量避免冲突，以求和平共处。所以管理人员一般都会认为，冲突会威胁到团队的内部和谐及团结，使团队的正常活动受到干扰，造成员工的不满。为此，管理者希望团队能够风平浪静，没有冲突就代表了管理者的工作效果良好。其实这是片面的，如果能够有效管理冲突，冲突可以帮助团队提高绩效，可以激发大家去思考问题、发展创造力等。

二、冲突的影响

冲突对于组织或团队具有的破坏性、阻滞性这类反面属性，是冲突的消极影响；而建设性、推动性等正面属性，属于冲突的积极影响。显然，冲突具有双重影响。

1. 适度的冲突有利于提高工作绩效

适度的冲突有助于促进创新。由于不同意见、观点的交锋，使人们的认识逐步取得一致，同时不同观点的交锋有利于引发创造性思想的产生。由于公开的冲突，使问题显露出来，暴露了分歧的因素，冲突双方表明了自己的观点，促进意见交流，增进了解，紧张的情绪得到宣泄，使冲突者感到互相接近，不致使不团结的因素隐瞒下来，造成更大的矛盾。所以冲突有助于消除分歧，增进团结。

经过冲突，团队领导为了解决团队内外之间的矛盾，会采取吸收、合并的方法，对团队结构进行调整。如果原领导不胜任工作，还可能使领导者发生变动，这种变动将使团队发生有益的变化。

2. 太多或太少的冲突会降低绩效水平

如果冲突水平低，团队成员只顾因循守旧，不思进取，对改革没有反应，缺乏创新，工作效率自然会低；过多或无法控制的冲突则破坏了团队活动的和谐，各人集中注意力攻击对方，钩心斗角，互不合作，无秩序，工作效率自然下降。

3. 冲突与精神压力

冲突会造成很大的精神压力，往往会影响冲突双方的精神健康。尖锐的矛盾冲突常常造成时间和金钱的浪费，决策错误更会造成资源的错误分配，给团队造成损失。有时冲突双方各抒己见，容易歪曲团队目标，使团队的行为偏离团队的任务。

下表显示了冲突对于团队的利与弊：

	消极影响	积极影响
对成员的心理的影响	带来损害，引起紧张、焦虑，使人消沉痛苦，增加人际敌意。	使坚强者从幻觉中清醒，从陶醉中震惊，从不能战胜对方的实际情况中看到自己的弱点所在，发愤图强。
对人际关系的影响	导致人与人之间的排斥、对立、威胁、攻击，使组织涣散，削弱凝聚力。	团体间的冲突促进各团体内成员一致对外，抑制内部冲突，增强凝聚力。
对工作动机的影响	使成员情绪消极，心不在焉，不愿意服从与之冲突的领导的指挥，不愿与相冲突的同事配合，破坏团结愉快的心理气氛，减弱工作动机。	使成员发现与对方之间的不平衡，激起竞争、优胜、取得平衡的工作动机，振奋创新精神，发挥创造力。

（续上表）

	消极影响	积极影响
对工作协调的影响	导致人与人之间、团队与团体之间的互不配合、互相封锁、互相拆台，破坏组织的协调统一和工作效率。	使人注意到以前没有注意到的不协调，发现对方的存在价值和需要，采取有利于各方面的措施，加以协调，使有利于团队的各项工作均得以开展。
对组织效率的影响	导致成员之间互相扯皮、互相攻击，转移对工作的注意力，政出多门，互不同意，降低决策和工作效率，互争人、财、物，造成积压、浪费。	反映出认识的不正确、方案的不完善，要求人全面地考虑问题，使决策更为周密。
对组织生存、发展的影响	冲突达到一定程度后，双方互不关心对方的利益及团队的整体利益，有可能使组织在内乱中濒于解体。	冲突本身是利益分配不平衡的表现，它迫使人通过互相妥协让步和互相制约监督，调节利益关系，使组织在新的基础上取得发展。

从上表可以看出，如果冲突旨在促进竞争、提高工作积极性和效率，那可能是有益的，太少的冲突，可能会导致停滞不前；但无法控制的破坏性冲突会对团队产生威胁。由于成员和团队对冲突所造成的压力忍受度不同，故冲突不应太大。最主要的是，冲突的本身并不危险，危险的是处理不当。

三、实训技能与拓展

（一）杰克的故事

R&H 是一家销售额达 25 亿美元的大制造公司。总部雇佣了 12 名大学毕业的会计员。会计共分为财务会计、成本会计、会计付款和审计四个部门。杰克是一所名牌大学的毕业生并有两年的会计经验，被派在财务会计部门。他工作勤恳，进步很快，受到管理员和同事们的赞赏。11 个月后，杰克被告知可以在成本会计部门得到一个职位，并增加工资，他想又能在另一个会计领域学到本领，就欣然接受了。

6 个月后，杰克感觉无法和管理员埃德共事。杰克不同意埃德的技术训练，埃德处理事务的观点也和杰克不一样，他们在个性方面也有很大的冲突。杰克经过一个月的考虑，决定面见埃德的上级约翰，请求调换职务。他解释说，他愿意留在公司，但是他现在的职务，对于成本会计部门和自己都是不利的。

埃德和约翰是朋友并共事多年，约翰的初步反应是杰克搞坏了关系。约翰调查了会计部门，短期间都没有空缺，他想只有三个处理方案：第一，另添一个职位安排杰克；第二，做些工作使埃德和杰克互相妥协；第三，只能解雇杰克。

（二）苦恼的兰萍

兰萍是个键控穿孔机小组的组长，她在某钢铁公司已有5年工作经历了。6个月来，她一直在为与同组其他9个同伴的关系而苦恼。

6个月前，这个小组职员间无话不谈，她们都是女职员，话题包括工作、公司，甚至涉及她们的丈夫和孩子的私事。这个10人小组被认为是一个团结的集体。

兰萍在小组中年龄最大，加上她工作技术熟练，所以，大家都很尊敬她，把她视作自然领袖。

可是，今年1月份，由于工作关系，兰萍要好的朋友黄玉涵与主管部门的领导发生激烈的争论。主管老朱说黄玉涵工作的速度与质量都不符合要求。兰萍与老朱和黄玉涵都很要好，她不想卷入这场不愉快的争吵。每当黄玉涵在工作或吃饭时提起这件事，兰萍总是设法把话题岔开。有几次黄玉涵问兰萍："你为什么站在管理人员一边？"

这件事很快就在职员中传开，她们怀疑管理人员之所以对黄玉涵和她们不好，可能是由于兰萍太卖力了。兰萍后来发现，黄玉涵和她另一个最好的朋友曾偷看她的工作进程日产表，并且进行多次涂改。

黄玉涵现在几乎断绝了与她的关系，其他职员虽然没有这样做，但是兰萍已经感受到她们对自己的冷落。

讨论题：

1. 你觉得约翰的做法怎么样？
2. 兰萍错了吗？她为什么苦恼？

第二节　团队冲突的根源

●引导案例

某旅游公司的王总经理对一个下属小张特别好，总把重要的任务交给小张。但是，有一次一个很重要的工作小张没有办好，王总就特别生气。王总问小张："这么重要的工作交给你，你为什么不好好干？"结果小张什么也不说，只是看着王总。于是王总又问第二遍："这么重要的工作交给你，你为什么不好好干？"接着，小张就拉下脸来，甚至愤怒地看着王总。然后，王总又原话问了第三遍，结果小张这回干脆就摔门而去。然后小张就自己成立了一个小的旅游公司，就在王总公司对面。王总问小张："你要干什么？"小张说："我也不办什么业务，就是要给你搅和。即使是自己赔钱也要搅和。"而且最可气的是，小张把王总的业务搅黄了以后，还找人告诉王总，那是他搅黄的。

讨论题：

案例中旅游公司王总经理存在问题吗？为什么王总的好意最终却适得其反？

一、团队冲突的根源

1. 团队成员的个性

团队是由不同的成员组成的，这些成员在背景、经验、态度等个性的多个方面都存在差异，这种差异容易导致考虑问题和处理问题产生分歧，分歧的长期存在必然导致团队成员之间多种冲突的产生。而人的个性中存在着潜在的竞争侵略意识，这是团队冲突的根源之一。人的这种潜在的侵略意识在遇到适当机会、情景时会自发地表现出来，团队中的刻薄语言、争吵、人身攻击、对抗等行为，有时就是这种"侵略性"的外显工具，团队成为人们外显这种"人性"的常见场所。

例如，丁晓是个非常争强好胜的人，她作为一名销售代表，总想事事赢得成功。在这种过度的求胜欲的驱动下，丁晓的业绩蒸蒸日上。良好的业绩使她成为部门经理，成为经理后，她依然全力要求部下必争第一。表面看来，应该这么做。但是，作为经理，丁晓除了与其他地区竞争外，还与自己手下的销售代表争夺。她始终要超过他们，遇到大客户，她总要争做主讲人。她无法忍受当旁观者。每次她与员工谈话，总要压倒对方。本来是与员工沟通其个人发展，她却经常吹嘘自己如何所向无敌。结果，这种盛气凌人的方式迫使许多销售高手离职。

从个性的特点来看，人们对周围世界的感受，没有两个人的感觉是完全一样的，每个人的感觉像独特而有个性的过滤器，透过它，把每一件事解释为主观的现实。而这通常会导致误解、困惑及冲突。案例中丁晓极端的争强好胜、自我表现成为冲突的根源，而且，具备这种个性的人往往不愿意改变自己。研究表明，一个具有同质性的团队中的冲突比一个异质性的团队中的冲突要少得多。但是，完全同质性的团队往往难以实现。所以，团队的管理者要高度重视个性对冲突的影响。

2. 任务结构和责权界定模糊

任务结构和责权界定模糊是团队冲突的根源之二。团队任务结构指的是团队工作任务的简单或复杂化的程度。如果团队任务是简单的，那么存在确定的目标、解决方法和程序，容易选择出正确的方法。如果任务是复杂的，情形则相反，此时，需要清晰地界定与任务相匹配的职责与权益。责权规定模糊意味着在一个团队中，每个人无法清楚地知道自己该干什么不该干什么、如何干、怎么样干是对的怎么干是错的等，对自身和对别人的角色定位都模糊。对自己有利，就争着抢着去做，争得好处；对自己不利，就推脱敷衍，保全自身利益。这样自然导致利益分配不均，容易引起冲突。谁负责某项工作的模糊程度越高，冲突出现的可能性就越大。

3. 对有限资源的争夺

团队冲突的根源之三是对有限资源的争夺。有效的资源总是稀缺的，这就造成了多个层面对有限资源的争夺，这也是导致冲突的普遍根源之一。由于团队在资金、原料、人员、设备、信息、时间等各种有用资源的分配上存在着局限性，难以做到按需分配或是完全公平的合理配置，所以源于资源争夺的冲突在所难免。

相对于员工的需求来说，团队所拥有的资源总是有限的，为了提高这些资源的使用效率，必将按照公平和效率而不是平均的分配方式来进行，同时又很难兼顾绝对的公平和高效，这就会引起部分员工的心理失衡，特别是团队中的资金、名誉、人员、地位、时间、权力等越是稀缺，越容易导致一部分人的心理失衡。如评奖，一方面是名额的有限性；另一方面又有众多的需求者，二者之间必然产生矛盾，导致冲突爆发。

4. 价值观和利益的冲突

价值观和利益的冲突是团队冲突的又一个根源。不同的人参与生产和社会活动过程的动机之一，便是追求自身的目标和利益，而且各有各的价值观念，价值观深受信念影响。在错综复杂的交往与互动过程中，彼此间价值观和利益不可能完全协调一致，常常导致多种形式的阻碍或者对立，致使彼此间产生冲突。

在一个团队中老年人和青年人之间的冲突，经常是由于价值观不一致而引起的，比如对自由、幸福、勤奋、工作、自尊、诚实、服从和平等的看法不同，这就是人们通常所说的“代沟”。冲突涉及价值观时，人们就很难改变立场，因为人们投注了强烈的情绪、感觉和信念在里面。再如，不同公司的文化也有差异，这种差异对不同公司员工的工作价值观有着较大影响，欧美文化和中华文化对于职业忠诚度的理解就有较大差异。

5. 角色的冲突

团队冲突的根源之五是角色的冲突。团队中的个人在履行职责、承担任务、从事活动、展示形象时，常常不得不扮演两种或两种以上相互矛盾或排斥的角色，这种角色矛盾会引发个人或团队的紧张状态，从而导致彼此间发生冲突。

例如，王嫣以为，当了销售经理就会减轻指标压力，但她很快发现，现在她要操心的，不仅仅是她本人的指标，还有 8 个部下能否都达标。如果他们不达标，她就会承受巨大压力。“作为一名销售代表，我只要出去，抓个大客户就行了，”她说，“可作为经理，事情就没那么简单了。如果部下指标落空，着急也没用。真是让人生气。”案例中的王嫣担任多种角色，容易导致自身角色上的心理冲突。

6. 目标的分歧

许多时候，团队冲突都是因为各自之间的行为目标存在差异。生产部门乐于接受定型的生产任务，而销售部门则希望产品多样化。同一团队内的不同员工由于对市场调查的信息掌握不同，而对开发市场有不同看法，甲想以改进产品的质量来帮助公司得到更多利益，而乙却想要看到公司因为降低价格而得到更多好处。这必然引起冲突。正如中松义郎的目标一致论里提到的一样：项目个体只有与项目团队保持一致时，个体的能力才能得到充分的发挥，团队的整体水平才会最大化。个体与团队目标不一致也是引发冲突的原因之一。

7. 组织变动

团队所在的企业是团队发展的依托，也是团队建设的支撑。团队所在的企业组织变动是冲突的第七种根源，组织内较大的变化或变革能够引起或加剧冲突。组织实施改革、重组或兼并时，必然会打破原有的利益格局，为不同的人或团队带来恐慌、焦虑、利益上升或是下降。旧的平衡被打破，新的平衡还没有建立或正在建立的这段时间，是组织冲突的高发阶段。比如，2008 年电信重组过程中，有 29.3% 的联通员工去电信。由于联通和电信在企业文化上存在着较大差异，重组后原来的联通员工与原来的电信员工之间也产生了诸多冲突。

8. 团队文化不佳

团队冲突的第八种根源是团队文化不佳。团队冲突的水平和性质与团队的风气紧密相关。功能正常、水平适当的建设性冲突在团队中的维持，往往得益于正常健康的团队文化、传统、风气和团队关系；功能失调、水平不适当的破坏性冲突在团队中的蔓延，也往往萌生于团队风气不正、关系不顺以及制度的变形。

9. 团队信息沟通渠道不畅

误解、语言、语义理解上的错位以及沟通渠道不畅容易导致沟通失效，也是冲突的导火索。我们知道信息沟通的模式是信息发出者“编码”后通过某种“媒介”渠道将信息传给接收者，接收者通过“解码”的过程后获得信息。在信息传递的途径上，信息发出者是否能准确表达自己的真实意图，传递经过“媒介”时由于“噪音”的存在导致信息量丢失，接收者在接收到信息后是否能准确解码而理解发出者的真实含义，这些都可能导致沟通失效，为产生冲突埋下伏笔。比如，某公司对外项目的月进度会议，由于会议参加人员有项目业主（越南的）、中国承包商、德国咨询公司（业主的）、美国咨询公司（中方的），项目谈论的议题均属于比较专业的内容，项目语言又无法统一使用英文，每一次的交流都是越文通过当地翻译员译成中文和英文，反馈的信息是中文变越文或英文变越文到达业主。其实这样的沟通已经不能构成闭环，很多时候几个方面人员获得的咨询信息都是不对称的，这样的沟通显然是达不到效果的。信息沟通渠道不畅成为团队冲突的潜在条件。

二、实训技能与拓展

（一）张茜做得对么?

A 项目团队是一个全新构建起来的、处于国际项目运作环境中的团队。为了成功构建项目组，对口的美国项目组（总部）抽选了该项目组的 3 名成员到美国培训，还有 3 名成员留在国内。

3 人培训回来，有责任和义务对留在国内的项目成员进行培训，其中负责培训的成员张茜在业务上比较认真到位，但在人际交往上存在较大的个人主义和自我优越感，缺乏与他人的协作精神，更倾向于邮件等书面沟通；而被培训成员中有一个资格比较老的人王刚，总是自以为自己曾经是一家外贸企业的资深经理，有点抬架子。

冲突的触发是张茜发现王刚的一个业务处理上的问题，在没有和后者进行任何沟通的前提下，直接以邮件的形式指出并发给了对口的美国团队，给王刚造成很大的压力。

其实，王刚所犯的问题不是很严重，只要内部充分沟通，就能内部解决，不需要给美国团队造成中国团队内部沟通不够和问题不能及时解决的印象。

事后，就该问题在项目会议中有指出和讨论，但问题并没有解决，反而隔阂更深。这种情况该怎么处理?

（二）吸烟的员工

一位总经理最近很苦恼，被下属员工之间的冲突所困扰。该公司是生产化工产品的企业，规定不能在工作时间吸烟。一天，人事经理去职工更衣室时发现有一个人抽烟。抽烟者一看人事经理来了，就赶紧把烟掐灭，并且对人事经理道歉。人事经理说：“你这是违反纪律。”“对，这事是我错了。”人事经理说：“你得受处理。”“我接受批评，我接受处分。”话说到这会儿，双方还没有什么冲突。但人事经理又说了一句话：“你还是共产党员呢。”抽烟者开始不高兴了，说：“共产党员就不能抽烟了？共产党员也犯烟瘾，邓小平还抽烟呢。”人事经理说："你还不服管，还敢顶嘴？""顶嘴，你又不是我爸，我跟你说话还是顶嘴吗？"人事经理也非常生气，说："我饶不了你！"结果这个员工干脆又把烟点上了，还把烟圈吐在人事经理的脸上，冲突不断升级。

讨论题：

1. 张茜做得对吗？为什么该问题经过讨论，反而隔阂更深了？
2. 吸烟员工有没有违反纪律？人事经理该不该处理吸烟者？矛盾为什么会升级？

第三节　如何管理团队冲突

●引导案例

亚通网络公司是一家专门从事通信产品生产和电脑网络服务的中日合资企业。公司自1991年7月成立以来迅速发展，销售额每年增长50%以上。与此同时，公司内部存在着不少冲突，影响着公司绩效的继续提高。

因为是合资企业，尽管日方管理人员带来了许多先进的管理方法，但是日本式的管理模式未必完全适合中国员工。例如，在日本，加班加点不仅司空见惯，而且没有报酬。亚通公司经常让中国员工长时间加班，引起了大家的不满，一些优秀员工还因此离开了亚通公司。

亚通公司的组织结构是直线职能制，部门之间的协调非常困难。例如，销售部经常抱怨研发部开发的产品偏离顾客的需求，生产部的效率太低，使自己错过了销售时机；生产部则抱怨研发部开发的产品不符合生产标准，销售部的订单无法达到成本要求。

研发部胡经理虽然技术水平首屈一指，但是心胸狭窄，总怕他人超越自己。因此，常常压制其他工程师。这使得工程部人心涣散，士气低落。

讨论题：

1. 亚通公司的冲突有哪些？原因是什么？
2. 如何解决亚通公司存在的冲突？

一、管理冲突的基本原则

1. 趋其利避其害

倡导有益冲突，避免有害冲突，把冲突控制在适当水平，是管理冲突的原则之一。在本章的第一节，谈到建设性冲突和破坏性冲突，两种冲突的特点及其对团队的影响是不同的。在团队建设中，冲突又是无法避免的，因此需要领导者能把握火候。对引起冲突的各种因素、冲突过程、冲突行为加以恰当的处理和控制，努力把已经出现的冲突引向良性轨道，尽量避免或降低破坏性冲突的发生，懂得“趋其利避其害”。

2. 系统管理

现代冲突管理理论认为，冲突管理不仅应公开冲突发生后的事情，而且应该包括多个发展以及升级的阶段。同时，团队冲突出现时，牵涉的人数和部门往往不止一个，往往会相关或连带几个甚至多个。团队领导必须对冲突的发生、发展、变化、所有因素、矛盾和问题进行全面系统的管理，才能将原则落到实处，尽量降低破坏性冲突的消极作用，充分发挥有利冲突的积极作用，最大限度地降低管理冲突的成本。

3. 防止管理冲突极端化

中国传统文化的儒家思想对于管理冲突也有启发。在儒家思想中，所谓的“中庸之道”，就是不走极端，去其两端择其中，以达到和谐境界。所谓“和为贵”，是以和为贵、和为本、和为美、和而不同。以“和”统一差异性、多样性，以“和”作为解决矛盾的策略。在冲突管理中要注重和谐局面的保持，处理冲突时，不可极端行事，应当采取适当措施，求大同存小异，追求“共赢”，维护整体利益，从而减少冲突的恶性发展风险和冲突管理的成本。

4. 具体问题具体分析，灵活管理冲突

团队存在冲突是一种常态，但是，每一次冲突的发生都有其独特的原因，管理冲突时要具体问题具体分析，把冲突放到当时的特定环境中去考虑解决，去认识问题、分析问题，灵活采用有针对性的策略和方法，坚决反对采用“一刀切”的方法。

二、如何处理破坏性团队冲突

（一）团队成员间冲突的处理

1. 私下倾听

团队成员间出现个人之间的冲突，团队领导者最好是单独私下里听双方的陈词，但不要急于表态肯定谁或否定谁。因为处于愤怒状态下的人往往会说一些“过火”的话，团队领导此刻只需耐心倾听，等待双方都平静下来再表明处理决定，看如何使他们更好地相处来实现公司的目标。否则，没有耐心倾听，或者只听了一面之词就容易导致错误处理，甚至导致冲突升级。

例如，团队成员会出现一半的人与另一半的人形成不合作的敌对状态。团队领导者如果能够非常清楚原因，能够作出准确判断就可以表态，否则不要轻易表态。团队领导要把大家的注意力往工作上引导，而不是引向双方的人身攻击。调查该冲突的原因时，要私下逐步进行，直到把问题调查清楚。

2. 营造良好的沟通氛围

团队领导有责任营造良好的沟通氛围，也就是营造一种员工能够愉快高效地工作的软环境，这样才能实现团队目标并且使团队成员提高满意度。

团队领导者营造沟通气氛的方法有下面几种：尽量平易近人，通过与员工的交谈来了解工作的紧张或是遇到的麻烦；适当拉近与员工的距离，能够仔细听取他们的意见，重视一些细小的事情，处处体现出对他们的关切和在意；看是否有人需要帮助或努力去发现一些细小的变化，因为这些蛛丝马迹中可能蕴藏着矛盾冲突。所以，要善于防微杜渐，把事情解决在萌芽状态。没有人愿意生活在不愉快的环境之中，一个有问题的员工可能导致整个工作的氛围令人不愉快。团队领导对团队气氛有着直接的影响，要营造一种人人畅所欲言的气氛，尽量避免成员间的意见分歧演变为派别对立。

3. 培养积极向上的团队文化

团队领导对团队文化的培养有着非常重要的影响。建设积极向上的团队文化，能使员工积极向上，团结一致。这种氛围往往能使情绪低落者受到鼓舞，把不良事件消灭于萌芽状态，在团队内形成一种团结互助气氛，大大降低团队成员间冲突的发生，团队的工作效率也必将大大地提高。因此，要有意识地培养健康、积极的团队文化，减少冲突的发生。

4. 适当信息阻隔

所谓信息阻隔，就是指信息在经过团队领导时要有意识地减少传播，以便有充分的时间调查研究，求得问题的妥善解决。

如果只有沟通没有阻隔，就会形成信息失控，造成因小事而影响班子团结，因流言而瓦解班子合作的不良结果。因此，作为团队领导，应把握好各方面的思想情绪，做到该畅则畅，该阻则阻，从而达到化解矛盾、消除不利因素、求同存异的目的。

特别是作为一个领导集体的团队，其领导成员之间彼此会意见不合，彼此会有一些不良看法。这种情况下，一般应先行隔阻，不能贸然将意见全盘托给被反映的另一个成员，而应当经过一些侧面观察或调查，再酌情处理。不做阻隔，急于沟通，只会增加成员之间的隔阂，或者增加被反映者不必要的心理压力。

团队领导班子成员生活在社会上，不可避免地会存在家庭矛盾、邻里矛盾、社会矛盾，人们遇到此类矛盾或受到委屈，有时处于依赖心理会向团队领导吐露一些情况，如纯属私人事务的问题。作为团队领导应真诚地帮助其化解矛盾，提出建议，切不可到处张扬，也不可在其他团队成员之间散布。散布会伤害该成员的感情和破坏其形象，隔阻反而有利于工作和团结。

团队领导在决策酝酿阶段，会征求多方意见。一些成员要与团队领导交换意见，由于角度不同，有些意见会涉及其他成员职权范围之内的工作，对于此类意见和建议，应先在团队领导与提出建议的成员之间讨论，而不宜不加分析地直接向其他成员传播，以免由于职权划分问题，引起团队领导和成员间的纠纷或意见。

（二）团队管理者与下级冲突的处理

凡大型水库在每年汛期时都要开闸放水冲沙，如不及时开闸放水，就会导致溃坝或泥沙堆积导致水面上升。在人际交往中，人的心理也是如此。团队领导与下级的冲突可能起源于下级的某种不满和怨气，心里的怨气积累太多，必然会发泄出来。因此，当下级有怨气要发泄时，就应采取一定的方式让他发泄。有沙不冲会破坏水库，有怒气不泄会憋出心理毛病。即便是下级在发泄的过程中有过激的言辞，也要让他发泄完，然后再选择适当的时机与之沟通，帮助他分清是非。通常来说，一个人在发泄完怨气后，心境会平静下来，这时就容易与之沟通。

团队领导与下级的矛盾或冲突一般来说不是突然发生的，往往有一个由潜到显、由小到大的生成过程。辩证法告诉我们，任何矛盾的产生都与特定的时空条件、事件性质有密切的关系。因此，处理这类冲突不能过于简单武断，而必须及时地掌握各方面情况，找出冲突的根源，根据具体情境、具体人员、具体事件，采取灵活的方法及时处理冲突。具体做法如下：

1. 化解冲突于萌芽状态

在任何一个团队合作中，皆大欢喜是不存在的，冲突与不满通常都会发生。有效的团队领导者必须运用他的权威和影响力及早处理这种冲突，把团队冲突化解在萌芽阶段。

团队内部发生冲突不一定是坏事，它使团队的一些潜在矛盾暴露出来，但是，冲突给正常的工作秩序造成不同程度的危害，对团队目标的实现起着负面影响。当人们普遍就所关心的问题作出较偏激的反应时，就会形成一种从众心理，其突出的特点就是情绪色彩浓厚，相互传染快。团队领导如不及时加以疏导，这种对立情绪就会快速扩大并引发冲突。对此，可采取以下步骤：

（1）及时沟通信息，在矛盾气球爆破之前先放气。

矛盾不断激化的一个重要原因，是团队成员不满意的地方太多。若压着不能讲，问题长期得不到解决，就像高压锅一样，持续高温又没有出气的地方，到一定程度非爆炸不可。

（2）当冲突发生后，要迅速控制事态。

在情况不明、是非不清而又矛盾激化的时刻，先暂时冷却、降温，避免事态扩大。然后，通过细致地了解原因适时予以解决。

（3）及时阻隔信息，避免流言的影响。

团队领导应把握好各方面的思想情绪，做到该畅则畅，该阻则阻。从而达到化解矛盾、消除不利因素、求同存异之目的。

2. 以君子大度化解矛盾

古人言：宰相肚里好撑船。团队领导凡事要让三分，要大度冷静，这样可为自己今后的工作做一个铺垫。在经历了以上三个步骤控制住事态以后，团队领导就要分析冲突产生的原因、作用、后果以及转化，为进一步的处理决定做好准备。可以多从以下几个方面考虑问题：

（1）别人对自己是否有恶意？很多时候，其实别人对自己并没有恶意，而自己却以为别人在故意跟自己作对。

（2）自己有没有误会对方？如果有误会的话，重新调整自己的视角，问题就好解决了。

（3）自己是不是完全不了解对方而妄加揣测呢？如果是这样，就要努力去了解对方，与对方沟通，这样可以避免不良冲突，或在冲突刚激起时就通过与对方的沟通而予以消除。

（4）产生对立的原因为何？事出必有因，如果能找出具体原因，就能对症下药，消除对立。

（5）对方的真实意图是什么呢？是个性本来就如此呢？还是一时兴起？努力从对方的表情、态度、说话的语气来了解其本意。

（6）一定要对立吗？如果是会影响团队利益、违背规章制度的，就要维护团队利益，就要坚持原则。但是，如果为了微不足道的小事而对立，那是件多么愚蠢的事情！

（7）互相对立对彼此有什么好处呢？除了考虑自己的得失，能否考虑别人的得失？

3. 诉之以情，晓之以理

不良冲突爆发时往往伴随着情绪上的对立，甚至发生肢体冲突。这时应诉之以情，以感情打动对方，缩短冲突双方感情上的距离；晓之以理，诚恳地引导，使其平静下来理性地处理问题。

在美国工运史上，管理者中较早懂得以诉诸感情的方式对待罢工者的，是福特汽车公司的一个经理。当福特汽车公司 2 500 名工人因要求加薪而罢工时，经理布莱克并不曾发怒、痛斥或威吓罢工者。事实上，他反而夸奖工人。他在克利夫各报纸上登一段广告，庆贺他们放下工具的和平方法。看见纠察队没有事情做，他买了很多棒球和球棒让工人们玩。

布莱克经理这种讲交情的态度，就是在感情上接近对方，使得对方愿意接纳自己。人是社会动物，都是讲感情的，那些罢工的工人借来了很多扫帚、垃圾车等，开始打扫工厂周围的碎纸、火柴棍、纸烟及雪茄尾巴。在劳资对立的情况下，为挣应得的工资不得不罢工的工人们却开始在工厂的周围作清扫，这种情形在美国劳工斗争史上实在是空前的。那次罢工在一周内获得圆满解决，双方未发生恶感和怨恨。

4. 冷静思考，善后解决

在团队内部，上下级之间对于问题解决方法的意见不同，或自我意识太强，都有可能引发争执。若团队久经磨合，大家坦诚相见，则争执有利于鼓励不同意见。但在很多情境下，事实往往不能如愿，争执常常会发展为争吵或冲突。如果发生这种情况，可以从以下几个方面来考虑：

（1）为什么会变成这样——找出对立的原因。

（2）为什么自己要那么坚持——想想这是不是值得钻牛角尖的事呢？

（3）对方为何要如此坚持——是为了出名？还是为了利呢？努力找出原因。

（4）自己的主张真是正确的吗？团队成员如此坚持自己的意见，是不是因为领导者自己的主张有缺陷呢？还是自己的坚持错误呢？

（5）有必要固执己见吗？如果能退让一步对双方是不是都有好处呢？

（6）自己的表达方式是不是有问题？即使自己是正确的，但如果表达方式有问题，就会伤了团队成员的自尊心或让团队成员很没有面子。所以要改进自己的沟通方式。

（7）把团队成员当成敌人后，会变得如何呢？无时无刻讨厌着对方。但想想看，这又能给双方带来什么好处呢？

（8）要怎么做才能平息争吵呢？可以试着改变说话方式，承认对方的立场也有好的一面，并且将这个想法传达给对方。

想办法给对方一个台阶下，或者自己找一个台阶下，若双方都明白对方想退一步的话，往往会产生好结果。

5. 正确引导员工发泄

尽管团队领导者努力用各种方法处理冲突，但是，事实上也依然存在着冲突。毕竟，下级和团队领导沟通时往往是有所保留的，并不会把所有意见和不满全部讲出来，而是压在心里。因此，人性化的领导要正视这种心理，建设一种发泄渠道，让下级及时发泄。

长期以来，发泄被认为是一个贬义词，是一个不友好、不健康的行为。其实，发泄是人的一种本能。当肉体和精神的压力达到一定程度时，人是需要通过发泄来缓解或消除紧张的。无视这种现象不仅会伤害员工的身体健康，挫伤员工的工作积极性，还可能加大上下级之间的误解。正确引导员工的发泄能显示团队领导者的管理艺术。

日本企业便极度重视员工的身体健康，倡导员工参加体育锻炼。在企业内部，工作以外最多的话题就是有关身体健康和体育锻炼了。上级有责任向下级、前辈有责任向后辈灌输身体健康和体育锻炼重要性的思想，教授养成良好生活习惯的方法。周末一到，上司总是苦口婆心地劝员工休息日别待在家里，要多锻炼身体，这样才能消除疲劳，恢复体力。每次公司员工体检完毕，部长总是打听每人的各项检查指标。“远藤的肺活量比去年增加了，不错。”“小野寺的脂肪率超过全国平均值6个百分点，不像话，给我锻炼。”“对了，向先生，金井可是你的部下哟，你别只管自己，休息日带上他一块跑步。”

体育锻炼是一种非常好的发泄方式，特别是剧烈的、对抗性强的体育项目，如足球、排球、棒球、橄榄球等。日本企业很重视通过这种方式来引导员工发泄。

卡拉OK的发泄效果也相当好。卡拉OK是日本人20世纪的杰作，当初发明的意图除了自我表现以外，还考虑了发泄因素。我们经常能看到这样一种现象，日本人在卡拉OK厅唱歌就如同杀猪一样地号叫，甚至泪流满面、泣不成声，但第二天上班却精神抖擞，如猛虎下山。

下班后偶尔去餐馆吃顿饭喝喝酒也是一种很好的发泄方式。大家天天在一起工作，朝夕相处，就算是最好的关系，也难免发生矛盾、产生误解。如果让矛盾、误解积小成大，终有一天会出事的。于是，周末或月末，同事、上下级相邀，外出吃饭喝酒，在谈笑声中，在觥筹交错之中，相互问候，祝愿对方健康，祈祷公司发展，互赔不是。结果，不满和误解得到发泄，同事关系、上下级关系拉近了，大家也不计较以前的言语过失了。

（三）团队间冲突的处理

公司会有许多个像你所在部门一样的团队，就像办公室里的争执一样，公司内部各团队之间的竞争或合作难免会产生许许多多的矛盾，导致一个团队和另一个团队之间产生抵触情绪，甚至有可能相互仇恨。相应的，就像部门内部矛盾会影响部门成员的工作情绪和工作效率一样，团队之间的矛盾也会使公司业绩大大滑坡。作为一名团队领导，不仅具有维护团队利益的权利，更有保证公司效益的职责。所以，化解团队间的矛盾，无论对团队还是对公司都是有益的。

1. 调查原因

当你发现你的团队成员对某个团队产生了厌恶情绪的时候，你最好及时做一些调查工作。这其中包括证实这类厌恶情绪是否存在，在成员中是否有一定的普及面，而且这种情绪针对的是某个团队。团队领导最好还应该弄清楚，这种情绪产生的时间，以及产生这类情绪的直接导火索和以往所有可能牵涉的一系列事件。当掌握了第一手的资料之后，不妨找另一个团队的领导谈一谈这个问题。

2. 双方团队领导沟通

通过与对方团队领导的沟通，可以清楚地了解对方的态度和立场。所以在这类事件上两个团队领导的态度就显得十分重要。需要说明的是，如果一个团队领导和另一个团队领导仍抱着狭隘的局部主义观念，完完全全从自己团队的利益出发考虑整个事件，那么矛盾是无法解决的。在这个时候团队领导首先应该表明自己解决问题的态度，矛盾已然产生，化干戈为玉帛才是上上之选。所以，在谈话中，两位团队主要领导应先达成一致，甚至可以保持意见上的异议而实现态度上的一致。只有这样，双方的团队成员才不会进一步激化矛盾，因为两位首领都已经发出了缓和、忍让、谈判的友好信号，让团队成员们意识到解决矛盾才是双赢的途径。

3. 公开对话

准备工作一旦就绪，不妨由两位团队主要领导召开大会，邀请双方的各级代表参加，开诚布公地谈一谈问题。这当然不会是一件开心的事情。假如公司里有专门处理这一类事情的当事机构，那么请他们出面是再好不过的；假如没有这类机构，那么由两个团队主要领导共同推荐一两名仲裁者，由他们坐在两队成员中间，倾听了解情况。会议上的争执是不可避免的，只要言语不过于激烈，让双方代表互相诉说一下也未尝不可。但还是要做到适可而止，如果有人一时克制不住怒火，那么可以用一些主持的技巧，把与会者的注意力转移到事情、矛盾的本身上来。这时可以用提问的方式将话题吸引过来，比如：既然你们对我们的做法表示不满，那么可不可以请你们详细地谈一下你们所见到的实际情况；或者是：他们说的对吗，你们当时真的是这样吗？这样的引导，至少有助于双方代表对于事情的经过给予更多的重视。

4. 找到解决方案

最后，促成双方代表对问题达成一致——这就要看两个团队的主要领导以及中立的协调人的态度了。解决方案要以客观公正和顾全整体利益为原则。双方应该以协商的态度，设身处地地为对方想一想，为公司的利益着想。双方可能会达到完全和解，彼此产生好感，如果这些目标都很遗憾地未能达到，那么至少在这几十分钟的谈判中，双方会对事件的真实情况有进一步的了解，也许在知道了一些事先不被了解的背景之后，双方会对矛盾的直接导火索有一个更深刻全面的认识。然后，打开以前拿到的第一手材料把几个核心问题挑出来，在双方代表面前当众宣读，并且分别让他们阐述各自不同的看法，并从中进行有针对性的调解，可以说“我们的意思从根本上来说是一样的”或“你的这一部分观点我完全同意”之类的话。求同存异将双方的话题逐渐拉拢，并且将矛盾的焦点细致化、具体化。这样做有利于矛盾的解决。将已经达成一致的问题从材料上删去，对仍无法达成一致的问题允许双方保存意见，以备日后商榷。

经过上面几个步骤，团队间的冲突也应该能化解一大半了。接下来的工作就是针对个别员工，对他们作单独的说服教育工作。

三、如何激发建设性团队冲突

团队领导想提高团队竞争力，必须认识到建设性冲突的积极作用。没有冲突的团队是一个没有生命力的团队，但冲突过度又具有破坏性的影响。因此，团队领导应该使团队冲突保持在一个适当的水平上，使其不至于过低，否则不能激发成员的创造能力和创新精神；也不至于太高，以避免冲突妨碍了团队目标的实现。总之，优秀的团队领导要掌握激发建设性冲突的技巧。

1. 合理适度的差别与利益竞争

有比较才能看到差距，有比较才能胜出竞争。通过绩效考核，团队可以比较个人的绩效结果，进而根据结果采用激励手段，激发员工内部的适度竞争，发挥建设性冲突的积极作用。

雅虎公司在2001年网络低潮中未能逃脱劫难，其市值从1 000多亿美元跌至100亿美元以下。有管理学家认为，抛开大市不好等外部因素，雅虎在人力资源管理上缺乏容忍良性冲突的细胞是造成其迅速滑落的重要原因之一。在雅虎公司，人力资源管理具有一种天然的、自傲的排他特征。因此，雅虎公司缺乏不同声音、不同思想、不同背景的管理者，也缺乏容许发表不同意见和开展争论的氛围。

2. 改革组织结构，打破现状

组织结构太长时间不革新，则组织内容易形成一定的派系，从而积攒各种矛盾冲突。重新建构组织，重新组合工作群体，改变公司原有的结构和章程，变革组织各部分之间的关系，从而打破原有的平衡格局以及利益关系，可以提高冲突水平。团队中，组织结构的扁平化、网络化、虚拟化要求团队成员平等沟通，有利于团队冲突的良性化。

3. 利用“鲶鱼效应”

鲶鱼效应启示我们用“鲶鱼型”员工激发建设性冲突。比如，引进公司外人员来激发冲突，通过外部招聘或是内部调动方式引进一些在背景、态度、价值观和管理风格上与目前公司成员不相同的个体，来增加公司中不同思想之间的碰撞。或者，任命一名爱批评的人来激发冲突，扮演批评家的角色，给公司安排一名总是具有“与众不同”想法的人，让其专挑毛病，专唱对台戏，从而打破定向思维、从众效应，激发必要的冲突。如果一个团队长期听不到不同声音和反对意见，领导者就有必要去挖掘和提升内部鲶鱼型员工，引导其直接与团队其他员工产生良性冲突。

4. 倡导“内和外争”

在群体的态度、行为和文化上强调内部的团结与和谐，强调与外部群体的差异和界限，从而将外部群体视为竞争对手，激发群体间的冲突。

在激发有利冲突时，把握“度”是关键。过犹不及，如何使冲突保持在适当的水平，是对冲突管理者的挑战。冲突过度的话，不仅使有利冲突变成有害冲突，还可能让自己卷进冲突之中。

向下属传递这样的信息，倡议新观念，提出不同看法，明确冲突有其合法地位，并以自己的行动加以支持，对于冲突过程中出现的少数意见和观点，管理者不能轻易批评、指责、嘲笑、讽刺或挖苦，而要冷静地分析，对引起冲突的原因进行深入思考与论证。

这是因为有些冲突的原因一时尚未成熟，尚未充分展开，所以很难分清是非曲直，不必马上作结论。

此外，还要对冲突双方提供必要信息，让不同的人进行观点交锋，碰撞出新的思想火花，引导良性冲突深入展开。

5. 建设沟通渠道

企业中利用沟通技巧激发良性冲突很常见。正视沟通渠道，良好的沟通是激发良性冲突最好的技巧。作为团队领导者要带头参与沟通，利用正式沟通渠道直接引发良性冲突。通用公司前任 CEO 杰克·韦尔奇十分重视发挥建设性冲突的积极作用。他认为开放、坦诚、建设性冲突、不分彼此是唯一的管理原则。企业必须反对盲目的服从，每一位员工都应有表达反对意见的自由和自信，将事实摆在桌上进行讨论，尊重不同的意见。韦尔奇称此为建设性冲突的开放式辩论风格。正是这种建设性冲突培植了通用公司独特的企业文化，从而成就了韦尔奇的旷世伟业。在 GE，公司经常安排员工与高层领导对话。韦尔奇本人经常参加这样的面对面沟通，与员工进行辩论，通过真诚的沟通直接诱发同员工的良性冲突，从而改进企业管理。

团队领导者还要特别注意运用非正式沟通来激发良性冲突。美国白宫从 20 世纪 30 年代以来，一直运用沟通手段激发冲突。高级官员把可能的决策通过名声不好的可靠信息源渠道透露给媒体。比如，把高级法院可能任命的大法官的名字泄露出去。如果该候选人能够经得起公众的挑剔考察，则将任命他为法院院长。但是，如果发现该候选人缺乏新闻、媒体以及公众的关注，总统的新闻秘书或其他高级官员不久将发表诸如此人从未在考虑之列的正式讲话。

四、实训技能与拓展

（一）周总理的故事

1955年4月18日，在印度尼西亚的山城万隆，有29个国家参加的亚非会议开幕，中华人民共和国总理兼外交部长周恩来出席了会议。

亚非会议是第一次由亚非国家独立召开、谋求亚非国家和平的会议。西方国家和反动派对这次会议十分害怕，企图阻挠和破坏。蒋介石还派出了暗杀团，打算在途中或万隆暗杀周恩来。西方国家则利用亚非国家社会制度和意识形态的不同，挑拨中国和其他亚非国家的关系。会议开始的时候，有的国家的代表提出所谓“共产主义威胁”的问题，气氛相当紧张。

面对上述情况，第二天下午轮到周恩来发言时，他临时决定把原定的发言稿作为书面稿印发，自己则利用午间的短暂休会时间写了补充发言稿，以回答对中国的造谣中伤。周恩来在发言中说，“中国代表团是来求团结而不是来吵架的。我们共产党人从不讳言我们相信共产主义和社会主义制度是好的。但是，在这个会议上用不着来宣传个人的思想意识和各国的政治制度，虽然这种不同在我们中间显然是存在的”，“我们的会议应该求同而存异，”周恩来说，“中国俗话说‘百闻不如一见’，我们欢迎所有到会的各国代表到中国去参观，你们什么时候去都可以，我们没有竹幕，倒是别人要在我们之间施放烟幕。”

周恩来的发言获得了与会代表普遍热烈的欢迎和赞扬。缅甸总理说周恩来的演说是“对打击中国的人一个很好的答复”。有些在会上发表过攻击中国言论的代表也不得不承认“这个演说是出色的、和解的，表现了民主精神”。周恩来的发言，引导会议绕过暗礁，回到了正确的轨道上。周恩来提出的“求同存异”，也成了万隆会议的原则。

最后，经过各国代表的反复磋商，特别是周恩来在坚持原则的基础上，同意把五项原则的前四项改为七项，同意把“和平共处”一词改为联合国宪章的用词“和平相处”。这样，终于通过了万隆会议的十项原则。

1955年4月18日开幕的亚非会议，由于周恩来的努力，增进了各国对中国共产党外交政策的了解，为后来一些亚非国家同新中国建交创造了条件，为进一步发展中国同广大亚非国家的友好关系打下了良好的基础。

（二）有个性的优秀员工

一位业绩一直是第一的员工认为某项具体的工作流程是应该改进的，她也和主管包括部门经理提出过，但没有受到重视，领导反而认为她多管闲事。

一天，她私自违反工作流程进行改变。主管发现后就带着情绪批评了她。而她不但不改，反而认为主管有私心，于是就和主管吵翻了，并退出了工作岗位。主管反映到部门经理那里，经理也带着情绪严肃批评了她，她置若罔闻。于是经理和主管就决定严惩，认为该开除她或者扣三个月奖金。这位员工拒不接受。于是部门经理就把问题报告到老总这里。

老总于是就把这位早有耳闻的业务尖子叫到办公室谈话。老总没有一上来就批评她，而是让她先叙述事情的经过，通过和她交谈，交换意见和看法。老总发现这位员工确实很有思路，她违反的那项工作流程确实应该改进，而且还谈出了许多现行的工作流程和管理制度中存在的不完善之处。

老总的这种朋友式的平等的交流，真诚地聆听她的意见，让她感觉受到了重视和尊重，反抗情绪渐渐平息下来，从而开始冷静地反思自己的行为，从开始的只认为主管有错，到最后承认自己做得也不对。在老总策略性的询问下，她也说出了她认为自己的错误应该受到的处罚程度，最后高兴地离开了办公室。

此后，老总与部门经理以及主管交换了意见和看法，经理和主管也都认同了“人才有用不好用，奴才好用没有用”的道理。

大家讨论决定以该位员工自己认为应受的罚金减半罚款，让她在班前会上公开做自我检讨，并补一个工作日。她十分愉快甚至可以说是怀着感激之情地接受了处罚。而且公司还以最快的速度把那项工作流程给改进了。

事情过后，大家发现这位员工一下子改变了原来的傲气和不服的情绪，并积极配合主管的工作，工作热情大增，大家说她好像变了个人似的。

讨论题：

1. 周恩来总理是怎么化解这场冲突的？
2. 第二个案例中老总处理冲突的方式好吗？为什么？

●本章小结

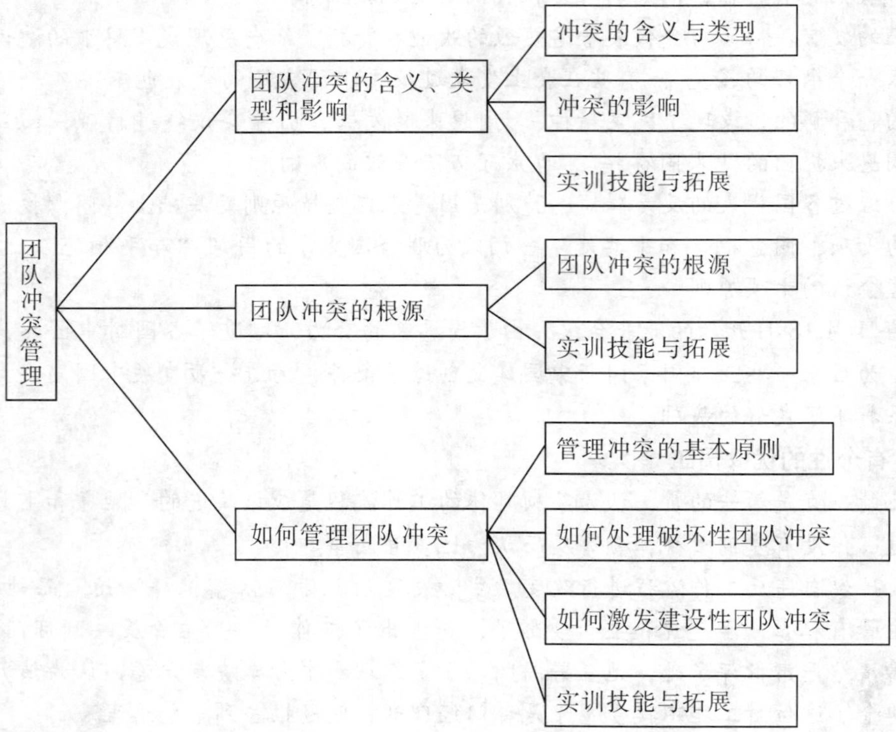

本章复习思考题

1. 团队冲突的含义是什么？
2. 团队冲突有哪些作用？
3. 学习完本章，你是如何看待冲突的？

4. 你的生活和学习中遇到过冲突吗？请回忆并阐述你是如何解决的。

●延伸阅读

一、培训游戏规则和程序

1. 将参加人员分成若干组，每组4～6人为宜。

2. 每组讨论3分钟，根据自己平时的特点分成两队，分别为“指导者”和“操作者”。

3. 请每组的“操作者”暂时先到教室外面等候。

4. 这时培训师拿出自己做好的模型，让每组剩下的“指导者”观看（不许拆开），并记录下模型的样式。

5. 15分钟后，将模型收起，请“操作者”进入教室，每组的“指导者”将刚刚看到的模型描述给“操作者”，由“操作者”搭建一个与模型一模一样的造型。

6. 培训师展示标准模型，用时少且出错率低者为胜。

7. 让“指导者”和“操作者”分别将自己的感受用彩色笔写在白纸上。

二、相关讨论

1. 身为指导者的你，体会到什么？

2. 身为操作者的你，体会到什么？

3. 当操作者没有完全按照你的指导去做的时候，身为指导者的你有什么感觉？

4. 当感觉到你没能完全领会指导者意图的时候，身为操作者的你有什么感觉？

5. 当竞争对手已经做完，欢呼雀跃的时候，你们有什么感受？

6. 当看到最后的作品与标准模型不一样的时候，你们有什么感受？

7. 是效率给予的压力大，还是安全性给予的压力大？

8. 指导者和操作者感受到的压力有什么不一样？

第七章　团队绩效提升

●学习目标

1. 领会绩效的含义；
2. 理解绩效管理的过程；
3. 掌握团队绩效提升技巧。

第一节　绩效的基本概念

●引导案例

为了攻克某项产品的技术难题，作为项目经理的李君带领下属经过讨论，为该项目制定了规划，包括项目目标、项目里程碑等。该规划获得公司评定委员会评审通过后，于2001年3月正式投入了运作。同时，李君不断参加项目管理方面技巧的培训和自行学习，如团队建设、有效沟通等。

李君作为一位不错的项目经理，从项目启动那天开始，项目组成员个个精神抖擞、意气风发，气氛也一直好于其他项目组。但是，项目从2001年3月启动，一直持续到2002年1月份，就是不见成效，而这个日期就是公司给项目组下达的最终日期。

怎么办？以李君为首的项目组全体成员陷入了困境。“项目还要不要做下去？要做，从哪里寻找突破口？项目到底存在什么问题？”针对一系列问题，项目组成员认真冷静地进行了讨论和分析。结果，令所有项目组成员吃惊的是“项目的假设前提有问题”，再做下去也是毫无意义的。

整整10个月，为攻克该技术问题，项目组耗费了公司大量的人力、物力、财力资源。那么，对于他们的绩效应该如何评价？

（资料来源：杜映梅．绩效管理．北京：对外经济贸易大学出版社，2003）

讨论题：

1. 李君带领的团队工作努力吗？
2. 该团队工作效果如何？
3. 你是如何理解绩效的？

一、如何理解绩效、绩效管理和绩效评价

1. 绩效

对于一个团队而言，如何有效地调动团队与团队成员的积极性和创造潜力，持续地提高他们的绩效水平，是非常重要的。对于绩效，不同的情境下有不同的理解。有人认为："绩效指的是完成工作的效率与效能"；也有人认为："绩效是员工的工作结果，是对企业的目标达成具有效益、具有贡献的部分"；更有人认为："绩效是个人知识、技能、能力等一切综合因素通过工作而转化为可量化的贡献，包括有形、无形两部分" 等。

绩效是一个多义的概念，从管理实践的历程来看，人们对绩效的认识是不断发展的：从单纯的强调数量到强调质量再到强调满足顾客需要；从强调"即期绩效"发展到强调"未来绩效"。从上面种种说法可以看出，绩效实际上反映的是员工在一定时期内以某种方式实现某种结果的过程。我们认为绩效指的是那些经过评价的工作行为、方式及其结果，也就是说绩效包括了工作行为、方式以及工作行为的结果。

2. 绩效管理

绩效管理是管理者和员工就目标及如何达到目标而达成共识，并辅导和发展员工绩效的过程。如果把绩效考核的结果同薪酬结合起来，那么它就是一种管理员工贡献的方法。绩效管理不仅仅是评价方法，而是对工作进行组织，以达到最好结果的过程、思想和方法的总和。绩效管理是一个过程，是一个包括若干环节的系统。管理者在绩效管理中要对开始阶段、实施阶段到反馈阶段的全过程进行辅导。在整个管理过程中，体现管理者对员工的沟通、激励、反馈和辅导。绩效管理不仅仅关注结果和任务的完成，更关注人们的行为表现和努力程度。

3. 绩效评价

绩效评价就是指根据员工个人的绩效标准，来对其当前以及过去的绩效进行评价。绩效评价结果能够为薪酬决策提供信息，为员工职业生涯发展规划提供依据，为企业管理者改善组织绩效提供可靠的参考信息。

二、影响员工绩效和团队绩效的主要因素

（一）影响员工绩效的主要因素

现代科学技术与心理学的研究表明，员工的绩效主要是由以下几个因素决定的，如图 7－1 所示。

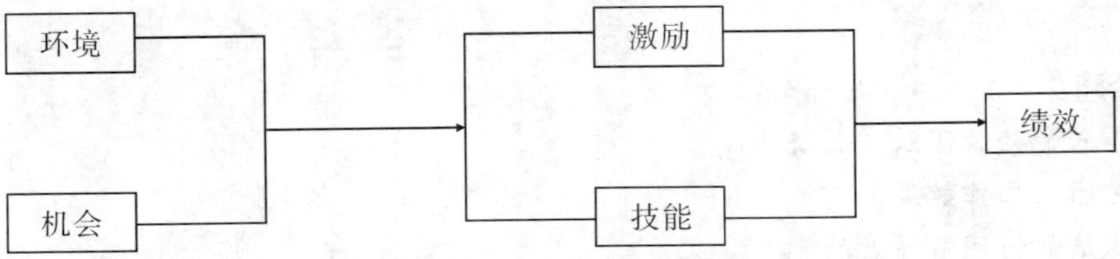

图 7-1　影响绩效的主要因素模型

技能（S—skill）；机会（O—opportunity）；激励（M—motive）；环境（E—environment）；绩效（P—performance）。

可以用以下的公式来表示：$P = f(S, O, M, E)$

这个公式表明：绩效是技能、机会、激励、环境这四个变量的函数。

在其他因素不变的情况下，员工的技能越高，绩效越显著，因此技能与绩效成正比。而技能的高低又取决于多种因素，这些因素包括个人的体质、智力、受教育和培训的状况、本人已经具备的知识和经验等因素。

激励是指员工的工作状态，也就是他的积极性如何。员工的积极性和团队的激励机制密切相关。关于团队激励机制，我们在本书的前面章节有过介绍，这里不做过多阐述。

机会，对于团队成员来讲，主要有以下几个方面：职位的晋升、学习培训机会、收入提高的可能性。如果员工觉得，能力强就能获得机会，员工会感觉到比较公平，会积极地通过提高个人绩效来获得这些机会；相反，如果员工觉得能力强也不能获得机会，员工会感到明显的不公平，从而失去提高绩效的积极性。

环境包括员工工作的软、硬两方面的环境。软环境是团队绩效管理制度、人际关系、领导方式与团队文化等。硬环境主要是工作条件，比如路桥行业——建设高速公路的施工团队，工作环境往往比较荒僻，虽然收入较高，但环境因素成为从业人员辞职的重要原因。良好、舒适的工作环境，会让员工提高工作效率，从而有利于自身绩效的提高；相反，一个员工处于相互猜疑与妒忌、安于现状、彼此之间不提供任何帮助的团队中，他的个人绩效肯定会低。当然，影响员工绩效的因素比较多，除了我们上面谈到的几个方面之外，还有员工个人兴趣、对岗位的适应性等因素。

兴趣是工作的内在动力。如果员工对一份工作感兴趣，做起来就会主动高效；相反，如果员工对一份工作缺乏兴趣，做起来就会草率应付。例如，同样是做营销，员工 A 对营销非常感兴趣，那么他就会主动地去学习营销方面的知识，主动地去联系已有客户和挖掘潜在客户，在遇到挫折时也不会轻易地放弃；员工 B 对营销工作缺乏兴趣，他在开拓市场及联系客户方面的积极性与主动性就会明显低于 A，遇到挫折时可能也会轻易放弃。那么在月末或季末进行绩效考核时，谁的得分高就显而易见了。

每个人的性格都是不同的。有的人性格外向，善于言谈，人际关系能力强，喜欢在公众面前发表自己的言论；有的人则性格内向，忠厚老实，喜欢独立地思考问题。不同性格的人所适合的岗位也就不同，比如喜欢与人打交道的人，我们就应该把他安排在销售或公关的岗位上；对于比较保守、比较内向、比较细心的人，我们就应该把他安排在会计或审计的岗位上；而对于善于独立思考的人，安排他去搞学术则是比较适合的。其实对于不同的人来说，没有能力高低之分，只有适合与不适合之分。也许在某岗位上，甲的能力低于乙，但在另一岗位上，甲就可能高于乙。我们要做的是，在适当的时间把适当的人安排在适当的岗位上，使人尽其才。同等情况下，性格不适合某一岗位的员工和性格适合某一岗位的员工，他们的工作绩效会有较大差异。

（二）影响团队绩效的主要因素

1. 团队目标不明确

指团队领导以及团队成员未能充分了解团队的整体目标和分阶目标，未能充分了解与目标相匹配的工作范围、质量标准、预算和进度计划等方面的信息。目标不清楚，将导致团队成员在工作过程中盲目和无所适从，遇到挫折容易妥协，最终影响团队绩效。

2. 团队领导不力

指团队领导不能充分运用职权和个人权力去影响团队成员的行为，带领和指挥项目团队为实现项目目标而奋斗。这是影响项目团队绩效的根本因素之一。团队领导不力使团队成员的信心降低，凝聚力下降，最终影响团队绩效。

3. 团队成员的职责不清

团队成员的职责不清是指项目团队成员对自己的角色和责任的认识含糊不清，或者存在团队成员的职责重复、角色冲突的问题。这同样是影响项目团队绩效的一个重要因素。职责不清容易导致集体卸责现象的发生，最终影响团队绩效。

4. 团队内缺乏沟通

团队内缺乏沟通是指团队成员对项目工作中发生的事情缺乏足够的了解，团队内部和外部之间的信息交流严重不足。这不但会影响一个团队的绩效，而且会造成项目决策错误和项目的失败。

5. 团队激励不足

团队激励不足是指团队领导所采用的各种激励措施不当或力度不够，使得团队激励不够。这也是影响团队绩效的一个重要因素，因为这会使团队成员产生消极思想和情绪，从而影响一个团队的绩效。

6. 制度不全，约束不力

指团队没有合适的规章制度去规范和约束项目团队及其成员的行为和工作，团队成员内部各行其是，松散无序。这同样是造成项目绩效低下的因素之一。

7. 团队精神缺乏

团队精神缺乏是指团队成员缺乏内在的工作热情和动力，团队成员没有积极的协作意愿，团队失去凝聚力。这将严重影响团队绩效。

三、实训技能与拓展

罗云在航空食品公司担任地区经理近一年。她是工商管理硕士，在本公司总部做过 4 年多职能性管理工作。目前分管 10 家供应站，每站有一位主任，负责向一定范围的客户销售和服务。该公司不仅为航空公司服务，也向成批订购盒装餐的单位提供服务。该公司雇请所有岗位的厨房工作人员，采购全部原料，按客户要求烹制食品，不搞分包供应。供应站主任主要负责计划、编制预算、监控指定客户的销售服务员等工作。罗云上任的第一年，主要是巡视各供应站、了解业务、熟悉各站的工作人员，获得不少信息，信心大增。

罗云手下的10个主任中，资历最老的是老马。老马只念过1年大专，从厨房代班长干起，3年后当上这个主任。老马很善于和他重视的人，包括部下搞好关系。他的客户都是铁杆，3年来没有一个转向竞争对手那里去订货的，他招来的部下，经过他的指点培养，好几位被提升当上了其他地区的经理。不过，老马不良的饮食习惯严重影响了其健康，他身体过胖，心血管加胆囊结石，这一年请了3个月假。医生早有警告，但他置若罔闻。另外，他太爱表现自己，做了一点小事，也要向罗云表功。他打给罗云的电话超过其他9个主任的电话总数。罗云还没遇到过这种人。由于业务扩展，需要给罗云添一名副手。老马公开说过，自己资格最老，地区副经理非他莫属。但罗云觉得老马若来当副手，实在令人受不了。两个人的管理风格太悬殊；而且老马的行为一定会惹怒地区和公司的工作人员。

年终绩效评估到了。总体而言，老马这一年干得不错。评估表是10级制：最优10；良好7～9；合格5～6；较差3～4；最差1～2。罗云不知道该给几分：高了，老马更认为自己该提了；太低了，老马肯定会发火，会认为对自己不公平。老马自我感觉良好，认为与别的主任比，他是鹤立鸡群。他性格豪迈，爱去走访客户，也喜欢跟手下人打成一片。他最得意的是指导部下某种新操作方法，卷起袖子亲自下厨，示范手艺。老马跟罗云谈过几次后，就知道罗云讨厌他事无巨细打电话表功，有时一天2～3次。不过，老马还是想让她知道自己的每项战绩。他也知道罗云对他不听医生劝告、饮食无节制有看法。但也认为罗云跟自己比，实际经验少多了，只是学了点理论，到基层干未必能玩得动。他为自己的学历不高，但成绩斐然而自豪，觉得副经理非他莫属，而这只是他实现抱负过程中的一个台阶而已。

罗云考虑再三，决定给老马打6分。她认为这是有足够理由的：他不注意健康问题，病假3个月。罗云知道这个分数远远低于老马的期望，但她要用充分的理由来支持自己的评分。然后她开始给老马的各项考评指标打分，并准备跟老马面谈，向老马传达所给的考评结果。

讨论题：

1. 罗云对老马的绩效考评是否合理？为什么？
2. 如果你是罗云，你会如何做？
3. 如果你是老马，听了罗云的评分结果会如何反应？
4. 如果你是罗云，对于老马的反应你会如何应对？

第二节　绩效管理操作流程

●引导案例

下面是联邦快递调查反馈行动的自下而上绩效评价系统：

第一阶段给每位员工发放一份标准化匿名表格，搜集的信息包括：在雇员的工作环境中，哪些因素会促进或阻碍他们的工作，如我可以把我的想法告诉我的上级；我的上级告诉我他对我的期望；我的上级关注我的想法；上级管理者倾听我这一级员工的意见；联邦快递为我们的顾客提供了优良的服务；相对于我所从事的工作，我得到的报酬是公平的。然后人力资源部会把从某一工作群体中搜集的信息进行整理、汇总，提交给管理人员（为保证匿名性，对一些较小的工作单位一般不单独给出评价结果，而是汇总到一个较大的工作群体，人数达到 20～25 人后，才给出一个总的评价结果）。

第二阶段是管理人员及其下属工作群体之间的反馈面谈阶段，目的是确认雇员关注的事项以及所存在的问题，查找造成这些问题的原因，设计行动方案来解决这些问题。

第三阶段，即制订行动计划阶段，是一长串行动项目清单，指明了管理人员应当采取哪些行动和措施来解决雇员们所关注和提出的问题。包括：什么是雇员关注的问题？你对这些问题是如何分析的？导致这些问题的原因是什么？你应当采取哪些措施来解决这些问题？

讨论题：

联邦快递的这种绩效评价系统的优点在哪里呢？

一、绩效管理操作流程

绩效管理是一个系统的过程，主要包括绩效计划、计划实施、绩效评价、绩效反馈与面谈和绩效改进五个阶段，这五个阶段构成一个循环系统。如图 7－2 所示。

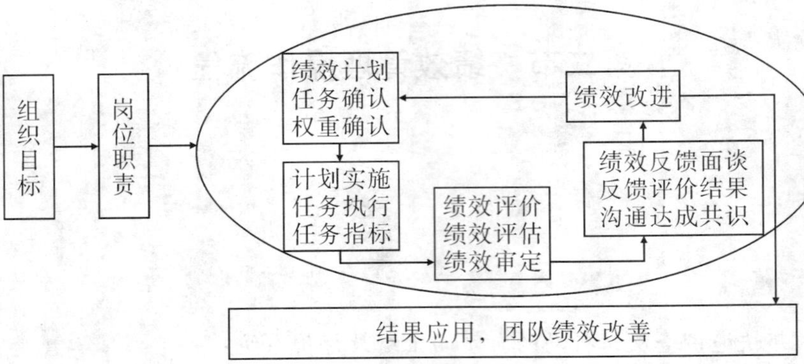

图7－2　绩效管理流程

（一）绩效计划

1. 绩效计划含义

绩效计划是绩效管理的初始环节。绩效计划是指领导者和员工对员工在绩效评价期内应该完成什么工作和达到什么样的绩效进行沟通的过程，并将沟通的结果形成正式书面协议即绩效计划和评估表，它是双方在明晰责、权、利的基础上签订的一个内部协议。绩效计划的设计从公司最高层开始，将绩效目标层层分解到各级子公司及部门，最终落实到个人。对于各子公司来说，是经营业绩计划的过程；而对于员工来说，则为绩效计划过程。

绩效计划作为绩效管理的一种有力工具，体现了上下级之间承诺的绩效指标的严肃性，使决策层能够把精力集中在对公司价值最关键的经营决策上，确保公司总体战略的逐步实施和年度工作目标的实现，有利于在公司内部创造一种突出绩效的企业文化。团队领导在进行绩效沟通的过程中，既要考虑公司的目标，也要考虑团队以及个人的目标。

团队领导主要应向员工表明的是：公司的整体目标是什么？为了完成这样的整体目标，团队所处的业务单元的目标是什么？为了达到这样的目标，对员工的期望是什么？对员工的工作应该制定什么样的标准？完成工作的期限应如何制定？

相应的，绩效计划作为一种双向沟通，员工应该向管理者表明的是：自己对工作目标和如何完成工作的认识；自己对工作所存在的疑惑和不理解之处；自己对工作的计划和打算；在完成工作中可能遇到的问题和需要获得的资源支持。

2. 制订绩效计划

绩效计划必须在公司目标的大框架下进行，需要协调不同的层级部门，因此，绩效计划需要由人力资源管理专业人员、团队领导以及员工三个方面的人员构成。人力资源管理专业人员与团队领导直接设计一个符合各个部门情况的有关绩效结果和绩效标准的大框架，用以指导每个岗位的具体绩效计划。团队领导要了解每个职位的工作职责、每个绩效周期应该完成的各项工作以及各项工作的绩效标准。员工参与到指定计划的过程中，能够提高员工对绩效计划的认同感，有助于提高员工的工作绩效。

3. 制定绩效目标

绩效目标的设立是公司战略目标层层传递的过程，也是团队和团队成员确定方向的过程。因此，绩效目标既要兼顾公司目标和团队目标，也要兼顾个人目标。同时，绩效目标要具有可行性和动态性。

绩效目标来源于员工的岗位职责，当员工的岗位职责有所调整时，其考核指标也要相应地进行调整。表7－1是促销员的岗位职责和能力要求。

表7－1　促销员的岗位职责和能力要求

岗位职责	职责描述	能力要求	绩效目标
销售	了解产品的特点和益处，向客户展示和介绍产品 按照招呼客户、挖掘需求、介绍产品、识别购买信号、促成交易五个步骤，完成产品的销售	面对面销售技巧 处理异议技巧 产品知识	销售额 重点产品销售 销售毛利润 销售费用
产品陈列	按照公司的产品陈列要求，正确整齐地摆放产品，有效促进产品销售 按照公司的陈列原则，正确使用公司提供的宣传资料、价格标签等物品 寻找和发现有利于销售的陈列位置和方式，并与店家谈判取得最佳陈列效果	陈列知识	平均陈列面 陈列位置
促销	按照公司的促销计划，完成与店家的谈判和促销陈列等准备工作	促销管理	促销次数 促销投资回报率
合作	监督、管理和辅导临时促销员的销售工作 与店家的工作人员建立良好的关系	沟通技巧	
市场	向公司及时反馈销售数据 向公司提供竞争对手的新产品特点和价格等信息	熟练使用电脑	提交销售报表的及时率

4. 衡量绩效目标的标准

判断绩效目标是否有效，常常采用SMART原则。

目标是具体的（Specific），即明确做什么，达到什么结果。

目标是可衡量的（Measurable），绩效目标最好能用数据或事实来表示，如果太抽象而无法衡量，就无法对目标进行控制。

目标是可达到的（Attainable），绩效目标是在部门或员工个人的控制范围内，而且是可以通过部门或个人之努力达成的。

目标是与公司和部门目标高度相关的（Relevant），体现出目标从上到下的传递性。

目标是以时间为基础的（Time-Based），在一定的时间限制内。

无效目标举例：

负责货款回收工作（不具体）。

提高交货准时率（不具体，无时间限制，未量化）。

SMART目标举例：

在6月30日前，全面完成对华东地区的货款回收工作（货款回收率100%）。

2002年第三季度交货准时率比第二季度提高2%。

在2002年，把货款回收周期从1997年的平均100天降低到平均60天。

（二）绩效计划实施

制订了绩效计划之后，被评估者就可以开始按照计划开展工作。在工作中，管理者要对被评估者的工作进行指导和监督，对发现的问题及时予以解决，并随时根据实际情况对绩效计划进行调整。在整个绩效管理期间，需要管理者不断地对员工进行指导和反馈，即进行持续的绩效沟通，双方共同探讨员工在组织中的发展路径和未来的目标，保证员工的工作正常地开展，使绩效实施的过程顺利进行。

（三）绩效评价

绩效评价可以根据具体情况和实际需要进行月考评、季考评、半年考评和年度考评。绩效评价是一个按照事先确定的共同目标及其衡量标准，考查员工事实上完成的绩效情况的过程。考评期开始时签订的绩效合同或协议一般都规定了绩效目标和绩效测量标准。绩效评价包括工作结果考评和工作行为评估两个方面。其中工作结果考评是对考评期内员工工作目标实现程度的测量和评价，一般由上级按照绩效合同中的标准，对员工的每一个工作目标完成情况进行等级评定；而工作行为考评则是针对员工在绩效周期内表现出来的具体的行为态度来进行评估。

常用的绩效评价方法有排序评价法、配对比较法、强制分布法、等级评分法、图尺度评价法、关键事件法、行为锚定法、目标管理法。绩效评价是企业人力资源管理的重要工作，因此，人力资源管理部门和团队领导都会参与这项工作。下面简单介绍一下排序评价法和配对比较法。

1. 排序评价法

排序评价法就是对团队内的员工按照工作业绩的好坏进行一定次序的排列，以区别员工的绩效水平。它是一种古老而简单的评价方法，也是人们最惯用的方法。排序法又可分为“简单排序法”和“交替排序法”。

简单排序法是指将员工按照业绩水平由好到差进行排列；交替排序法是简单排序法的变形，操作方法是根据某些工作绩效评价要素找到员工中绩效最好的人和绩效最差的人，之后分别排次好和次差的，依次向下进行，直到全部排完为止，这样就可以得到所有员工的一个完整的排队，人们在直觉上相信这种交替排序法优于简单排序法。其应用如表 7-2 所示。

表 7-2　交替排序评价法应用示例

评价所依据的要素： 针对所评价的每一要素，将所有员工的姓名列出来。将工作绩效评价最高的员工姓名列在序号 1 的位置上，将评价最低的员工姓名列在序号 10 的位置上；将次优的员工姓名列在序号 2 的位置上，将次差的员工姓名列在序号 9 的位置上。不断交替排序，直到所有员工都被排列出来。	
评价等级最高的员工姓名	评价等级最低的员工姓名
1.	6.
2.	7.
3.	8.
4.	9.
5.	10.

2. 配对比较法

配对比较法是评价者根据某一标准将每一名员工与其他员工进行逐一比较，并将每一次比较中的优胜者评选出来。最后，根据每一名员工净胜出次数的多少进行排序。其应用如表 7－3 所示。

表 7－3　配对比较法应用示例

比较对象	张华	李明	付平	王刚	范景
张华		+	+	−	−
李明	−		−	−	−
付平	−	+		+	−
王刚	+	+	−		+
范景	+	+	+	−	

（四）绩效反馈与面谈

有效的反馈可以使员工真正认识到自己的潜能，从而知道如何发展自我。反馈还可以使员工相信绩效考核是公平、公正和客观的，否则员工就有可能怀疑绩效考核的真实性。进行绩效反馈面谈需要做一些准备工作，例如及时收集有关绩效考核资料，安排面谈计划的时间、地点和参与人员。面谈沟通中团队领导者要坦诚相见、客观冷静、不指责。

（五）绩效改进

绩效改进是绩效管理的一个重要环节。现代绩效管理中，员工能力的不断提高以及绩效的持续改进和发展是其根本目的。所以，绩效改进工作的成功与否，是绩效管理过程是否发挥效用的关键。

团队领导者在制订员工绩效改进计划时应注意：首先做好一名导师，率先垂范，身体力行，这样才能赢得部属的尊重。其次，要帮助制定培训规划，与下属员工一起做好全面的培训规划与设计，并做好对培训效果的评估，保证培训达到预期效果。再次，要做好职业辅导，帮助下属员工进行职业生涯规划，把员工自身发展的需求变为不断提高绩效的动力。最后与下属员工一起合力确定改进项目和制订改进计划。

二、实训技能与拓展

（一）某企业的绩效管理

某家公司通过渠道销售产品，一位区域销售总监负责的市场没有迅速扩张，销售状况很不理想。年底前，所有的主管都紧张起来，因为一旦不能完成任务，整个团队的利益都要受到损害。

这位总监与自己信赖的下属们紧急商量对策，形势逼迫之下，唯一可行的方法就是让经销商多进货。于是公司放松了信用额度的控制，向经销商提供优惠的付款条件和价格，鼓励经销商大量进货——在最后的两个月内，经销商囤积了相当于平常半年销量的货品。

最后当年的销售任务勉强算是完成了，但是由于市场上需要很长时间消化囤积的产品，经销商难以按时结账，导致应收账款超出了正常的范围。但是应收账款仅占总经理考核指标的10%，牺牲了这个指标，总体 KPI 得分并没有受到严重的影响。这位总监成功地渡过了难关，但也知道以后工作的难度，后来在公司内部活动后，调到另外的部门去了。

（资料来源：付遥．业绩腾飞．北京：北京大学出版社，2005）

（二）A 公司的新考评

A 公司已有 20 年的历史，年营业额在 12 亿元左右。但以往的考评内容一成不变、考评流于形式，不能真实地反映员工的工作绩效。因此，人事部门全面修订考评制度，重新编制了考评表。2004 年起，新的考评制度开始实行。公司对普通员工的考评分为自我考评、上级考评和人事部门考评；对部门经理的考评分为自我考评、上级考评、人事部门考评和下级考评。

每月初，部门经理在员工考核表上列出员工本月应当完成的主要工作，将考评表发给员工。考评表除了列出本月的工作要求外，还有固定的考评项目，如工作态度、工作品质、纪律性、协调能力、团队精神等，每项都说明了含义和分值。考评项目满分为 100 分，月末员工填写考评表为自己打分，交部门经理。部门经理在同一张考评表上为员工打分，交给人事部门。人事部门对员工进行最终的考评和分数汇总，并向员工通报当月的考评成绩。如果员工对考评结果有疑问，可直接向人力资源部反映。

普通员工的考评自评占 30%，人事部门评分占 10%，部门经理评分占 60%。部门经理的考评自评占 30%，下级评分占 20%，人事部门评分占 10%，上级评分占 40%。考评结果应用于薪酬、晋升、培训等各方面。

讨论题：

1. 案例（一）中，前任总监为什么要这么做？
2. 案例（一）中，新任总监将面临什么问题？
3. 请指出案例（二）中体现了考评制度设计的哪些内容？
4. 请指出案例（二）中该公司在绩效管理方面存在的主要问题。

第三节　团队绩效提升技巧

●引导案例

1996 年我在 IBM 工作的时候，曾经去拜访华为公司在深圳的总部。当我参观研发部门的时候，发现每个工程师的桌子底下都有一个铺盖卷。中午时间，工程师们将铺盖卷打开休息，然后接着工作。如果加班很晚，他们也会打开铺盖卷休息一下，继续工作。

七、八年后，我与一家世界顶尖通信公司的一名德国籍员工谈到了华为。

“我们本来不应该输给华为的，我们的产品有几十年的历史，技术先进，产品稳定。在可靠性方面，我们有很大的优势。”德国人说。

“那为什么会输给华为呢？”

“由于可靠性非常重要，所以客户要求进行试用。每个厂家都将自己的产品运送到客户的机房，试用结束的时候，华为是最好的，但这是不可能的。我们在这个领域是公认最好的。这是不可能的，不可能的。”他连说几次。

“试用公正吗?”

“我们也进行了分析，发现试用报告和试用本身没有什么不公平的。”

“那究竟是为什么呢?”

“我们专门进行了研究，发现原因其实很简单。”

“是什么原因?”

“其实，我们的质量还是好一点，华为知道这一点，所以他们安装好设备之后，并没有离开，而是要求住在机房，而且每个人都带着行李。我们的工程师下班后就回到酒店，但是华为的工程师却住在设备旁边；我们的工程师在酒吧里狂欢的时候，华为的工程师却在观察设备的运行；当产品出问题的时候，我们的工程师在五星级酒店里睡觉，华为的工程师却在设备旁边解决问题。问题根本没有被客户发现，华为就已经重新启动设备，修复好了。所以，试用结束的时候，华为的结果更好。”

“一旦正式使用后，这些问题不是还会暴露吗?”

“他们很聪明，也很认真，测试很全面，当测试结束的时候，系统已经很稳定了。”

我明白了，华为将铺盖卷搬到了国外。

（资料来源：付遥．业绩腾飞．北京：北京大学出版社，2005）

讨论题：

案例中，华为的员工有着什么样的精神?

一、如何提升团队绩效

1. 制定正确的目标

建立高绩效团队首要的任务就是确立目标，目标是团队存在的理由，也是团队运作的核心动力。目标是团队决策的前提。团队是一个动态的过程，领导者需要随时进行决策，没有目标的团队只会走一步看一步，处于投机和侥幸的不确定状态中，风险系数加大，就像汪洋中的一条船，不仅会迷失方向，也难免触礁。目标是发展团队合作的一面旗帜。团队目标的实现关系到全体成员的利益，自然也是鼓舞大家斗志，协调大家行动的关键因素。

根据团队使命，制定团队目标。通常团队的目标必须服从组织的目标，是组织目标中一个特殊项的细化，而且目标的设定必须遵循 SMART 原则：

（1）明确性（Specific）：用具体的语言清楚地说明要达成的行为目标。如“增强客户意识”是非常不明确的描述，而“将客户满意度由目前的 80% 提高到 90%”则是明确的表达。

（2）衡量性（Measurable）：目标必须有标准可以测量。如“将客户忠诚度由目前的 80% 提高到 90%”是很难衡量的，因为忠诚度不像满意度易于判断。

（3）可接受性（Acceptable）：赋予团队或成员的目标必须是与团队或成员充分沟通的

结果。

(4) 可实现性（Realistic）：目标必须是在现有资源条件下可行的。过于乐观的目标，往往会给团队的信心带来打击。

(5) 时限性（Timed）：时间要求必须非常明确，时间的遵循必须是严格的，而且应设置阶段性时间要求，以一个个小的关键点的跨越，不断提高团队士气。

根据目标制定具体的策略，明确其主要内容、目的、实施计划与时间表、组织方式和资源配置、负责人、考核方式等。同时，目标应有效地宣传，让团队内外的成员都知道，甚至可以把目标贴在团队成员的办公桌上、会议室里，以此激励所有的人为这个目标去工作。

2. 优秀的团队领导

“一头绵羊带领一群狮子，敌不过一头狮子带领的一群绵羊。”团队领导者的人选、素质问题在某种程度上成为影响和决定企业兴衰成败的首要因素。

团队领导者的作用对于企业非常重要，一方面领袖的魅力、预见力和洞察力是企业成长、变革和再生最关键的因素之一；另一方面，领导人物的不分好恶、素质低下、拙劣决策也时常使企业陷入困境。

团队的高效很大程度上要看团队领导者。《亮剑》一剧描写了一个个优秀的团队，这些优秀团队的成员身上大多有一种气质，一种跟普通人不一样的气质。这种气质是团队领导者所具有的，是其传承给团队的财富。一个团队的良好发展是继承了领导者的这种气质，通过人与人之间的接触，把这种气质传递给企业的每一个人。它在团队里一直传下去，笔者称它为“团队之魂”。这个魂是无法抄袭和复制的，它是团队文化，它是团队之本，它是团队管理秘籍，它是团队竞争和发展的基石。《孙子兵法》在国内外广泛流传，对于团队领导者而言，同样具有非常重要的借鉴意义。孙子认为将帅应具备“智、信、仁、勇、严”五德才能胜任。

优秀的团队领导，能够清晰地描述团队目标愿景，能够正确地分配工作任务，使团队工作有条不紊，合作舒畅。

团队领导能够充分利用每个团队成员的优缺点，实现技能互补。联想柳传志提出“搭班子、定战略、带队伍”的战略，搭班子处于首位，由此说明选择团队成员的重要性。团队领导者要善于选人，选择人员一般应遵循如下原则：

(1) 要选最适合的人，而不是选学历最高或工作经历最丰富的人。

(2) 要选有团队精神的人，不要选喜欢单打独斗的人。

(3) 要选诚信务实的人，而不是选夸夸其谈的人。

(4) 尽可能选择价值趋同、性格和能力互补的成员。

3. 有效的团队沟通

美国著名未来学家约翰·奈斯比特曾经指出，“未来竞争是管理的竞争，竞争的焦点就在于每个社会组织内部成员之间及其与外部的有效沟通。”作为一种以契约关系为基础的动态联结体，目前人们关注的团队互动是伴随着组织结构的扁平化而逐渐出现的，强调一个民主气氛很浓的集体、成员之间没有限制地互相交流并且相互协调进行决策。当然，随着一维或二维的沟通等级向以扁平化维系的群体思维模式转变，组织结构的不断延伸、管理对象的日趋复杂以及管理手段的多样化，其社会空间的演变过程也存在着诸多不可预测因素，这对传统团队管理提出了新的要求。

4. 激励性绩效考核机制

清晰的目标引导团队前进，严明的赏罚保障目标实现。任何一个团队，在明确使命、愿景的同时，必须对团队业绩的考核有严格的赏罚制度。考核必须兼顾团队和个人，设立考核个人的指标，让团队成员之间形成竞争；设立考核团队的指标，又让成员之间形成协作。通常情况下竞争与协作的成分是三七开，因为团队绝不宜过多鼓励内部竞争。

团队绩效考核可采用“过程控制点，结果控制面”的方式进行。所谓“过程控制点”，是指平时以直接奖励或扣罚金额的形式，奖励团队或成员在过程中的优秀表现或处罚其犯下的错误。过程控制具有高度的不确定性，同时也能收到强有力的警示效果。“结果控制面”，则是指从前述的五个方面，即目标的达成率、时效性、质量、难易程度和对组织的影响程度，来进行系统考核。团队的考核结果直接影响团队总体的奖金，然后结合团队业绩和个人业绩的考核结果，将奖金分配到个人。

团队绩效考核的注意事项：

（1）赏罚制度必须事前约定，奖惩标准必须前后一致。

（2）绩效标准必须得到80%以上的成员认同。

（3）不要相信绝对标准，任何考核结果都是相对的，关键是让成员感觉到公平、公正。

（4）对团队和成员的考核结果必须直接或间接地反馈到每个成员，让大家明白做什么会获得奖励，做什么会受到处罚，以明确团队的价值导向，同时制订持续改善的计划。

5. 有生命力的团队文化

越来越多的证据表明，团队绩效高低与团队文化有着十分紧密的联系。创业团队文化的建设是一个逐渐演变、逐步完善的过程。随着社会财富的不断积累，人们物质生活水平的逐步提高，对于企业员工而言，物质不再是唯一的追求目标，工作不再是单纯的谋生手段。在过去，一个企业要想获取员工对企业的忠诚度，提薪是最奏效的方法。如今，员工更看重其所在企业、团队的文化是否与个人价值观一致，其自身价值是否能在工作中得到体现。据一项调查表明，2008年企业员工跳槽率大于7%，而打算跳槽的人数高达80%。如此高的跳槽率，对于企业的人力资源是一笔巨大的损失。面对这一现象，许多企业试图通过改善薪酬和福利制度来留住优秀人才，但是效果不佳。数据表明，引发跳槽最主要的五个因素及其影响分别如下：上级领导不赞赏下级引发的跳槽率为71.6%，提薪制度为68.4%，上级领导不能合理征求下级意见为67.4%，福利制度为62.8%，受训机会为55%。由此可见，领导与员工的沟通非常重要，需要一种建立在平等基础上的团队文化、企业文化。通过这种文化的渗透以及在员工中的潜移默化，提高员工的忠诚度，这才是未来团队的发展之路。

二、实训技能与拓展

（一）团队聚会

某企业销售团队人员小张提出了一个建议，为了加强人员之间的信任和团结，他认为销售人员应该定期举行一次聚会，这个聚会的地点应该在公司。团队领导李总认为这是一个好的建议，但是对于聚会的地点和时间，他觉得应该讨论一下。李总准备下午下班前半小时让员工集中进行讨论。

讨论会上大家非常积极。李总首先说，他认为聚会是应该的，但是时间要视大家的时间而定，地点不应该在公司，因为大家工作了一周，应该找一个较轻松的地方聚会，这样更有助于大家的沟通和交流，并对小张的主意表示赞赏，同时鼓励大家提出更好的观点。在李总的鼓励下，各团队成员纷纷提出许多有益的建议。虽然小张的建议没有被全盘接受，但是他提建议的做法得到鼓励，所以他自己也非常高兴。

（二）轮流主持会议

罗先生想通过让团队成员轮流主持团队会议的方法来培养团队成员的能力。

他知道小吴对这个想法并不太积极，因为小吴在有机会这样做的时候没有主动去做。从经验中罗先生还得知，小吴能够让团队恪守议事日程，因此他已经具备了主持会议的基本技能。罗先生断定小吴有中等的能力和低的情愿程度。在这个基础上，罗先生决定说服小吴接受他的想法，小吴接受了。在后来的一次会议上，小吴采用了在每个议题结束后做总结的方式，还说要对每个会议进行计划和审查。罗先生给予小吴很高的支持。

对于苏小姐，罗先生则需要用不同的领导方式。苏小姐非常热情，但是罗先生从她杂乱无章的论点，就能知道让她主持任何会议都将是一场灾难。罗先生觉得他需要首先使用指令的方式让苏小姐注意一下她的论点。罗先生说他希望苏小姐能把她的论点集中在会议上，而苏小姐立刻表现出接受的态度。罗先生表扬苏小姐对自己的工作负责，他很快就看到了苏小姐的进步，并与苏小姐达成了第一个她主持会议的协议。

讨论题：

1. 团队内的相互信任有什么好处？
2. 通过案例（一），你认为在一个团队中应如何培养团队内部的相互信任？
3. 通过案例（二）中罗先生的实例，你认为团队领导该如何选择领导方式？

●本章小结

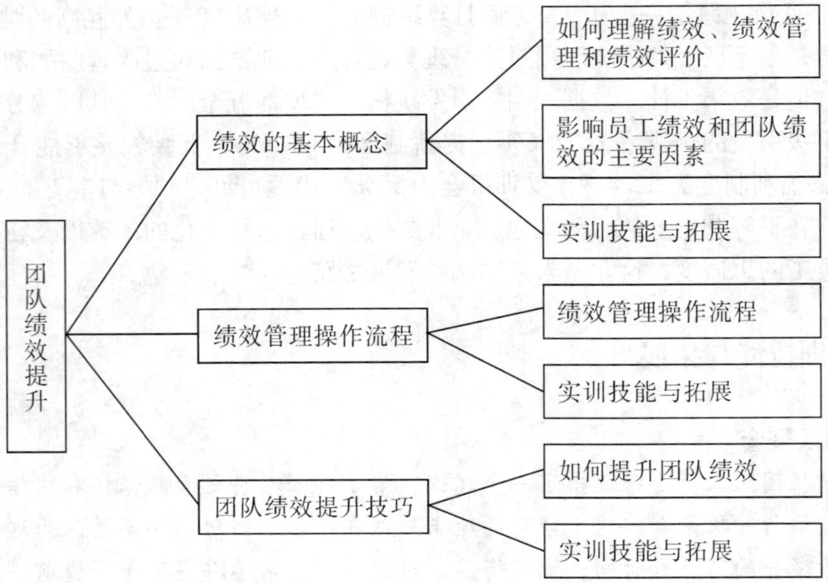

本章复习思考题

1. 你是如何理解绩效的?
2. 绩效管理的含义是什么?
3. 绩效管理的操作流程是什么?
4. 团队绩效如何提升?
5. 团队目标如何确定?

●延伸阅读

多少年来，有些人事管理专家一直在煞费苦心地寻找一种“完美无缺”的绩效评估方法，似乎这样的方法是万应灵药，它能医治好组织的绩效系统所患的种种顽症。不幸的是这样的方法并不存在。……总而言之，工作绩效考核过程是一个同时包含有人和数据资料在内的对话过程。这个过程既涉及技术问题，又牵连着人的问题。

——美国人力资源管理专家韦恩·卡肖

在英特尔公司，我们估计一位主管可能将8小时中的5个小时用于做每个雇员的评价，如果这种昂贵的工作能够改进一个雇员的工作绩效，哪怕是一年中的一小段时间的绩效，这难道不是很值得主管者进行的一种时间支出吗?

——英特尔公司总裁安迪·格罗夫

第八章　团队精神培育

●学习目标

1. 领会团队精神的内涵；
2. 理解凝聚力高的团队特征；
3. 掌握提升团队凝聚力的方法；
4. 理解如何培养团队信任合作；
5. 领会影响团队士气的原因；
6. 理解塑造团队精神的方法。

第一节　团队精神的内涵

●引导案例

德国科学家瑞格尔曼曾经做过一个拉绳实验，参与测试者被分成四组，每组人数分别为1人、2人、3人与8人。瑞格尔曼要求各组用尽全力拉绳，同时用灵敏的测力器分别测量拉力。测量的结果有些出乎人们的意料：2人组的拉力只为单独拉绳时2人拉力总和的95%；3人组的拉力只是单独拉绳时3人拉力总和的85%；而8人组的拉力则降到单独拉绳时8人拉力总和的49%。

（资料来源：李慧波．团队精神：企业真正的核心竞争力．北京：新华出版社，2004）

讨论题：

为什么人多力量却不一定大？到底是什么因素影响了团队的整体绩效呢？如何才能发挥团队的整体威力？

一、什么是团队精神

对于什么是团队精神，微软公司的理解是：

（1）一群人同心协力，集合大家的脑力，共同创造一项智能财产，其产生的群体智慧将远远高于个人智慧。

（2）个人的创造力是一种神奇的东西，源自于潜在的人类心智潜能，它被情感丰富，而被技术束缚。

（3）一群人全心全意地贡献自己的创造力，将结合成巨大的力量。结合的创造力由于这一群人的互动关系，彼此激荡，而更加复杂。

（4）在这种复杂的情况之下，领导变成人际互动的“交响乐指挥”，辅助并疏导各种微妙的人际沟通。

（5）当团体中的沟通和互动正确而健康时，能够使这一群人的力量完全结合，会产生相加相乘的效果。沟通顺畅能使思想在团队中充分交流传达，并形成最佳效果。

（6）倘若忽视了团队精神，则只会有平庸的成果。

所谓团队精神，简单来说就是大局意识、协作精神和服务精神的集中体现。其他成功的企业对此也各有自己的心得。团队精神的基础是尊重个人的兴趣和成就，核心是协同合作，最高境界是全体成员的向心力、凝聚力，反映的是个体利益和整体利益的统一，进而保证组织的高效率运转。团队精神的形成并不要求团队成员牺牲自我；相反，挥洒个性、表现特长保证了成员共同完成任务目标，而明确的协作意愿和协作方式则产生了真正的内心动力。团队精神是组织文化的一部分，良好的管理可以通过合适的组织形态将每个人安排至合适的岗位，充分发挥集体的潜能。如果没有正确的管理文化，没有良好的从业心态和奉献精神，就不会有团队精神。

二、团队精神的内涵

1. 团队的凝聚力

团队的凝聚力是针对团队和成员之间的关系而言的。团队精神表现为团队成员强烈的归属感和一体性，每个团队成员都能感受到自己是团队当中的一分子，把个人工作和团队目标联系在一起，对团队忠诚，为团队的成功感到自豪，为团队的困境感到忧虑。所以国有企事业单位在改革发展过程中，要不断增强员工的凝聚力，不断增强团队的凝聚力。增强团队的凝聚力的主要方法如下：

一是团队的领导要采取民主的方式，让团队的成员敢于表达自己的意见，积极参与组织的决策。

二是建立良好的信息沟通渠道，让员工有地方、有时间、有机会向领导反映问题，互通信息，化解矛盾。

三是建立健全奖励及激励机制。个人奖励和集体奖励具有不同的作用，集体奖励可以增强团队的凝聚力，会使成员意识到个人的利益和荣誉与所在团队不可分割；个人奖励可能会增强团队成员之间的竞争力，但这种奖励方式会导致个人只顾个人，在团队内部形成一种压力，协作、凝聚力可能会弱化。所以，在对职工奖励时应综合考虑，既要承认个人的贡献，又要承认团队的成绩；在对个人奖励的同时，也要对员工所在的团队在精神上给予奖励。

2. 团队的合作意识

团队的合作意识是指团队和团队成员表现为协作和共为一体的特点。团队成员间相互依存、同舟共济、互相敬重、彼此宽容和尊重个性的差异；彼此间形成一种信任的关系，待人真诚、遵守承诺；相互帮助和共同提高；共享利益和成就、共担责任。

良好的合作氛围是高绩效团队的基础，没有合作就无法取得优秀的业绩。所以，我们在工作中，要努力培养团队成员的合作意识。培养团队成员合作意识的主要方法有：

一是要在团队内部积极营造融洽的合作气氛。团队的精髓在于“合作”二字。团队合作受到团队目标和团队所属环境的影响，只有团队成员都具有与实现目标相关的知识技能及与他人合作的意愿，团队合作才有可能取得成功。

二是团队领导者首先要带头鼓励合作而不是竞争。美国总统肯尼迪曾说：“前进的最佳方式是与别人一道前进。”成功的领导者总是力求通过合作消除分歧，达成共识，建立一种互融互信的领导模式。很多的管理者热衷于竞争，嫉妒他人的业绩和才能，害怕下属的成就超过自己，而事实上没有一个领导者会因为自己下属优秀而吃尽苦头。

三是制定合理的规章制度及合作的规范。在一个团队中，如果出现能者多劳而不多得，就会使成员之间产生不公平感，在这种情况下也很难开展合作。要想有效推动合作，管理者必须制定一个被大家普遍认同的合作规范，采取公平的管理原则。

四是要强调大家的共同长远利益，管理者要使团队成员拥有共同的未来前景，使大家相信团队可以实现目标，这样团队成员就不会计较眼前的一些得失，而会主动开展合作。

五是要建立长久的互动关系。作为团队的管理者，要积极创造机会使团队成员不断增进相互间的了解，并融为一体。如组织大家集中接受培训、开展各种有益的文体娱乐活动、进行比赛或采取多种激励的活动等。

3. 团队士气

团队士气是团队精神的一个重要方面。拿破仑曾说过：“一支军队的实力四分之三靠的是士气。”将这句话的含义延伸到现代企业管理，为团队目标而奋斗的精神状态对团队的业绩非常重要。所以，我们在管理中，要始终关注员工士气的高低，以提高工作效率。提高团队士气的主要方法有：

一是要采取措施让员工的行为与团队的目标一致。如果团队成员赞同、拥护团队目标，并认为自己的要求和愿望在目标中有所体现，员工的士气就会高涨。

二是利益分配要合理。每位员工的工作都与利益有关系，无论是物质的还是精神的，只有在公平、合理、同工同酬和论功行赏的情形下人们的积极性才会提高，士气才会高昂。

三是要充分发挥员工的特长，让员工对工作产生兴趣。员工对工作热爱、充满兴趣，士气就高，因此，团队的管理者应该根据员工的智力、能力、才能、兴趣以及技术特长来安排工作，把适当的人员安排在适当的位置上。

四是实行民主管理。团队内部的管理方式，特别是团队管理层的领导方式对员工的积极性影响很大。管理层作风民主、广开言路、乐于接纳意见、办事公道、遇事能与大家商量、善于体谅和关怀下属，这时士气就会非常高昂；而独断专行、压抑成员想法和意见的管理者就会降低团队成员的士气。

五是营造和谐的内部环境。团队内人际关系和谐、互相赞许、认同、信任、体谅，这时凝聚力就会很强。

六是要进行良好的沟通。管理层和下属、下属和下属之间的沟通如果受阻，就会使员工或团队成员产生不满的情绪。

三、实训技能与拓展

相传有一位神父天天传教布道，教人一心向善。有一天，一个人向神父唱反调："神父，你天天说天堂地狱一念间，你去过吗？你说天堂好过地狱，我认为地狱好过天堂。你说呢？反正你没有去过！"神父确实没有去过天堂地狱，不知道怎么回答，只好向上帝祈祷："上帝，请您告诉我天堂和地狱有什么不同，不然弟子没有办法帮您传教啊！"上帝看到自己的"业务员"（神父）遇到困难，竟然显灵说："天堂和地狱的区别是天机不能泄露的，这样吧，我带你去看看，你自己去感悟吧。""哗"的一声到了地狱，只见地狱中的人个个面黄肌瘦，愁眉苦脸，原来他们围着一口大锅要喝汤，但是勺子太长了，自己怎么喝也喝不到。又"哗"的一声到了天堂，只见天堂中的人个个红光满面，有说有笑，原来他们也围着一口大锅喝汤，虽然同样是长勺，但是你勺给我喝，我勺给你喝，不亦乐乎。

神父恍然大悟：原来天堂和地狱的区别就在于能不能、会不会、愿不愿意去付出、去帮助别人，形成一个团队。

当然，这是一个寓言故事。事实上在我们的生活当中，单打独斗的时代确实已经过去。诺贝尔奖设立的前25年，合作获奖的只有41%，现在合作获奖的已占到80%。"篮球之神"迈克尔·乔丹率领公牛队获得6次NBA总冠军的奇迹，也是要靠团队才能创造的！在国内，IT巨头联想集团为了应对强大的国际竞争对手，提出要打造一支如狼似虎的团队，简称"打造虎狼之师"。

（资料来源：万石坚．打造超级团队的一个信念三个关键．中国营销传播网，http://www.emkt.com.cn/article/333/33395.html）

讨论题：

1. 探讨团队合作精神的重要性。
2. 探讨联想集团为什么要"打造虎狼之师"，这代表什么样的团队精神？

第二节 团队凝聚力培养

●引导案例

《孟子·公孙丑》说："天时不如地利，地利不如人和。"《周易》说："二人同心，其利断金。"《孙子兵法·谋攻》说："上下同欲者胜。"以上经典之句告诉我们一个真理：团队的凝聚力是团队成功的关键所在，一个缺乏凝聚力的团队，人心涣散，终究逃脱不了失败的命运。塑造团队文化，确立团队使命与愿景，是营销团队凝聚力塑造的精神之源。GE 前总裁杰克·韦尔奇说过：作为一名领导者，第一要务就是为团队设立愿景与使命，并激发团队竭尽全力去实现它。团队愿景从管理哲学角度来讲就是解决团队是什么、要成为什么的基本问题，团队使命则是团队为实现团队愿景制定的战略定位与业务方向，回答的是团队应该做什么的问题。作为一个营销团队，首先我们要明确营销团队核心文化：积极进取、永不言败！团队愿景：做市场的主导者；团队使命：积极营销，决胜市场。华为团队的狼文化以及电视剧《亮剑》中李云龙"嗷嗷叫"的独立团就是很好的案例。团队文化在团队不同的发展阶段应该不断完善与升级，作为一名团队管理者不仅要注重日常事务性的工作，还要有意识地去建立适合自身团队的文化，让每一个团队成员明确团队使命，积极宣导团队愿景，方能给予团队精神凝聚之源！

（资料来源：卓智华．如何塑造营销团队的凝聚力？中国营销传播网，http://www.emkt.com.cn/article/350/35025.html）

讨论题：

凝聚力高的团队的特征是什么？如何提升团队凝聚力？

一、凝聚力高的团队特征

1．沟通渠道畅通

团队内的沟通渠道比较畅通、信息交流频繁，大家觉得沟通是工作中的一部分，不会存在什么障碍。

2．参与意识强

团队成员的参与意识较强，人际关系和谐，成员间不会有压抑的感觉。

3．有强烈的归属感

团队成员有强烈的归属感，并以成为团队的一分子为骄傲。愿意把自己作为这个团队中的一分子提出来，跳槽的现象相应较少。

4. 相互关心、尊重

团队成员间会彼此关心、互相尊重。共同的利益价值观使他们能够在达到目标后获得一定的工作满足感，成员间容易彼此接纳相容，因此也增强了友谊和吸引力。

5. 有较强的事业心与责任感

团队成员有较强的事业心和责任感，愿意承担团队的任务，集体主义精神盛行。

6. 有成长与发展的机会

团队为成员的成长与发展、自我价值的实现提供了便利的条件。领导者、团队周围的环境、其他的成员都愿意为自身及他人的发展付出。

二、提升团队凝聚力

1. 处理好团队与外部的关系

当团队遇到威胁时，无论团队内部曾经发生过或正在发生什么问题、困难和矛盾，团队成员都会暂时放弃前嫌，一致应对外来威胁。通常外来威胁越高、造成的影响越大、压力越大，团队所表现出的凝聚力也会越强。当然如果团队成员感到团队根本没有办法应付外来威胁和压力时，就不愿意再去努力了。

2. 控制好团队的规模

规模越大越容易造成团队的沟通受阻，意见分歧的可能性也会增大；大规模的团队人员之间的接触相应较少，关系也不顺畅，容易人浮于事、互相扯皮、不负责任、办事拖拉；团队的规模越大产生小团队的可能性就越大，小山头、小派系这时可能就会出现。通常团队的人数控制在 10 ~ 15 个人之间较好。

3. 设置好成员的个人目标与团队的目标

团队目标如果跟个人的目标一致，有吸引力、号召力，这时团队成员就愿意合作完成任务，凝聚力会增强；反过来如果个人目标和团队目标不关联，个人的想法是多挣钱，团队的目标是获得荣誉，这时合作就会少，感情趋于冷淡，凝聚力也就降低。

4. 领导作风民主

领导是团队行为的一种导向和核心，采取什么样的领导方式直接影响到凝聚力的高低。在民主的领导方式之下，团队成员愿意表达自己的意见和参与决策，这时积极性高、凝聚力比较强；而在专制、独裁、武断的领导方式下，下属参与的机会比较少，员工的满意度相应就比较低，容易出现牢骚满腹，会后私下攻击性的言论也相应增多，凝聚力也会较低；但在放任型的领导方式下，团队成员就像一盘散沙，人心涣散，谈不上集体主义，也谈不上团队的规则，更谈不上凝聚力。

5. 运用正确的团队激励机制

正确的激励机制能起到激励作用，否则会适得其反。特别是在采取个人或集体的奖励方式时，一定要因时因地而定。个人奖励和集体奖励有不同的作用：集体奖励会增强团队的凝聚力，会使成员意识到个人的利益和荣誉与所在团队不可分割；个人奖励可能会增强团队成员间的竞争力，但这种方式会导致个人顾个人，在团队内部形成一种压力，协作、凝聚可能会弱化。建议两者都要考虑，既要承认团队的贡献，也要承认个人成绩。

三、实训技能与拓展

拳头伤人之所以要比手指伤人或者巴掌伤人疼得多，是因为当拳头攥紧时，整只手的全部力量都凝聚在拳心，它更强大！如果一支军队能够攻城略地、百战不殆，它最大的特征就应该是人和。一支优秀的经济团队同样如此，强大的凝聚力，成为他们成就梦想创造辉煌的制胜法宝。

讨论题：

立足于企业的视角，怎样才能把团队中分散的力量敛聚起来，也就是如何提高团队的凝聚力呢？

第三节　营造互信的合作气氛

●引导案例

20世纪30年代，全球最大最强的汽车制造企业是美国的通用汽车公司。到了20世纪80年代，日本的汽车已经成功地打入美国市场。日本汽车的成功靠得是团队合作。

企业生产的产品一般要经过市场营销、产品设计、成本核算、生产制造、销售、售后服务等环节。美国的汽车制造企业是按照流程从市场营销开始，一直到售后服务来开展业务，一般需要5年时间形成一个周期。而日本企业通过团队合作，从市场营销开始，各个部门共同参与，一般只需要18个月就形成一个周期。日本企业在20世纪80年代利用能源危机这一契机，成功占领了美国汽车市场。

讨论题：

日本团队与美国团队相比，优势体现在什么地方？如何培育这种优势？

一、信任的作用

信任是合作的基础和前提，互信能够提高团队合作。

1. 信任能让大家把焦点集中在工作上

一个团队如果其成员互相缺乏信任，则人们的注意力就不可能放在目标上，而会转移到人际关系的处理上：怎样平息个人间的矛盾，怎样做完这个事以后不会得罪其他人？这时，成员防卫心理增强、小团队利益和个人利益会代替团队利益，彼此会变得小心、谨慎，处理任何事情总是不敢放开手脚，恐怕得罪别人。

2. 互信能够促进沟通和协调

缺乏信任、绩效平平的团队成员在描述问题的时候言辞比较含混、模棱两可，让人难以理解，而且表现出很强的防卫心理，也不会很明确地告诉你存在的问题。相互信任则可以使其敞开心扉，开诚布公地沟通，有效地解决问题。

3. 互信能够提升合作的品质

要创造合作气氛必须遵守两项规则：第一，要与对方坦诚地分享信息，包括负面信息；第二，要鼓励团队成员冒险，允许犯错误，要对错误做总结，以免再犯。

4. 互信能产生相互支持的功能

相互支持是很多团队成功的法宝，能令团队成员树立信心，激发勇气，敢于面对困难、迎接挑战。这种情形下团队成员会激发出一种平时没有的能量，面对各种障碍的时候也能跨越障碍。

二、培养互信气氛的关键要素

1. 诚实

要想赢得别人的信任，首先要诚实、正直、廉洁、不欺骗、不夸大，这涉及做人的道理。真正成功的人不是靠技巧成功，而是靠内在的品德修养成功。

2. 公开

团队必须是公开的、透明的。无论是个人或团队的经验，哪怕是错误的信息，都必须与大家分享，而不能独自占有。

3. 一致

个人的表现不能因环境的变化而变化，而应做到始终如一地表现自己，发挥自己的最佳水平。特别要做到言行一致、表里如一，而不能说一套做一套。

4. 尊重

团队成员必须相互尊重，以一种有尊严、光明正大的态度待人。只有在得到尊重的前提下，大家才能更好地投入工作。

这四个方面互为一体，互信的品质非常脆弱，上述四点只要违反了其中一个，互信关系就不复存在，甚至会受到毁灭性打击。

三、如何培养团队合作

1. 团队领导者首先要带头鼓励合作而不是竞争

很多管理者热衷于竞争，嫉妒他人的业绩和才能，害怕下属的成就超过自己，而事实上没有一个领导者会因为自己的下属做得好、优秀而利益受损。成功的领导者总是力求通过合作来消除分歧，达成共识，建立一种互信的领导模式。

2. 要制定规则与规范

团队成员如果经常受到领导的不公平待遇，付出却没有得到相应的回报，或者付出与回报远远不成正比，则会极大地挫伤成员的工作热情和工作积极性。所以，作为团队的领导者必须为团队制定一套全面、系统、公平、合理的规则和规范，严格按照制度做事，奖惩分明，才可能赢得团队成员的认可与支持，才能够推动团队的有效运行。

3. 建立长久的互动关系

团队要想长久有序地发展，就必须设法使团队成员融为一体。团队的领导者应该经常组织一些内容丰富、形式多样的集体活动，以加强成员之间的互动，进而增进情感交流。

4. 要强调长远的利益

团队的领导者要明确团队的发展目标，使团队成员拥有共同的发展前景，能够让个人服从集体，使大家自愿放弃每个人眼前暂时的个人利益，而以团队的长远利益为主。这样的话，成员之间就可以保持目标一致，也就会不计得失、不计前嫌，愿意主动合作以实现共同利益。

信任是赢得合作的一个法则，也是人际关系的中心议题。只有信任下属的领导才能够通过授权而高效地工作。

四、实训技能与拓展

蚂蚁驻地遭到了蟒蛇的攻击。蚁王在卫士的保护下来到宫殿外，只见一条巨蟒盘在峭壁上，正用尾巴用力地拍打峭壁上的蚂蚁，躲闪不及的蚂蚁无一例外丢掉了性命。

正当蚁王无计可施时，军师把在外劳作的数亿只蚂蚁召集起来，指挥蚂蚁爬上周围的大树，让成团成团的蚂蚁从树上倾泻下来，砸在巨蟒身上，转眼之间，巨蟒已经被蚂蚁裹住，变成了一条“黑蟒”。它不停地摆动身子试图逃跑，但很快，动作就缓慢下来了，因为数亿只蚂蚁在撕咬它，使它浑身鲜血淋漓，最终因失血过多而死亡。

一条巨蟒，足够蚂蚁王国一年的口粮了，这次战争虽然牺牲了两三千只蚂蚁，但收获也不小。蚁王命令把巨蟒扛回宫殿，在军师的指挥下，近亿只蚂蚁一起来扛巨蟒。他们并不费力地把巨蟒扛起来了。然而，扛是扛起来了，并且每一只蚂蚁都很卖力，巨蟒却没有前移，因为虽然有近亿只蚂蚁在用力，但这近亿只蚂蚁的行动不协调，他们并没有站在一条直线上，有的蚂蚁向左走，有的向右走，有的向前走，有的则向后走。结果，表面上看到巨蟒的身体在挪动，实际上却只是原地“摆动”。

于是军师爬上大树，告诉扛巨蟒的蚂蚁：“大家记住，你们的目标是一致的，那就是把巨蟒扛回家。”统一了大家的目标，军师又找来全国嗓门最高的100只蚂蚁，让他们站成一排，整齐地挥动小旗，统一指挥前进的方向。

这一招立即见效，蚂蚁们很快将巨蟒拖成一条直线，同时自己也站在一条直线上。然后，指挥者们让最前面的蚂蚁起步，后面的依次跟上，蚂蚁们迈着整齐的步伐前进，很快将巨蟒抬回了家。

讨论题：

1. 蚂蚁凭什么能够战胜巨蟒并将重量数百倍、数千倍，乃至数万倍于自己的巨蟒搬回家？
2. 与前面的拉绳实验比较，探讨团队互信合作的重要性。

第四节　提升团队士气

●引导案例

第二次世界大战后日本的国民经济迅速恢复和发展，而且还出现了一批世界级的企业如丰田、本田、松下、索尼……制造的产品物美价廉，横扫欧美国家。美国的企业为了研究他们成功的秘诀，特意派了一名管理专家打着参观考察的名义去调查。

这位专家第一天早上到了丰田，只见他们每个人整齐地站好，在当天值班员的带领下，大声地念他们的企业“社训”，一共五条：

（1）上下同心协力，以至诚从事业务的开拓，以产业的成果报效国家。

（2）将研究和创造的精神根植于心，不断研究与开发，以站在时代潮流的前端为己任。

（3）切实戒除奢侈、华美，务必力求朴实与稳健。

（4）发挥温情友爱精神，把家庭式的美德推广到社会上。

（5）心中有神，常存感恩之心。

最后一句是大家一起大喊一声：为今天加油！

第二天早上专家到了本田，看见的情形和丰田一样，他们也是每个人整齐地站好，大声地念他们企业的“社训”。

最后一句也是大家一起喊一声：为今天加油！

第三天早上到了松下，看见的情形还一样，每个人整齐地站好，大声地念他们企业的“社训”。最后一句也是大家一起喊一声：为今天加油！

第四天早上到了索尼，第五天早上到了三洋，第六天到了三菱……这个管理专家发现日本的企业每天早上都要念企业的“社训”进行思想的灌输，而且最后一定有一句：为今天加油！

（资料来源：万石坚．打造超级团队的一个信念三个关键．中国营销传播网，http：//www. emkt. com. cn/article/376/37692. html）

讨论题：

日本这些世界级的企业如何提升员工士气？员工士气受哪些因素的影响？

一、影响士气的原因

1. 对团队目标是否认同

如果团队成员赞同、拥护团队目标，他们会觉得自己的要求和愿望在团队目标中有所体现，士气就会高涨。

2. 利益分配是否合理

每个人做事都跟利益有关系，但怎么获得利益，无论是物质的、还是精神的，只有在公平、合理、同工同酬、论功行赏的情形下人们的积极性才会提升，士气才会高昂。

3. 团队成员对工作所产生的满足感

个人对工作非常热爱、感兴趣，而且工作也适合个人的能力与特长，士气就高。应该根据员工的智力、才能、兴趣以及技术特长来安排工作，把适当的人在适当的时间安排在适当的位置上。如果个人的能力超出了工作的要求，他就会觉得不满足，觉得没劲；反过来如果个人的能力不及工作要求，也会对其生活产生压力。

4. 领导者是否优秀

优秀的人进入领导集团，是团队士气高昂的一个重要原因。领导者作风民主、广开言路、乐于接纳意见、办事公道、遇事能同大家商量、善于体谅和关怀下属，这时士气会非常高昂；而独断专行、压抑成员想法和意见的领导就会降低团队成员的士气。

5. 团队内部的和谐程度

团队内人际关系和谐，互相赞许、认同、信任、体谅，通力合作，这时凝聚力就会很强，很少出现冲突。而“窝里斗”的群体不会有这种现象。

6. 良好的信息沟通

领导和下属、下属和下属、同事之间的沟通如果受阻，就会引起团队成员不满的情绪。

二、团队士气与生产力

有了高昂的士气，生产效率却不一定会高。

1. 士气高，生产率低

如果管理者只关心员工的需要、团队成员间的关系，不注意生产，不注意目标，这时员工心理满意的程度可能会提升，但组织目标的完成就不一定理想。以人为导向的领导者可能会导致士气高涨而效率低下的情况。

2. 士气高，生产效率也高

组织的生产目标和员工的需要都得到重视，这是一种比较理想的状况。团队的领导者能够一手抓经营，一手抓管理，并且科学地权衡两者之间的关系，使组织的生产目标和员工的需求都受到重视。结果，既提高了生产的效率，同时，又能合理地满足员工的需求，提高员工的工作热情。

3. 士气低，生产率高

如果团队的领导者采用泰勒的科学管理方式，以严格控制的方式来管理员工，可能会出现生产率高，但是员工士气低落的情况。某些铁腕和强制性的管理方式，也可能会导致这种状况，团队成员基本上没有参与的机会，这时生产效率确实高，但人们的士气较低。不过这种情况不会太长久，因为士气很低的队伍很难有持续的高绩效。

一般来说，管理分为对人的管理和对工作的管理。如果偏重工作和目标而忽视人的心理因素就会出现片面追求高效率的做法，很难长久维持；但一味关注人的需求和人的心理，虽然员工的士气高涨了，但生产效率低，久而久之也会影响员工积极性的发挥。所以，一个成功的领导者应该在两者之间找到一个恰当的平衡点，既能够保持持续的高效生产率，又能够不断激发员工的工作热情。

三、实训技能与拓展

中央电视台《赢在中国》这个节目，在第三赛季36进12比赛中，评委史玉柱在点评选手谢莉时，曾说过“工资最高时成本最低、利润最高”，当时史玉柱点评谢莉的原话是：“我建议你走高工资的路。我刚才问你调节税，实际上我是想看你的工资水平的。我过去下海到现在也十好几年了，总结下来，给员工高工资的时候，实际上是成本最低、公司的利润率最高的时候。如果用高工资，在你和他的这种关系上面，你是主动的。如果你比前面两个竞争对手，工资就高这么一截，我坚信，一年之后你回过来看，你的利润率是最高的，你的成本是最低的。”

讨论题：

1. 史玉柱为什么这样说呢？
2. 高工资一定能提高员工士气吗？
3. 员工士气高，生产力一定高吗？

第五节　企业团队精神塑造

●引导案例

重视团队精神，并将之视为前进的必胜法宝。一个好的团队应该是个性化的，能够做各自喜欢做的事，有着共同奋斗目标的团队。如果团队中每一个人每天都能老老实实、勤勤恳恳地尽一己之力，那么许多人的成就累积起来，便极为可观！有了众人的努力，就像千万片雪花可以滚成一个大雪球一样，就能汇成一股巨大的力量了。

众所周知，微软公司使数以万计的雇员成了百万富翁。可鲜为人知的是，他们中许多人在取得了经济独立之后，仍继续留在微软工作。在某些人看来，这些百万富翁大概是发了神经。的确，大多数人认为，发财就等于取得了辞职的资格证书。但是，微软公司的百万富翁们并不那样认为。

如果你了解微软公司的工作条件并非舒适安逸，你就会觉得雇员们的献身精神难能可贵。在这里，一周工作60个小时是常事。在主要产品推出的前几周，每周的工作小时数还会过百。微软公司也并非以其高额津贴出名，相反，它却以“吝啬”著称。据该公司的一位前任副总裁透露，多年以来，董事长比尔·盖茨因公出差时，总是自己开车去机场，而且坐的是二等舱。

那么，是什么神奇的吸引力，竟使这些百万富翁不是因为自己经济的需要而如此卖命地工作呢？答案只有一个，那就是完全超越了自我的团体意识。这种团体意识，已在微软公司生根发芽。微软人认为，他们不属于自己，而是从属于微软这个团体。董事长比尔·盖茨在谈到团队精神时，讲过这样一段话："这种团队精神营造了一种氛围，在这种氛围中，开拓性思维不断涌现，员工的潜能得以充分发挥"，"我们微软公司所形成的氛围是：你不仅拥有整个公司的全部资源，同时还拥有一个能使自己大显身手，发挥重要作用的小而精的班级或部门。每个人都有自己的主见，而能使这些主见变成现实的是微软这个团体。我们的策略一向是聘用有活力、具有创新精神的顶尖人才，然后把权力和责任连同资源，一并委托给他们，以便使他们出色地完成任务。"

事实上，这种团体意识，绝非微软公司所独有。类似于这种把个人归属于集体的团体意识，也是许多公司都在追求和培养的。团队意识，使雇员们工作热情更高，工作体验更深，从而使他们的生活更具价值和意义。

讨论题：

微软公司的团队精神具有哪些特点？如何塑造团队精神？

一、如何塑造团队精神

塑造和培养团队精神，可以有效防止军心涣散，避免产生离心力和出现一盘散沙的状况。理想的团队组织是有效率的，能不断产生创新的、具有良好合作与协作能力的组织。良好的协作不仅要求有制度上的协作，而且也要求有理念上的协作，即要求员工用团队精神的理念指导自己的行为。塑造团队精神必须强调协作原则、优势互补原则、团结一致向前看的原则和个人与集体相结合的原则。

1. 科学确立团队事业目标，在团队内充分渗透目标

企业的经营理念及团队事业目标并不是可有可无的，它是CI的灵魂和核心，是企业经营成败得失的关键。经营理念及事业目标的定位是团队精神建设的出发点和基础。在企业经营理念定位及事业目标确立过程中至少必须遵循四个原则：

（1）经营理念应该具有时代性，合乎社会规范，并与团队成员的价值取向相统一，这样才能引起员工的心理共鸣。

（2）目标必须真实。

切忌好大喜功、盲目冒进，也应避免保守畏缩。确立团队目标应根据团队及企业现有内外环境资源及市场机会作理性分析、综合评判。目标不能定得太高，也不应太低。

（3）目标必须对员工具有激励作用。

企业目标应该是团队成员利益的集中体现，只有这样的目标才能得到员工的认同，才能对员工行为起规范作用。

（4）经营理念及事业目标必须不断更新。

企业的主客观条件、社会环境发生变化以后，理念和目标也必须获得刷新，否则，就会丧失其导向功能和动力作用。

经营理念和事业目标确立以后，必须得到认真的贯彻推行，必须渗透到每一个员工中，得到团队成员的一致认同和接受。许多企业不是没有理念、没有明确的事业目标，而是理念、目标教育不到位。这些企业不是对目标教育不重视，就是方法不对头。

日本企业在这一方面的研究和探索值得我们学习借鉴，他们非常强调所谓的理念“价值共有化”运作，让企业理念和事业目标在员工中得到良好的沟通和彻底的贯彻，经常采用的方法有：重复加强；阐释体认；环境物化；仪式游戏；树立模范。我国企业应该认真研究适合自己企业的理念目标渗透方法，并持之以恒地加以推行贯彻。

2. 塑造团队精神，要强调协作原则

协作原则是团队精神最主要的内容。企业制度安排要注意强调协作原则，企业对人员的选聘及安排要体现协作原则，企业的岗位设计也要贯彻协作原则。企业要宣传协作原则，制度和政策的制定要有利于发挥协作原则，以实现最有效的协作。团队中的每个人应以协作原则为工作的最高原则，一切工作服从于协作原则。强调协作原则首先要在价值理念上认同协作原则，真正理解协作原则的含义。如果没有协作原则，企业中每个部门和个人都强调自己的工作和利益，那么最终难以塑造团队精神，企业整体实力很难得到提高。企业是由众多员工进行分工协作的群体组织，因而分工协作的状况也直接决定着企业的整体实力和综合效益。分工协作是企业正常运转的重要基础，但是良好的分工协作又取决于人的价值理念状况。有些企业内部有些人难以同别人协作，就是因为在价值理念上不承认协作原则，看不到团队的重要作用，只看到个人的作用。如果一个企业没有团队精神理念的存在，而仅仅靠个人英雄主义，则必然会危害企业的整体利益和总体的有效协作，最终必然使生产力难以得到有效发挥。

3. 塑造团队精神，要坚持优势互补原则

优势互补原则把发挥人们各自的比较优势作为核心，在发挥人们各自优势的基础上进行协作。团队精神重视发挥人的比较优势，坚持优势互补的原则，把人们各自的比较优势组合在一起。因为人的能力是有差异的，人的能力表现在不同方面也各有所长。这种差异和特长实际上就是人们各自的比较优势，这些不同的比较优势需要组合；而团队精神理念，恰恰是要组合人们之间的这些比较优势，人们的比较优势经组合后才能形成一种更好的综合效应。而这些比较优势的组合又需要以团队精神为基础，如果没有团队精神，大家互相看不起对方的比较优势，在这种情形下比较优势是难以组合的。

在企业制度设计中，应强调塑造团队精神，企业活力的重要标准之一，就是要充分发挥团队成员各自的比较优势，只有比较优势的有效发挥，才能有企业综合效益的增长。而这种综合效益能够增长，就必须要有团队精神的理念来指导。因为如果没有团队精神的理念基础，任何再好的优势都难以实现有效组合。因此，对于企业有效提高竞争力来讲，团队精神理念是极为重要的。

4. 建立团队价值观，培养良好的团队气氛

协同工作是良好团队精神的体现。团队内部必须树立起“人人为我，我为人人”的共同价值观。团队是每个成员的舞台，个体的物质和精神回报离不开团队这一集体，每个成员要想

获得自己的荣誉，实现事业之抱负，都离不开其他成员在信息、知识、能力和生活上的帮助和支持。因此，要在团队内部经常性地开展沟通工作，倡导感恩和关爱他人的良好团队氛围。

良好的沟通是营造良好的团队气氛的法宝。团队内部成员与成员之间、成员与团队领袖之间、团队与上司之间、团队与团队之间都必须保持双向沟通，只有沟通才能实现互相之间的了解，产生信任，达成共识，才能产生强大的团队凝聚力。团队要跟踪观察团队成员之间的合作情况，让成员们经常讨论他们的意见和感觉，及时排除隔阂，化解矛盾。

尊重员工的自我价值是形成共同价值观的前提。一般来说，团队成员在团队中是以个人的经济收入和各种潜能的发挥作为价值目标，并体现在对团队的贡献上；而团队则应在追求团队价值的同时，充分考虑到每个成员都能平等地在整体环境中获得追求和实现自我价值的机会。只要使这两个方面有机地统一起来，团队的凝聚力就会形成，团队的共同价值也就能通过个体的活动得以实现。

注重感情投资是中国企业团队精神建设的特殊课题。东方文化注重“人和”，中国文化倾向情理相融。日本企业非常注重把企业办成为一个大家庭，建立起企业内部情感维系的纽带，如员工生日、结婚、生孩子、乔迁、晋升等，企业都给予特别的祝贺，以增进员工的归属感和向心力。在团队组织内部必须培养起良好的人际氛围。

5. 强化团队领袖行为修炼

优秀的团队领袖会使团队保持高度一致。团队领袖的行为直接影响到团队精神的建立。团队领袖首先必须懂得如何管人、育人、用人。任何团队都会有管人的问题，团队必须建章立制，这是保持团队完整的基本条件。“没有规矩，不成方圆”，用标准来管理人、约束人并持之以恒地实行，这是团队领袖的重要工作内容。团队领袖也必须善于育人。人才是团队最重要的资源，人才来源，一靠引进，二靠培育，引进来后也得加以培养。同时，团队领袖在团队分工的时候还必须做好用人的工作，把人才推进到最适合其发挥才能的工作岗位上，真正做到人尽其才。

其次，团队领袖必须加强自身素质和能力的修炼。团队领袖要善于学习，勤于学习，懂得运筹帷幄，懂得把握方向和大局，研究事业发展战略，同时，还要加强自身的德行修养，懂得以德服人，讲信誉、宽胸襟，敢于否定自己、检讨自己，善于集中团队成员的智慧、采纳团队成员的意见，发扬民主管理的作风。

6. 建立规范的管理制度、激励机制

规范的管理制度、良好的激励机制是团队精神形成与维系的内核动力。海信集团公司总裁周厚健说：“共同的愿景是建立斯巴达克勇士方阵的精神力量。团队精神的培育，除了企业理念教育之外，还必须有一套规范化的管理制度，一套激励员工的机制。”团队激励机制的建立应围绕以下几个方面着手进行：

（1）建立科学的工资制度。

工资制度是激励机制的基础，这一方面成熟企业已经有了很多经验总结。

（2）精神激励和物质激励并举。

海信集团的激励机制的原则是“发钱 + 发精神 + 发权利”。激励的手段应该是多方面的、丰富的，因为人的需要是多方面的，人是社会的人。

（3）批评和奖励双管齐下。

奖惩制度是企业管理的有力手段。批评是负激励，它推着团队成员向前走；奖励是正激励，它牵着团队成员向前走。

7. 塑造团队精神，要重视发挥团队个人能力与依靠组织力量相结合的原则

提倡团队精神并不是忽视人们的个人能力，而是要强调重视发挥团队个人能力与依靠组织力量相结合的原则。既要强调每个人的个人能力，也要依靠组织力量，这两者必须有效结合。这两者有效结合的结果，实际上就是形成团队精神理念的过程。现在许多企业强调发挥个人能力，但在一个企业中不应存在任何一个人的所谓能力和利益的过度增长。也就是说任何个人能力的发挥，都需要一种外部环境支撑，这种外部环境支撑就需要大家的合作。所以强调团队精神，就要重视发挥个人能力与依靠组织力量相结合。这是一个非常重要的价值理念。因为每个人有效作用的充分发挥，都需要其他人的配合。那些能干大事的人，同样需要一些只能干小事的人的配合，如果没有能干小事的人的帮助，他们最后可能什么事都做不好。注重团队精神的企业发展会很快，团队精神差的企业发展往往不快。个人能力虽然重要，但团队精神更为重要。如果只强调人们的个人能力而不强调依靠组织力量，那么这种企业最终很难保证持续发展下去。

团队精神理念是企业非常重要的价值理念，企业应有计划地塑造团队精神。企业制度的安排必须体现团队精神，企业组织结构设计必须体现团队精神，企业岗位设计和人员安排也应体现团队精神。企业团队精神使员工由只考虑自己利益的分散的“经济人”聚合为以组织目标为重的有献身精神的“团队人”，进一步转化为“事业人”。团队精神从心理状态和精神状态两个方面改变员工与企业的关系，使员工与企业由若即若离的关系转变为员工离不开企业、企业离不开员工的鱼水关系，更重要的是团队精神使员工在参与团队奋斗中享受了共同完成任务的快乐与喜悦，为员工个人的成长提供了正强化的刺激源。塑造企业团队精神理念使员工有了更高的奋斗目标，使员工培养了积极的心态，产生了克服困难的意志和取得成功的信心。企业通过有计划地引导和塑造团队精神使员工的素质和精神状态都得到提高。团队精神同时还是社会活动的重要理念，社会活动也需要人们的协作和配合，培育团队精神还可为建立和谐型的社会提供思想理念基础。

8. 培养员工树立良好的精神风貌

（1）培养员工的主人翁精神。

要将员工个人的利益与企业的利益相结合，因为个人的利益来源于企业的利益，只有企业的利益得到了维护，个人的利益才可能有所保障。多为企业创造和节约财富，就等于间接地为自己创造和节约了财富，只有从这样的角度去思考，自己的工作才会有动力，而不会把分配的工作当成是任务和苦差事。

（2）培养员工的敬业精神。

敬业就是敬重自己的职业，就是把使命感注入自己的工作中，并努力从工作中找到人生的意义。没有敬业精神难以组成有效的团队。要学会在任何时候都保持自己内心的归属感，要自发自动、自我鼓励，视工作为快乐。敬业不仅是一种精神、一种美德，也是自己尊重自己的一种表现。敬业在有益于工作的同时，也使自己本身成为最终的受益者，因为把敬业当成一种习惯，必然能够从中学到更多的知识，积累更多的经验，在全身心投入工作的过程中实现自己的

人生价值。

(3) 培养员工的团结协作精神。

之所以叫团队，是因为团结是第一位的。团结出凝聚力、出战斗力、出生产力、出效率、出好心情。团结的关键在于团队的核心人物是否大度，是否公平，是否首先考虑大家的利益。一个团队的战斗力，不仅取决于每一名成员的能力，也取决于成员与成员之间的相互协作、相互配合。要有协作行为，必须先有协作精神，协作的关键是目标一致、认识一致、利益一致，是在这个基础上的同心协力。在团队协作的过程中，要尊重人和人之间的差异，要知道最优秀的团队，未必是由最优秀的员工组成的，而是由各个成员团结协作、扬长避短来组建的。每个人都有自己的优点和缺点，世界上根本不存在完美的人，只要能够发挥自己的优点，改正自己的缺点，就可以逐渐接近完美。

(4) 培养员工的创新精神。

当今的时代是求变、求新的时代，一成不变的企业终将被时间所淘汰。企业可持续发展的动力就是不断创新，没有创新就没有发展。企业创新首先是观念创新，而观念创新取决于领导带动。企业领导如何带领企业、带领团队开拓创新，这对于企业团队精神的塑造具有重要意义。激发创新的方式有很多：一是允许失败，容忍错误；二是鼓励冒险与革新，即鼓励员工发挥创意与承担风险；三是保持竞争激情。只有不断增强员工的创新精神，才能保持企业持久的活力。

9. 培养员工形成高尚的道德品质

(1) 培养员工的勤奋态度。

我们所倡导的勤奋，既是一种积极向上的人生态度，也是职工成才的必经之路，是企业生机与活力的集中体现。就企业和个人来说，要想成就一番事业，就必须具备勤奋的工作态度。真正勤奋工作的人同时也是任劳任怨、兢兢业业的人。

(2) 培养员工的忠诚品质。

员工的忠诚是无价之宝。我们提倡的忠诚并不是唯唯诺诺地顺从，而是一种职业的责任感；忠诚不是对某个人的忠诚，而是对职业的忠诚，是承担某一责任或从事某一职业所表现出来的精神。世界上并不缺乏有能力的人，但只有既有能力又忠诚的人，才是每个团队所企盼的人才。那种忠诚于团队、忠诚于事业的员工，他们工作努力，不找任何借口，有时会达到一种令人难以置信的程度。有些忠诚度不高的人把忠诚作为增加回报的砝码，这不是真正的忠诚，而是交换。作为一个团队的领导来说，宁愿信任一个虽然能力差一点但足够忠诚的人，也不愿意重用一个朝三暮四的人，哪怕他能力出众。

(3) 培养员工的宽容度。

对于团队中出现的问题，要善于“一日三省吾身”，要从“知过则改”升华到“闻过则喜”。特别要学会宽容，遇到摩擦，多从自身找找原因，即使真是对方的过错，也要学会换位思考，体现出容人的雅量。金无足赤，人无完人，贵在严于律己，宽以待人。宽容是一切成功者应有的境界，也是形成团队精神的必备要素，没有宽容就没有和谐，一个人度量有多大事业就有多大，成就也会有多大，可以说事业、成就与宽容是成正比的。宽以待人有以下几层含义：

第一，要尊重人、理解人、信任人。在现实生活中，人人都需要别人理解、谅解，人人都应当理解、谅解别人；希望别人理解、谅解，自己必须首先学会理解、谅解别人，不懂得理解、谅解别人，通常也得不到别人的理解、谅解。第二，要宽厚、宽让、宽待。待人以宽，是中国传统，是做人准则。当然工作中不能失之于宽，待人以宽，但工作要从严。第三，要容言、容事、容人。首要的一点就是大度，大度就是包容。要形成团结协作、和谐融洽的氛围，就要提倡相互尊重、相互理解、相互信任、相互包容。有了宽容，阅历不同而能相互补充，年龄不同而能相互尊重，能力不同而能相得益彰，职位不同而能共进共勉。

10. 培养员工养成良好的行为习惯

（1）培养员工的主动意识。

作为团队的一员，每个人不应该是被动的“机器人”，而应该主动地把握自己该做什么、怎样做好。有这样一个“买土豆”的故事，同样是询价，乙跑了 3 次，只打听到一种价格，而甲只到了市场一次，不仅了解到不同品种的不同价格，还拿回了样品，并对市场进行了分析。这就是积极主动与消极被动的区别。主动要求承担更多的责任，这是优秀员工必备的素质。在大多数情况下，即使你没有被正式告知要对某件事负责，也应该努力按照自己的岗位职责去做好，发扬“有人负责我服从，无人负责我负责”的精神。

（2）培养员工爱好学习的良好习惯。

团队学习可以将团队成员共同得到的认识化为行动，并可产生有巨大作用的团队智慧，形成更优秀的团队精神。面对信息时代，团队只有不断地学习，才能立于不败之地，才能更好地迎接知识经济时代的挑战。一是向内部标杆学习。内部标杆可以是员工、管理人员、一线岗位、职能部门，只要他们有成功的行为，就应该成为技能学习和团队精神学习的典范和榜样。企业在内部形成相互学习的氛围，可以达到员工之间的相互欣赏和相互合作，增强团队成员间的团队协作精神，消除上下级之间的距离和部门之间的隔阂；内部学习还可以带来大量的资料共享，达到有效的沟通，更有利于团队精神的形成。二是向外部标杆学习。每一个成功的企业都可以找到其特殊的成功之处，他们都有最佳的工作典范和最优秀的团队精神。如本田公司的品质管理、沃尔玛公司的零售创新、麦当劳的管理系统、摩托罗拉的大学、宝洁的培训体系、戴尔的销售速度、日本的准时生产制（JIT）等。向外部标杆学习的一个重要方面就是向竞争对手学习。三是向顾客标杆学习。把顾客的需求作为企业的学习标杆，有助于员工的不断成长，不断学习，不断进取。标杆学习能有效地形成员工的内部驱动力，不仅有利于团队成员及整个团队的进步，同时也有利于团队沟通、协作等优秀团队精神的形成。

（3）培养员工的合作意识。

有句话叫做“相互补台，好戏连台”。相互补台有几层意思：第一，企业员工可以在内部开展批评和自我批评，认真加以改进，但对外不要自损形象、自贬身价。第二，人与人之间，当面可以指出对方的不足，但背后必须多说对方的长处。每一个人都这样做，就是相互补台。第三，想问题、处理问题，要多作换位思考，换位思考可以求同存异。

（4）培养团队成员的密切关系。

成功的团队，成员之间彼此融洽交流，而且知道发生冲突和矛盾时该如何处理，工作中能够互相支援、互相鼓励，以最佳状态奉献团队。把自己内心的想法告诉大家，是团队沟通基本的一条。在日常工作中要保持团队精神与凝聚力，沟通是一个重要环节。比较畅通的沟通渠道、频繁的信息交流，使团队的每个成员不会有压抑的感觉，工作就容易出成效，目标就能顺利实现。因此要学会积极地与人沟通，凡事采取合作的态度。正因为分工精细，每个人的工作岗位都不同，不同岗位的工作性质、内容和运行方式都会有所不同。不同的人，其性格、处事的方式也有所区别，如果不能很好地沟通，工作起来就有可能处处受阻，无法顺畅、快捷地把事情办好。要想解决好沟通，除了平时尽量多了解、熟悉其他工作岗位的工作性质、内容之外，实际工作中还必须多交流，抱着合作的心态，多理解别人的苦衷，多设身处地地为别人想一想；在沟通交流中求同存异，包容对方的不足，增进彼此的友情，那么工作起来就会事半功倍了。

二、实训技能与拓展

有7个人曾经住在一起，每天分一大桶粥。要命的是，粥每天都是不够的。一开始，他们抓阄决定谁来分粥，每天轮一个。于是每周下来，他们只有一天是饱的，就是自己分粥的那一天。

后来他们推选出一个道德高尚的人出来分粥。强权就会产生腐败，大家开始挖空心思去讨好他、贿赂他，搞得整个小团体乌烟瘴气。

然后大家开始组成三人的分粥委员会及四人的评选委员会，互相攻击扯皮下来，粥吃到嘴里全是凉的。

最后想出来一个方法：轮流分粥，但分粥的人要等其他人都挑完后拿剩下的最后一碗。为了不让自己吃到最少的，每人都尽量分得平均，就算不平，也只能认了。大家快快乐乐、和和气气，日子越过越好。

（资料来源：王运启．团队的高效能从何而来．中国营销传播网，http：//www. emkt. com. cn/article/333/33395. html）

讨论题：

1. 为什么不同的机制与方法会造成不同的风气？
2. 如何塑造健康的团队精神？

第六节　团队精神培育的误区

●引导案例

做销售的朋友都很熟悉这样一幅情景，无论是周例会、月例会、季度例会还是年终总结会，老板在主席台上激情四射慷慨陈词，下面员工目光呆滞眼中无物，或者在笔记本上狂写不止，貌似认真，其实画了一个大乌龟。轮到各自发言，或者拈重就轻、顾左右而言他，或者说老板的指示非常英明、自己深受鼓舞、信心百倍云云。更有甚者连溜须拍马都懒得表达，说自己的看法已经被其他同事说过，表示同意以上意见。除了第一次参加例会的新员工还能讲一讲市场上真实的状况外，资格越老者说话越是言之无物。表面上这样的会议意见高度统一、一团和气，是胜利的大会、团结的大会，实质上除了浪费了因口渴而被老板喝了的茶水外，并没有解决任何问题。有时候老板本人也很迷惑，我给了他们说话的机会，这帮人平常在下面一个比一个能侃，比董事长还董事长，怎么拉到席面上比没出阁的大姑娘还扭捏。为什么啊？

（资料来源：陈海超．老板开会，员工为什么不说真话？中国营销传播网，http：//www. emkt. com. cn/article/294/29456. html）

讨论题：

为什么会出现这种现象？这种现象正常吗？该公司的团队精神出了什么样的问题？

一、培育团队精神的误区

1. 强调团队利益高于一切，忽视了企业的整体利益

团队首先是一个集体，从“企业的利益高于一切”这一普遍认可的价值取向，可以非常自然地推导出“集体的利益高于一切”，“团队的利益高于一切”这个结论。然而，事实上，强调团队利益高于一切，不利于团队精神的构建，不利于建设企业文化。

强调团队利益高于一切，容易滋生小团体主义。团队利益对其成员而言是集体利益，而对整个企业而言则成了局部利益，团队利益和整个企业的利益的关系，是局部利益和整体利益的关系。过分强调团队利益，处处维护团队利益，就会忽视企业的整体利益和其他团队的利益，打破整个企业内部的利益均衡，造成团队与企业、团队与团队之间的价值目标错位。

在一个企业内部，每一个团队都有相应的任务考核目标，在构建团队精神时，过分强调团队的利益，团队成员就有可能采取某些不正当的手段来完成自己的任务考核指标，如损公肥私、损人利己、相互拆台等。如果这些现象得不到及时纠正，其他团队也会因利益的驱动而争相仿效，就会造成内部管理混乱，形成资源的严重浪费。小团体主义往往在组织上还游离于企业之外，造成员工的思想波动，有悖于企业文化的精神。

2. 过分强调内部团结，缺少竞争机制

不少人在组建团队、构建团队精神、打造和谐团队时，注重的是团队的凝聚力、向心力，过分强调团队的内部团结，致使团队内部缺少竞争机制。团队精神在很大程度上是为了适应竞争的需要而出现并不断强化的，竞争是培植团队精神的条件和滋生团队精神的土壤。这里的竞争，不能仅仅局限于外部的竞争，还应包括团队内部的竞争。

在团队内部应引入竞争机制，形成竞争的氛围。如果一个团队缺少竞争机制，一味强调内部团结，在开始的时候，团队成员也许会凭着一股激情努力工作，但时间一长，员工发现干多干少、干好干坏都一样，每个成员都享受同等的待遇，其工作热情就会减退、消失，这是另一种形式的“大锅饭”。通过引入竞争机制，实行奖勤罚懒，奖优罚劣，可以打破这种表面上一团和气，实为压抑的利益格局，充分发挥团队成员的主动性、创造性，保持团队昂扬奋进的活力。

在团队内部引入竞争机制，有利于优化团队结构，弘扬团队精神。团队在组建之初，对其成员的优势未必完全了解，分配任务时也就不能做到人尽其才，才尽其用。只有引入竞争机制，实行优胜劣汰，实行团队结构的最优配置，才能激发团队的最大潜能，培养比学赶帮、团结协作的团队精神。

3. 强调人情味和亲和力，缺少严格的纪律约束

在建设团队精神的过程中，过于追求团队的亲和力和人情味，缺乏严格的纪律约束，直接导致了管理制度不完善，或虽有制度但执行不力，形同虚设。

纪律是成功的保障，令行禁止、纪律严明的团队才能战无不胜、攻无不克。严明的纪律不仅是维护团队整体利益的需要，在保护团队成员的根本利益方面也有着积极的意义。在团队成员中，有人没有按质按量完成某项工作任务，或在工作中违反了某项规定，团队从维护团结的要求出发没有给予相应的处罚，或者避重就轻，轻描淡写地提出批评。表面上看这个团队非常有亲和力、有人情味，但从打造团队精神的角度分析，这种宽容或纵容会使团队成员产生一种错觉，认为工作可以随便马虎。久而久之，后患无穷。团队的亲和力和人情味应建立在严格的组织纪律的基础上，“团队有情，管理无情”。杰克·韦尔奇有这样一个观点，指出谁是团队里最差的成员并不残忍，真正残忍的是对成员存在的问题视而不见、文过饰非，表面上的关心变成实际上的纵容。宽是害，严是爱，每时每刻都在直面竞争的团队对此要有足够清醒的认识。

4. 强调团结协作，忽视个性创造

不少企业在培育团队精神时，要求团队的每个成员团结协作，众人划桨开大船。在团结协作过程中牺牲小我、成就大我、放弃个性、追求趋同，认为这样才能培育优秀的团队精神。团队精神的核心在于协同合作，强调团队合力，注重整体优势。整体优势是每一个个体聚集而成的，团结协作并不要求舍弃小我、成就大我，而是要求每个成员弘扬自我、挥洒个性、表现特长，从不同的侧面去完成共同的任务目标，而明确的协作意识和协作方式会产生真正的内心动力，激发团队成员创造个性、发挥个性。没有个性，就意味着没有创造。没有创新能力的团队，只有简单的复制功能。团队不仅是人的集合，更是智能的集合。团队的竞争力来自于对团队成员的合理配置，营造一种适宜的氛围，不断地鼓励和刺激团队成员充分地展示自我，最大限度地发挥个人潜能，在一种良好的团队精神的作用下，形成合力，去完成共同的任务目标。

二、实训技能与拓展

中国是一个讲究“和”文化的社会，在这样一个社会中，任何矛盾的公开化，都可能导致“天下大乱”。因此，即便是内部“派系林立”的企业，也很少对外公开其内部矛盾。而帮派斗争的公开化，对于企业而言，往往也就意味着“破产”的到来。如果你去问任何一家企业老总“听说你们内部有不和”之类的问题，回答一定是一个通用版：“我们是一个团结的管理团队。”但实际的情况也许是，最高决策者与营销总经理的关系可以用“剑拔弩张”来形容。不能正视企业中派系矛盾的存在，自然也不会有正式的沟通与解决机制，其最终结果就是“君子始，小人终”。

（资料来源：吴洪刚．“集体主义”掩盖下的“派系斗争”．中国营销传播网，http://

www. emkt. com. cn/article/333/33395. html)

讨论题：

1. 这种派系斗争的团队精神对企业造成了什么损害？
2. 如何避免这种不健康的团队精神的产生？

●本章小结

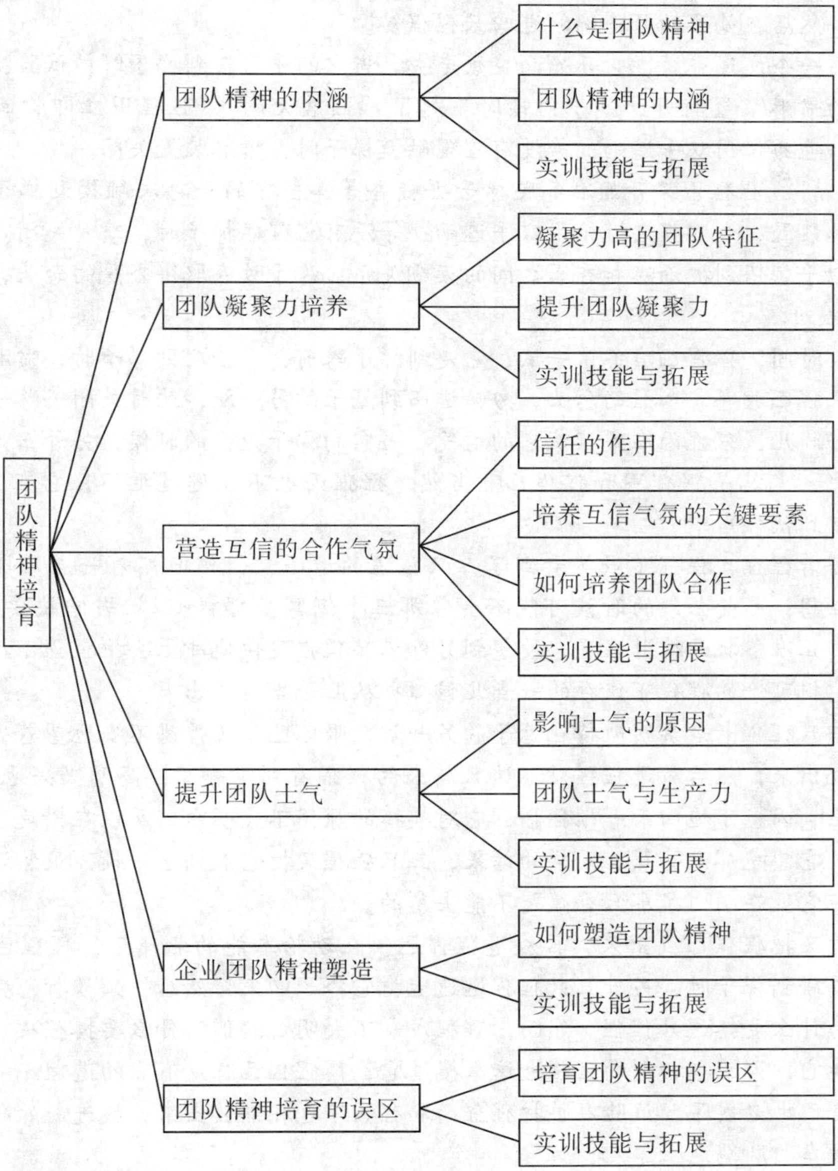

本章复习思考题

1. 团队精神的内涵是什么？
2. 凝聚力高的团队特征是什么？
3. 如何培养团队合作？

4. 试述如何塑造团队精神。

●延伸阅读

为了让我们更好地理解什么是团队精神，我在这里引用一个比较有名的也挺有意思的实验：

准备一个大笼子，在笼子顶部安装喷淋装置。在笼子的一端悬挂一只香蕉，再安放一架梯子通向香蕉，然后在笼子的另一端放进四只猩猩。

猩猩甲第一个发现香蕉，它开始向香蕉走去，当它的手触摸到梯子时，试验操作人员立刻把笼子顶端的喷淋装置打开，笼子内顿时下起了“倾盆大雨”，猩猩甲立即收回双手遮住脑袋，其余三只也匆忙用双手遮雨；等没有猩猩触摸梯子时，喷淋装置关闭。

“雨过天晴”，猩猩甲又开始准备爬梯子去摘香蕉，当它的手再次触摸到梯子时，试验人员又开启喷淋装置，众猩猩又慌忙用双手遮雨；等没有猩猩碰梯子时，喷淋关闭。

猩猩甲似乎领悟到被雨淋和香蕉之间的模糊关系，终于放弃取得香蕉的念头，开始返回笼子的另外一端。

过了一段时间，猩猩乙准备试一试，它走到梯子跟前，当手碰到梯子时，喷淋开启，大家慌忙避雨。猩猩乙放弃拿香蕉的念头，匆忙逃回到笼子的另一端，此时关闭喷淋装置。

又过了一阵儿，猩猩丙准备试试它的运气。当它向梯子走去的时候，另外三只猩猩担心地望着它的背影，尤其是猩猩甲和猩猩乙。当然，猩猩丙也不能逃过厄运，它在“瓢泼大雨”中狼狈地逃回到伙伴当中。

饥饿折磨着猩猩，猩猩丁虽然看到了三只猩猩的遭遇，但仍旧怀着一点儿侥幸向梯子走去，它也许在想：“我去拿的时候可能不会像那三个倒霉蛋那样吧?”当它快要碰到梯子时，试验操作人员正准备打开喷淋装置，没想到另外三只猩猩飞快地冲上去把猩猩丁拖了回来，然后一顿暴打，把可怜的猩猩丁仅存的一点儿信心也从肚子里打了出来。

现在，四只猩猩老老实实地待在笼子的另一端，眼巴巴而又惶恐不安地望着香蕉。试验人员把猩猩甲放出来，然后放进猩猩戊，这只新来的猩猩看到了香蕉，高高兴兴地向梯子走去，结果被猩猩乙、丙、丁拖回来一顿猛捶，它对挨揍的原因不大明白。所以在攒足了劲儿后，又向梯子走去，它想吃那只香蕉。同样的结果，三只猩猩又把它教训了一顿，虽然还是不明白为什么挨揍，但它现在明白了那只香蕉是不能去拿的。

试验人员又把猩猩乙放出来，再放进猩猩己，在动物本能的驱使下，猩猩己准备去拿香蕉，当手快要碰到梯子时，另外三只猩猩迅速地把它拎了回来，然后一顿暴打，猩猩丙和猩猩丁知道它们为什么要揍这只猩猩。然而，猩猩戊却不太明白它们为什么要揍猩猩己。但是它觉得它必须得揍它，因为当初别的猩猩也这么揍过它，揍猩猩己肯定有它的道理。

现在猩猩己也老实了，试验人员把猩猩丙和猩猩丁也相继放出来，换进新的猩猩，不言自明，它们也被拳打脚踢地上了几“课”。

等四位“元老”都被换走之后，结果这四只新的猩猩还是一样，老老实实地待在笼子的另一端，眼巴巴而又惶恐不安地望着香蕉。

从这个实验中我们不仅能够理解什么是团队精神，还可以领悟到团队精神对一个企业的影响。

参考文献

1. ［美］伊莱恩·比奇，管新潮．团队建设49件经典工具．上海：上海科学技术出版社，2006

2. ［美］斯蒂芬·P. 罗宾斯（Stephen·P. Robbins）．组织行为学．孙健敏，李原译．北京：中国人民大学出版社，2005

3. 胡丽芳，张焕强．团队管理实务．深圳：海天出版社，2004

4. 尚水利．团队精神．北京：时事出版社，2005

5. 余世维．完美沟通成就完美结果：有效沟通．北京：机械工业出版社，2006

6. 姜旭平．我的冲突处理课堂．上海：上海交通大学出版社，2006

7. 杜映梅．绩效管理．北京：对外经济贸易大学出版社，2003

8. 姜宝均．实用组织行为学．北京：高等教育出版社，2008

9. 刘崇林．人力资源管理基础．北京：电子工业出版社，2006

10. 张智慧．团队精神Ⅱ——打造黄金团队．北京：新华出版社，2007

11. 李慧波．团队精神：企业真正的核心竞争力．北京：新华出版社，2004

12. 付遥．业绩腾飞．北京：北京大学出版社，2005

13. 李慧波．团队执行打造企业卓越执行力．北京：中国城市出版社，2007

14. 江乐兴．没有谁能独自成功：赢自团队．北京：中国纺织出版社，2006

15. 郑日昌．大学生心理诊断．济南：山东教育出版社，1999

16. 张志诚．赢在团队——如何打造高绩效团队．北京：世界知识出版社，2007